사랑과 통제와 맥주 한잔의 자유
치유와 자유의 경계에서 쓴 불온한 질병 서사
ⓒ 김도미, 2024. Printed in Seoul, Korea

초판 1쇄 펴낸날 2024년 10월 31일
초판 2쇄 펴낸날 2024년 12월 5일

지은이 김도미
펴낸이 한성봉
편집 최창문·이종석·오시경·권지연·이동현·김선형
콘텐츠제작 안상준
디자인 최세정
마케팅 박신용·오주형·박민지·이예지
경영지원 국지연·송인경

펴낸곳 도서출판 동아시아
등록 1998년 3월 5일 제1998-000243호
주소 서울시 중구 필동로8길 73 [예장동 1-42]
동아시아빌딩
페이스북 www.facebook.com/dongasiabooks
전자우편 dongasiabook@naver.com
블로그 blog.naver.com/dongasiabook
인스타그램 www.instargram.com/dongasiabook
전화 02) 757-9724, 5
팩스 02) 757-9726

ISBN 978-89-6262-630-8 03300

※ 잘못된 책은 구입하신 서점에서 바꿔드립니다.

만든 사람들
책임편집 오시경
디자인 동신사
크로스교열 안상준

사랑과 통제와
맥주 한잔의 자유

치유와 자유의 경계에서 쓴
불온한 질병 서사

김도미 지음

동아시아

무수한 의문을 제치고,
공들여 살고 싶게 한 당신에게

추천의 글

세상에는 두 가지 종류의 책이 있다. 나를 그저 지나가는 책과 나를 관통하여 변화하게 하는 책. 후자는 아주 드물지만 영영 잊히지 않고 내 안에 남아 삶을 바라보는 시각을 바꿔놓는다. 『사랑과 통제와 맥주 한잔의 자유』가 내게는 그런 책이다. 이 책은 아서 프랭크, 리베카 솔닛의 글을 떠올리게 하면서도 그들의 글보다 더 가까이 다가왔다. 결코 대체될 수 없는 책, 유연하지만 강한 책, 책의 모양만 한 책이 아니라 책을 읽는 우리에게 질문과 통증과 자유를 주는 책. 이 책이 진짜 독서를 갈망하는 많은 이에게 전달되기를 바란다.

— 최은영(소설가)

김도미의 이야기는 북한산
앞 광장, 작은 병실 안, 한 사람의 몸 안에서 작동하는
면역계, 플라스틱 쓰레기가 끝없이 축적되고 순환하는 지구
전체까지 다종다양한 존재들이 뒤섞인 세계에서 일어나는
침입과 저항, 균형과 조화를 그려낸다. 이를테면, 암에 대한
사회적 낙인에 맞서면서도 암을 그저 '함께 잘 살아가야
할' 만성질환의 한 유형으로 쉽게 분류하지 않는 태도를
견지한다. 코로나19 백신이 암을 유발한다는 음모론을
배격하면서도 그 백신의 개발 과정에서 실험 대상이 된
동물들을 떠올리며 '나'라는 존재의 의미를 재구성한다.
현대의학의 검증된 지침을 신뢰하면서도 대체요법을
찾아다니는 환자들이 실은 자기 삶을 통제하려 분투하는
중임을 이해한다. 암이라는 '개별적인' 경험에서 비롯된 이
이야기는 무엇 하나 둥글둥글 넘어가지 않으면서도 뾰족한
모서리를 무수히 가진 다면체처럼, 여러 존재가 살아가는
다양한 세상의 면모들에 기꺼이 접한다. 그저 아름답거나
위안을 주는 질병 서사가 아닌, 삶과 사회를 다루는
입체적인 이야기를 기다린 독자를 위한 책이다.

— 김원영(공연창작자, 『온전히
평등하고 지극히 차별적인』 저자)

암을 별로 생각하는 사람이
많아도 너무 많다. 암환자가 365일 24시간 내내 아픈
줄 아는 사람도 한 트럭이다. 일해도 되냐고, 술 마시지
말라고, 담배 피우지 말라고… 하지 말라는 건 왜 이렇게
많은지, 병자에게는 세상 사람들이 온통 경찰 같다. 병에
걸리면 자율성이야말로 인권이라는 걸 깨닫게 된다. 그래서
김도미는 "지 쪼대로 아플 자유"를 주장한다. "나의 몸에
대한 윤리는 나를 잘 돌보는 데에도 있지만 나를 즐겁게
하는 데에도 있"기 때문이다. 암환자인 나 역시 '막'살았던
내가 좋다. 아프기 전으로 다시 돌아가도 똑같이 살 거다.
체력이 허락한다면 앞으로도 더 격하게 막살 예정이다.
병과 싸우고 싶지 않고, 병을 다스리고 싶지도 않고, 병을
극복하고 싶지도 않다. 그러니까 나는 아픈 그대로의 '나'로
살고 싶다.

　'친절한' 당신은 병자를 대하는 일에서조차 '정답'을
찾고 싶어 한다. 우리는 좀체 모르는 걸 모르는 대로 둘 줄
모른다. 김도미는 건강이라는 종교와 완치라는 신화 바깥에
있는 '모른다'의 세계를 같이 헤매자고 요청한다. 『사랑과
통제와 맥주 한잔의 자유』 덕분에 나는 조금 덜 외로워졌다.
당신도 그랬으면 좋겠다. 이 모험에 당신을 기쁜 마음으로
초대한다.

— 장일호(《시사IN》 기자,

『슬픔의 방문』 저자)

시한폭탄이라 말하는
일상에 대하여

암은 재앙이다. 아무렇지 않게
영위하던 일상에 시시콜콜하거나 중대한 어려움이 닥친다.
그러나 몸 어딘가가 이상하게 아프고, 병원에 가서 진단을
받고, 치료를 하느라 더 아픈 지난한 과정을 마치는 동안
일어나는 일들이 몽땅 재앙인 것은 아니다. 날것으로 무친
음식을 먹는 대신 펄펄 끓여 익혀 먹는다든가, 마스크를
끼고 병원에 다니는 일이 하루 종일을 차지한다거나, 친구와
만나는 대신 메신저나 화상통화로 이야기를 나누는 식으로
일상이 재배열된다. 생존을 중심으로 매일의 구성이 바뀐
만큼, 혼자 끌어안거나 함께 나누는 기쁨과 슬픔의 성질도
조금은 달라진다. 이 새로움마저 몽땅 재앙이라고 하기에는
삶이 그보다 깊다.

주로 고요한 무균실이나 락스로 소독된 집 안, '완치'만이
목표로 설정된 새로운 일상 속에서 그림을 그리거나

글을 썼다. 더는 암이 청천벽력이 아닌 시대라고 하지만, 암은 여전히 상징적이자 실질적인 재앙으로서 그 위상이 굳건하다. 그런 지금을 살아가는 암 경험자로서 대단한 고생담을 늘어놓으며 내가 무얼 깨달았다고 말하고 싶지도, 희망을 주고 싶지도 않았다. 학교 미술 시간 이후 처음으로 펜을 잡고 그려본 건 나를 돌보았던 이웃들의 모습이었다. 그리고 내가 쓴 글 대부분은 한국 사회의 '환자 역할'에 대한 불만 사항이었다.

아픈 사람은 자신이 '질병'에 걸린 '사람'이 아니라 질병 그 자체인 것만 같은 경험을 한다. 암 치유를 위한 '위험 관리'를 목표로 개인이 그 자체로 인간일 수 있게 하는 욕망과 불순한 감정 들을 완치 이후로 완전히 유예되게끔 하는 사회 분위기는, 병자가 자신의 고유함이라고 믿었던 정체성의 일부 혹은 전체를 위협하고 탈락시킨다. 나의 쾌유를 위해 주변 사람들이 건넨 말들은 안타깝게도 잘 와닿지 않았다. 이런 격려사들은 미디어에 등장하는 '암 극복자'의 문법을 따랐다. 치료 중 응급 상황이 생기거나, 암이 재발할 가능성은 늘 있기에 사람들은 암환자에게 통제적이거나 지나친 수준의 성찰과 자기돌봄을 요구했다. 암환자를 둘러싼 위험 관리의 풍경과 이를 지탱하는 의미 체계들에 대해서 나는 자주 애증했다. 하루 종일을 들여도 온전히 해낼 수 없을 항암식단들과 몸을 보하는 방법들, 그것의 뿌리를 이루는 긍정과 사랑의 힘에 대해서.

맞지 않는 옷을 입은 듯 낯설고 부대끼던 시기에 누군가는 내 마음에 공감해 주지 않을까 하는 기대 반, 염려 반으로 썼던 글들을 추려 2023년 6월부터 8개월간 뉴스레터를 발행했다. 의료적 시선과 암 치유 문화에 푹 절여져 있는 '암환자'라는 단어 대신 '병자'라는 단어가 눈에 들어왔다. 병자는 '크게 아픈 사람'이라는 의미이고, 질환이나 증상의 유무로 재단되는 '환자'보다 중립적이고 넓은 의미로 사용할 수 있겠다는 생각이 들었다. '중증질환자'라는 이름 말고는 사회에서 자리를 잃어버린 사람의 조소였을 수도 있겠다. 활발한 사회 활동으로 경력을 쌓아야 한다고 말하는 생애주기의 한복판, 하지만 무기한으로 표백된 시간 동안 희망보다는 정직한 비관이 늘 내 편이었다. 그래서 이 글들에는 맥락에 따라 '환자'와 '병자'를 함께 썼다. 문신투성이의 웃기는 할머니가 장래 희망이었는데 당분간은 모르는 일이 되어버렸으니, '광대 같은 병자'가 되어보자 싶기도 했다. 불만과 조소를 한껏 담아, 광대 같은 병자를 자처하며 쓴 글들을 4부 구성의 책으로 묶었다.

　1부에 있는 글들은 막 시작한 치료가 진행 중일 때 썼다. 이 글들은 들이닥친 현실로서의 변형을 수용하면서도 치료 절차와 항암 담론 사이에서 내가 지킬 수 있는 주체성은 무엇인지, 병자의 자기결정권은 어떤 의미일 수 있는지 고민한 흔적이다. 2부는 이른바 '항암식단', '절대안정', '면역력 강화' 등 암 경험자의 생활을 직접적으로 옭아매는

온갖 매뉴얼이 난무하는 암 치유 문화 혹은 항암 문화의
현실에 대한 스케치다. 3부에서는 돌보는 일의 수고로움과
까다로움, 그리고 그 사이를 파고들며 돌봄을 인정머리
있게 만드는 요소들을 돌아보았다. 같은 병실을 사용하는
환자들과 혈연가족 아닌 이웃들, 병원의 간호사들에게
받은 돌봄은 시장에서 구할 수 없는 것이었다. 돌봄이
엄연한 제도와 문화가 되어서, 누군가에 대한 착취 없이
모두가 누릴 수 있는 권리가 되려면 무엇이 필요할지를
고민했다. 4부에서는 암과 관련된 사회적 주제들을 다뤘다.
사회의 부조리를 다룬 기사나, 숱한 캠페인 구호에서 암은
'온전한 재앙'의 증거로 호출된다. 암 경험자로서 질병의
사회적 원인을 드러냄에 있어 암을 재앙적이고 징벌적인
이미지로 전시하지 않는, 다른 방식의 재현이 필요하다고
봤다. 이는 암 경험자가 사회에 복귀하는 것은 물론, 여전히
'비정상적인 몸'으로 살아가도 괜찮다고 안심시키는 사회적
신호가 될 수 있을 것이다.

　　아픈 몸과 그것의 회복을 개인의 책임으로 돌리는
사회에 질문을 던지는 사람들, 나아가 아픈 몸의 경험에
기초하는 세계를 만들기 위해 애쓰는 질병 당사자와 활동가,
연구자의 이야기가 이미 있었던 덕분에 뾰족하기만 한
불만에 살을 붙일 수 있었다. 아픈 시간을 함께 보내오고
있는 이웃들이 이 지극히 개인적인 경험과 감정을 함께하고
해석해 주었다. 그들 덕분에 나 또한 후일담이 아닌

현재형의 이야기를 써보고 싶다는 마음을 냈다. 하얀 화면을 펼쳐놓고 앉아 있으면 조금 편안해지는 것도 같았다.

쓰기를 통해 얻은 나의 편안이 암환자를 진심으로 염려하는 누군가의 불편이 될지도 모르겠다. 하지만 암환자에게 부과되는 역할들이 이토록 많은 사회에 태만한 병자의 이야기도 필요하지 않을까. 아픈 사람을 위로하고 응원하는 마음을 의심하지 않는다. 앞으로도 기꺼이 난처해하고, 또 갈등하면서 서로의 선의를 주고받자고 말하고 싶다. 그러니 혹시라도 정색을 참을 수 없다면, 크게 한번 웃어넘겨 주시길.

차례

추천의 글   7

들어가며   시한폭탄이라 말하는 일상에 대하여   11

1부   지 쪼대로 아플 자유

환자 역할의 고단함 역정 내지 말고 들어줘   20

너 그래도 돼? 절대안정이라는 신화   38

고통의 쓸모 기록의 의미를 믿으며, 의심하며   50

죽음을 이야기하는 법 대화를 시작해야 준비를 할 텐데   60

불결하고 불경한 몸 아픈 사람은 어떻게 섹스를 해야 할까   67

지 쪼대로 아플 자유 병자의 자기결정권에 대한 상상   86

2부   암 치유 문화 표류기

무균실의 입구컷 쓸모없고 소중한 물건의 목록   100

음식의 효능 알토란적 항암식단에 대한 소고   105

엄마를 닦달하는 엄마들 닭발곰탕이라는 정성을 수호하는 자   124

은유로서의 열 체온이 1도 올라가면 병원에 갑시다   138

우연과 선의 조혈모세포 공여자께 드리는 생존신고   154

나도 몰랐던 내 안의 슈퍼파워? 면역력이라는 환상   163

3부   **돌봄의 조건**

나의 할줌마들 언니들과의 적당한 동침   180

질병 이야기도 모험기가 될 수 있을까 무릅쓰고 견디며 지켜보는 일   193

간호, 그 모호하며 전문적인 중노동 병원이라는 계급사회에서   200

이웃들을 초대합니다 돌보는 몸과 마음과 시간에 대하여   218

밥벌이라는 큰 문제 병원비 감면은 너무나 감사하지만   240

쓰레기를 만들며 살아간다 내 몸만 생각하면 정말 건강해지나   253

4부   **문을 닫으며, 문을 열며**

속죄하는 병자 징벌로서의 질병   266

문을 닫으며, 문을 열며 낙태죄 헌법불합치 3년 차의 기록   280

다 끝난 일이라면 좋겠지만 생존의 무게   299

나는 키메라 그만 듣고 싶은 백신 원인론   311

예쁜 병 건강왕국 잔류자를 위한 출발! 드라마 여행   326

광장 생활자 노는 땅의 쓸모   341

나가며   발끝을 좀 더 믿으며, 다시 모험   351

주   355

제 꼴대로
아플 자유

환자 역할의 고단함

역정 내지 말고 들어줘

드라마 〈닥터 차정숙〉(2023)의 주인공 정숙은 죽을 고비를 두 번이나 넘기고 전문의가 된다. 최종화에서 정숙은 작은 섬으로 의료봉사를 나선다. 아름다운 풍광을 지니고 있으나, 주민들이 병원에 가려면 배를 타야 하는 의료 취약 지역이다. 그는 독백한다. "살아 있어서 볼 수 있는 모든 것에 감사합니다. 그래서 이 순간 이대로 행복하다고 믿습니다." 정숙의 이 말은 생사의 갈림길에 서본 사람의 대표적인 마음가짐을 드러낸다.

고환암 경험자인 아서 프랭크(Arthur W. Frank)가 『아픈 몸을 살다』에서 보여준 것처럼, 죽음은 삶의 반대항으로 존재하며 삶에 의미를 부여한다.[1] 몸은 아프게 될 때 비로소 실체를 드러낸다. 마음처럼 되지 않는 일이 점점 늘어나면서 병자는 비로소 몸이 자아의 물적 토대라는 사실을 깨닫는다. 몸이 사라질 수 있다는 위협은 '나'라는 존재를 되짚어서 성찰하게끔 해주는 것 같다. 중대한 위기를 겪은 사람은 자기 자신에 대한 역사가가 되고, 질병을 경험하기 전과는 다른 방식으로 생의 의미를 숙고하기도 한다. 정숙은 급성간부전이 발병해 죽을 뻔한 사건을 계기로, 자신의 젊음과 꿈을 포기하고 헌신한 '정상가족'이 껍데기에 불과했다는 걸 깨닫는다.

당연했던 가치가 더 이상 당연하지 않을뿐더러 가짜였다는 깨달음은 기존의 세계관을 근본부터 무너뜨린다. 몸에 대한 신뢰가 깨진 순간을 기점으로, 여태 지켜온 가치관과 관계망에 대한 믿음도 연이어 터져나간다. '가정을 잘 가꾸는 여성'이라는 영광이라든가 내면의 가치가 큰불에 휩싸인 숲처럼 활활 타버린 폐허. 그러나 시간이 지나면 푸른 싹이 자라나 잿더미를 밀어 올리기 시작한다. 죽을병에 걸린 사람이 깨달음을 얻을 수 있다는 인식은, 몸을 뒤틀며 일어나는 저 고사리 같은 것 때문일지도 모른다.

가령 삶의 소중함 같은 것. 많은 사람이 중증질환 경험자들의 마음가짐이 정숙과 같을 거라고 믿는다. '삶의 모든 순간이 소중하고 아름다웠다!' 하지만 삶을 영위한다는 것은 목숨이 붙어 있다는 것보다 한참 더 복잡한 의미이고, 한국은 OECD 회원국 가운데 자살률 1위를 기록하는 국가다. 몸 붙일 곳 하나 없이 극도로 빈곤하고 노쇠한 이에게 중증질환 판정은 차라리 '환자'라는 수혜자의 자리를

내어주는 사건일 수 있다. 죽든 말든 자포자기 상태가 된
환자가 치료에 협조하도록 의료진과 보호자가 음과 양으로
협동하기도 한다. 삶은 생각보다 자연스럽고 절대적인
가치가 아니다. 만약 삶이 소중하고 아름답다고 말한다면,
지금 그 말을 하는 사람이 계속 살고 싶다는 의미일 뿐.

무균실에 입원하고 며칠 뒤, 한 지인은 이렇게 말했다.
    "나는… 크게 아픈 사람들이 선배 같은? 좀 존경스러운 게
있어."
    내가 고통스러운 시간 속에서 어떤 지혜를 길어낼 수
있을 거라는 믿음으로 해준 말이라고 믿는다. 그러니까, 이
말은 내 인간성에 대한 고평가 혹은 존중일 수 있을까?
    치료를 시작한 지 얼마 지나지 않아 가장 혼란스러운
시기에 전폭적인 지지와 응원을 받기도 했지만, 그중에서는
곧이곧대로 듣기 어려운 이야기도 적지 않았다. 한편으로는
당연한 일이었다. 나만큼이나 주변 사람도 경황이 없고
무섭기는 매한가지이기 때문이다. 당황한 사람들은 아픈
사람에게 해주어야 한다고 여겨지는 말들을 쏟아 냈고,
심약해진 병자는 위로의 물결을 얻어맞았다.

    "정신만 차리면 다 살아."
                "요즘은 약이 좋아서 다 나아."

22

"긍정적으로 생각해."

그중에서 '중병을 겪은 사람에게는 존경스러운 데가 있다'는 말은 나를 불편하게 하지도 않았지만, 기꺼이 덕담으로 들리지도 않았다. 그의 격려는 '고통을 지나면 성숙해진다'는 일종의 상식을 전제했다.

건강한 사람들은 긴 삶이 (잠정적으로) 예정되어 있다. 그 사실을 아픈 사람을 보면서 퍼뜩 떠올린다. 그들에게 삶은 아침에 해가 뜨는 것처럼 당연하고, 떠오르는 태양을 감사하게 생각하기는 어렵다. 반면 아픈 사람은 곧 자신이 세상에서 사라질 가능성이 닥쳐온 사람이다. 그 때문에 건강한 사람들은 병상의 커튼 뒤에서 골골대고 누워 있는 사람들이야말로 생의 소중함을 가슴 깊이 깨달았을 거라고 생각한다. 특히 중증질환자와 그의 보호자가 아등바등 사는 모습을 보면서 사람들은 아름다움에 가까운 감정을 느끼기도 하는 것 같다. 의연한 태도를 유지하며 지켜내는 사랑, 작품 활동을 이어나가는 정신력이 교훈과 감동을 준다. 그것은 변호사이자 장애학 연구자인 김원영이 "장애인의 신체에 부여된 아름다움, 즉 일종의 '숭고미'에 대한 관심"이라고[2] 짚어준 감정과 유사한 것 같다. 물론 남모르는 고통을 지나온 사람이 삶에서 길어 올린 한 토막의 문장은 분명히 철학적이거나 영적인 아름다움을 전하고 있는지도 모른다. 예로부터 고통은 정신적인 깨달음과 곧잘

1부 지 쪼대로 아플 자유

연결되곤 했으니까.

한편 건강한 사람들은 아픈 사람에게 무언가를 가르쳐 줄 수 있다고 믿는 것 같다. 건강한 데다 말까지 많은 그들은 병자가 가져야 하는 긍정적인 마음가짐을 알려주고, 무얼 해보라거나 먹어보라는 이야기도 잘한다. 무얼 하지 말라거나 먹지 말라는 말도 한다. 깨달음을 얻었다는 다른 병자 이야기를 늘어놓거나, 염려인지 핀잔인지도 섞어가면서, 질병의 원인에 대한 여러 풍문을 중언부언 늘어놓다가 사라진다. 아무도 자신의 말에 책임지지 않는다. 그들은 마치 유통기한이 지난 스팸 통조림을 경비노동자에게 선물이랍시고 내놓는 아파트 주민처럼 군다.

나도 내 삶이 소중하다. 벌써 죽기는 싫다. 기왕이면 살고 싶고, 그것도 잘 살고 싶다. 사람들이 말하는 것처럼 아픈 시간 동안 배운 것들이 이후의 삶을 재미있게 만들어 주지 않을지 기대하고도 싶다. 하지만 그런 나라도 아무거나 주워다 준다고 고맙지는 않다. 아프면 돈이 없고, 돈이 없으면 덩달아 시간도 없어서 예전보다 짧아진 하루가 아까워 정성껏 살아보는 일상이라도 매분 매초가 다 행복하고 아름다울 수는 없다.

건강한 사람들의 양가적인 시선으로부터 마치 식민자와 같은 거만함을 느낀다. 아무리 생이 절실해도 아무 희망이나 아무 위로가 필요한 것이 아닌데, 건강한 사람들이 아무거나 주워다 주어서 어떤 병자는 불행하다. 적어도 나는 불행하다.

어떤 암 경험자들은 자신이 암에 걸렸다는 걸 밝히지
않는다. 나는 병에 걸리고 나서야 내 주변에 이렇게 많은 암
경험자가 있었다는 걸 깨달았다. 일하느라 만났던 사람들도
암 경험자, 같은 운동센터에 다니는 사람 몇몇도 암 경험자,
수선집 사장님도 암 경험자였다. 이전에는 그들이 '전에
크게 아픈 적이 있다' 정도로 두루뭉술하게 알고 있었을
뿐이었다. 크게 아팠다는 이야기에 암이냐고 되묻지 못했다.
암 경험은 '알리고 싶지 않을 확률이 큰', '보호받아야 할
사생활'이라는 생각이 들어서였다.

　암 경험을 알리기가 꺼려지는 이유는 무엇일까.
암 경험자라는 사실이 사회생활에서 불리한 요소로
작용하기 때문에? 실제로 암 경험은 연애와 결혼을 새롭게
시작하기엔 결격사유가 되고, 노동시장으로의 복귀를
어렵게 한다. 생식기에 생긴 암이나 구강암에는 성적인
연상이 뒤따르고, 간과 폐에 생긴 암은 환자의 생활
습관에서 원인을 찾게 한다. 낙인은 효과적으로 병자의 입을
다물게 하는 요소다. 주변 사람들에게 암 경험을 말한다는
것은, 성소수자가 자신의 성정체성을 밝힌다는 의미의
'커밍아웃'이라는 단어를 빌려서 '암밍아웃'이라고 부를
정도로 결심이 필요한 일이다.

하지만 암에 드리운 낙인이 암환자임을 드러내지
못하도록 하는 충분한 이유로 보이지는 않는다. 암
경험 말하기는 미군이 2011년에 폐지한 (성소수자임을)
'물어보지도 말고, 말하지도 말라(Don't Ask, Don't
Tell)'는 DADT 같은 정책에 가로막혀 있지 않다. 한국에서
성소수자 군인은 커밍아웃을 지지받기는커녕 색출당하고
처벌받거나 전역 조치되지만, 적어도 암 경험자의 말하기는
암생존자통합지지센터 설립에서 알 수 있듯 정책적으로
지지받는다.

본인이 암환자라는 사실을 타인에게 알리려면 스스로가
암환자라는 정체성을 수용해야 한다. 타인이 나의 병을
알아도 괜찮아야 한다. 이 두 가지 조건을 충족한다는 건
단지 암환자 개인에게 용기가 있고 없고의 문제가 아니다.

질병을 받아들이는 일은 진단서에 찍힌 병명과 세트로
딸려 오지 않는다. 모든 낙인을 제거하더라도, 암이라는
병명은 죽음과 결부된 공포스러운 이미지가 있다. 미디어나
주변에서 보았던 '바로 그 재앙'의 주인공이 되었다는 걸
인정하려면 시간이 조금 필요하다. 암환자들끼리는 '암'과
'환자'라는 두 부정적인 단어의 결합이 자아내는 이미지를
희석시키기 위해서인지 암환자를 '아만자'라고 부르기도
한다. 영어 이름 같기도 해서 훨씬 동글해진 어감이다.

암환자임을 타인에게 알린다는 것은 사회가 아픈
사람에게 부여하는 환자 노릇을 해야 한다는 뜻, 혹은 ㄱ

노릇을 하겠다는 뜻이기도 하다. 사회학자 탤컷 파슨스 (Talcott Parsons)는 '환자 역할(sick role)'을 개념화하면서, 환자는 건강한 몸으로 해오던 역할들을 면제받는 대신에 빨리 낫기를 바라고 이것을 위해 기술적으로 유능한 의료의 도움을 구하고 거기에 협력해야 한다고 상정되어 있다고 설명한다.[3] 낫기 위해 노력하는 사람은 환자로서의 사회적 지위를 부여받지만, 환자 노릇을 제대로 하지 않는다면 환자로서의 지위를 박탈당한다.

병에 걸린 주제에 예전처럼 아무 음식이나 먹고, 예약된 병원 진료일을 번번이 어기며, 불규칙한 생활을 계속한다면 어느 누구도 안타깝게 여기거나 돌봐주지 않을 것이다. 이상적인 환자 역할이 아픈 사람에게 전달되는 경로는 의료 서비스, 보건복지 정책부터 옆집 사람의 관심과 개입까지 폭넓게 걸쳐 있다. 내가 관심이 있는 것은 후자 쪽이다.

나를 위해서 하는 말인 걸 아니까 뭐라 하기도 좀 그래….

선의를 거절하는 건 힘들다. 주변 사람들이 염려로 덧붙인 한마디, 한마디가 낙숫물처럼 아픈 사람의 인내심에 구멍을 낸다. 결국 아픈 사람은 질병을 기점으로 사람들과의 관계를 정리하게 된다. 혹은 이렇게 될 미래를 예측하고 잠적하기를 택하기도 한다. 제아무리 질병을 오명이라고 여기지 않는 병자이더라도, 사람들 앞에서 환자 역할을 잘해내기 어렵다면 사라지는 게 낫다. 착한 사람들에게 면박 주는 것 같아 미안한 마음과 아무 말도 듣고 싶지 않게 지친

마음. 아픈 사람들이 여러분 눈앞에서 사라지는 이유에는
그런 것도 있지 않을까.

●

전화로 진단명을 말씀드리자마자 어머니는 너무 놀라서
비명처럼 울음을 터뜨렸다. 오후가 한참 지나서야 평정을
찾고 나서 하신 말씀은 이랬다.

  "네가 그 일 하면서 마음을 많이 써서 그랬을까⋯."

  '그 일'은 내가 그나마 오래 했던 직업이다.
시민사회단체와 그 언저리에서 했던 일들, 특히 성폭력
피해자를 만나고 지지하는 활동은 어머니에게 자부심과
염려를 동시에 가져다주었다. 곁에서 보기에 일을 하면
할수록 마음이 단단해지기보다는 허물어지고 덧날 일이
많다고 여겨졌기 때문일까. 아니면 그만두게 된 경위를
이야기하려면 여전히 목이 콱 메어서 말을 잘 못하는 모습을
보셔서 그랬을까.

  하지만 그렇게 따지면 현장에서 십수 년, 수십 년을
열정적으로 일한 활동가와 연구자 들이 나보다 먼저
아파야 하는 게 맞다. 활동가들이 열악한 조건에서 몸과
마음을 바닥까지 긁어 쓰느라 자주 아프곤 하지만, 내가
그런 경우라는 해석은 스스로 하지 않아 왔다. 길게 설명할
마음의 여유는 없어서 그런 거 아니라고만 하고 말았다.

  어떤 마음인지 모르지 않는다. 멀쩡히 잘 지내고 있었던

딸에게 갑자기 의사가 심각한 표정으로 치료를 하지 않으면 곧 죽는다고 한다. 입원 절차와 치료 스케줄이 순식간에 주르륵 펼쳐지고 가슴 위쪽에 항암제 투여를 위한 관이 뚫렸다. 벼락같은 일이고 사고 같은 일, 앞뒤 맥락이 없다고 여겨지는 상황에는 그것을 납득할 만한 이유가 필요하다. 그래서 논리적이지 않고 아무 상관이 없어도 인과관계를 만들어 자기 탓을 하게 된다. 어떤 성소수자 부모들은 '내가 딸아이에게 태권도를 가르친 것이 잘못일까'라고 자책한다. 어떤 성폭력 피해자들은 '내가 애초에 그곳에 있지를 말았더라면'이라고 자책한다. 어떤 가정폭력 피해자들은 '내가 좀 더 융통성 있게 남편 기를 살려주었으면 이 사달이 안 났을 텐데'라고 자책한다.

구체적인 상황을 가정해서 '내가 이랬으면 나았을까, 저랬으면 나았을까' 생각해도 막막함이 해소되지 않아서 '벌 받는 건가 봐' 하고 낙담하는 사람도 어딘가에 있을 것이다. 그렇지만 사람을 사람으로 취급하지 않아서 위험한 일터로 내몰고, 비난하며 손가락질받게 하고, 사회에서 자리를 빼앗아 버려서 결국에는 죽여버리고 마는, 정말 큰 죄를 지은 사람들조차도 그 죄의 대가로 질병이라는 벌을 받아 들지는 않는다.

그래서 '나에게 왜 이런 일이'라는 생각을 해본 적 없다. 스트레스가 몸에 좋을 리 없겠지만 암을 억제한다고 하는 여러 허들을 몽땅 무너뜨렸다고 해석할 만큼 내가 오래,

헌신적으로 일하지도 않았다. 썩 유능한 사람도 아니었다. 내 일을 좋아하기는 했다. 시간을 두고 다시 돌아가면, 같은 잘못을 반복하지 않고 더 잘해내고 싶을 만큼 좋아했다. 마음을 기울였던 일들을 후회하게 만드는 재해석이라면 할 필요가 없지 않을까. 또 조금은 생각했다. 내가 뭘 잘나서 불운이 나만 비껴가나.

불운도 행운도, 운이고 우연이다. 물론 집안이 부유하고, 좋은 학교를 나오고, 직업이 좋으면 비슷한 계급의 사람들과 어울려 지내며 '운빨'이 좋아질 가능성이 그렇지 않은 사람에 비해 훨씬 높다. 하지만 그렇다고 해서 모든 일에 뚜렷한 인과가 있을 수는 없다. 애초에 인과율과 합리성, 각 잡힌 체계로는 설명할 수 없는 일을 설명하려고 운이라는 단어가 있다. 씨앗에 물을 주면 새싹이 자라는 인과의 세계가 자연스러운 만큼, 밑도 끝도 없고 뒤죽박죽이라서 설명할 수 없는 세계 또한 자연스럽다. 내 잘못도 남의 잘못도 없이 이 질병이 내 앞에 그저 도착했다면, 그 질병 또한 이유 없이도 자연스러운 내 몫 아닐까.

엄습하는 공포로 잠이 오지 않았던 진단일 밤, 나는 왜 하필 나냐는 의문 대신 자연스러운 과정으로서의 죽음을 떠올렸다. 동생과 나는 서로의 등을 눈물로 적셨다. 그게 마지막이었다. 치료에 들어서면서부터 나의 최후를 상상하고 눈물짓는 식의 감상은 없던 일이 되었다. 새로운 일상이 도래했고, 죽음이 묶음 처리되는 하루에 익숙해졌고,

그래서 바빠졌다.

●

앞일을 알 수 없지만, 그저 해야 할 일을 할 뿐이었다. 내가 받아야 하는 치료를 받았고, 컨디션이 허락하는 대로 무균실 안에서 할 수 있는 소일거리들을 찾아서 했다. 내가 이 대형병원에 도착한 이유를 탓할 곳이 없어서, 원인을 찾을 길이 없어서 오히려 마음이 편했다. "원인을 알 수 없다"라는 의사의 단순한 말은, 문제(로 추정되는 것)를 도려내고 없애면 예전으로 돌아갈 수 있다는 착각을 심어주지 않아서 듣기에 좋았다. '내 몸은 내 것'이라고들 말하지만, 나의 몸은 내 자아의 것이 아니다. 치료의 향방은 내 골수만이 안다. '나를 지켜보고 기도해 주는 사람들이 있으니까 열심히 이겨내자'는 다짐으로 불확실하기만 한 미래를 어떻게 지나가게 될지 잘 상상이 되지 않았다. 의지가 깊은 사람은 어떨지 모르겠지만, 나는 그럴 수 없었다.

　　"예전으로 돌아가고 싶어요."

　　내가 만났던 사람들은 가끔 그렇게 말했다. 하지만 이 소망이 이루어질 수 없다는 것은 말을 하는 그도, 듣고 있는 나도 알고 있었다. 어떤 경험은 차원을 넘는 것과 같아서 절대 이전으로 돌아갈 수 없게 만든다. 기억을 지우는 방법이나 시간을 되돌리는 기술은 없다. 그저 바람일 뿐이다.

이전으로 돌아갈 수 없다는 것이 어느 경우에나 영영 나쁜 것도 아니다. 나를 해친 그 경험이 현재와 미래의 나를 해치지 못하게 할 수 있다. 많은 피해 생존자가 자신을 고립시키고 억누르는 세간의 말이 아니라 자신의 언어로 말하기 시작하면서, 평온해 보였던 일상이 실은 폭력으로 쌓아 올린 성채였다는 것을 알아차리면서 이전과는 다른 시선과 에너지로 사건 이후를 살아나간다.

나는 이 과정이 뒤죽박죽으로 집을 꽉 채운 커다란 짐 더미를 서랍에 정리해 넣어두는 것과 비슷하다고 생각했다. 마음처럼 정리가 되지 않는 짐 더미 앞에서 여러 날 막막하게 울 수도 있지만, 차차 부피를 줄이고 잘 개키는 방법을 터득하게 된다. 세간살이의 구조를 바꾸어도 좋고 주변의 도움을 받아도 좋다. 그러다 보면 내 앞을 가로막거나 발에 걸리지 않을 정도로는 정돈이 된다.

마음에 좀 여유가 생기고 나면 제법 멋지게 바뀐 방의 모습에 으쓱해지기도 할 것이다. 아마 서랍을 열어보면 감당 안 되던 그 짐이 솜씨 좋게 접은 별 모양이나 학 모양이 되어 있을지도. 그래서 앞으로 어떻게 해도 예전으로 돌아갈 수 없을 것 같다고 실의에 잠긴 사람에게, 나름대로의 서랍론을 이야기하곤 했다. 없어질 일은 아니지만, 잘 정리해 둘 날이 올 것이며 당신은 충분히 할 수 있다고.

지금 와서 다시 생각해 보면 그 서랍이 꼭 잘 닫혀야 할까 싶기도 하다. 내용물이 서랍에 비해 너무너무 커서 아무리 정리를 해봐도 주책없이 늘 열려 있을 수도 있는 거 아닐까. 의도는 그게 아니었지만, 어쩌면 서랍론은 가끔 의미 있게 꺼내볼 정도가 된 내 폭력 피해 경험에 국한된 이야기였을지도 모른다. 치료를 마치고 병이 낫는다고 하더라도, 나는 계속 잘 닫히지도 않는 서랍을 이고 지고 살아갈 가능성이 크다. 그러니 절망 너머의 삶은, 깔끔하게 정돈된 일상과 난처하고 곤궁한 처지 사이 어딘가에 있다고 하는 편이 맞았던 것 같다. 헤벌레 열려 있는 서랍도 내 모양이려니, 덜그럭거리는 소음을 견디면서.

질병의 원인이 혹시 마음고생이 아닐까 염려했던 어머니와 달리, 나는 내가 '그 일'을 해서 무척 다행이다. 내가 지켜보며 경험한 회복은 단 한 번도 '예전처럼 온전하고 멀쩡한 상태로 돌아가는 것'을 뜻하는 단어였던 적이 없었다. 상처를 받지 않고 살아갈 방법도, 상처를 받기 이전의 무결점(이라고 회상되는) 상태로 돌아갈 방법도 없었다. 상처가 흉터 없이 매끈하게 아무는 걸 회복이라고 일컫는 것도 아니었다. '그 일'을 한 덕분에 극복 서사로 환원되지도 않고, 극복 서사가 될 수도 없는 회복을 목격할 수 있었다.

상위 몇 퍼센트가 누릴까 말까 한 성취와 정복의 위풍당당함이 아니라 늘 흔들리지만 소중한 것을 유지하려는 작고 평범한 애씀. 그 또한 '그 일'을 하지

않았더라면 좀 더 늦게 깨달았을 것이다. 환자가 지녀야
하는 '긍정적인 마음가짐' 목록에 완치 말고도 변형과 수용,
때로는 죽음조차 머뭇거리며 얹어보는 불완전한 용기. 그런
걸 떠올리면 수런거리는 마음에 조금이나마 고요가 온다.
나는 이번의 서랍 정리에 실패할지 모른다. 그래도 괜찮다.
모두, '그 일' 덕분이다.

다른 사람들처럼 나도 병자가 되면서 인간관계가
조금씩 정리되었다. 치료 방법에 대한 견해차를 두고
갈등하다가 소원해지기도 했다. 코로나19 백신이 백혈병의
원인이라든가, 몸을 따뜻하게 해야 면역력이 높아진다는
첨언으로 언쟁에 불이 붙기 일쑤였다. 평행선을 달리는 대화
끝에 상대와 나는 상반된 의견을 흐린 눈으로 덮어두거나
서로를 한심하게 여기며 멀어졌다. 무엇이 내 심기를
건드렸다는 말을 길게 하기 어려워 내 쪽에서 연락을 끊은
적도 많지만, 상대 쪽에서 나를 괘씸하게 여겨 관계가
단절되기도 했다. 안타까워서 말을 해주는데 따박따박
말대꾸라니? 나는 예전에 어떤 행사의 식사 자리에서
있었던 일을 떠올렸다.
    나는 당시 일을 시작한 지 얼마 되지 않은 신입
활동가였다. 당시에도 타투를 한 사람을 볼 일이 아주 없진
않았지만, 또 지금만큼 흔한 광경은 아니기도 했다. 내 옆에

앉아 있었던 다른 기관의 소장이 내 쇄골 아래의 타투에 관심을 가졌다. "이거 스티커예요, 아님 진짜로 문신을 한 거예요?" 그리고 내가 대답하기도 전에 손을 뻗어서 그 부위를 문질렀다. 그때까지 내 주변에서 그런 행동을 하는 사람은 없었고, 나는 당황해서 아무 말도 하지 못했다. 대신 맞은편에 있던 동료가 "그렇게 막 만지면 안 되죠" 하고 한마디를 했다.

그 말이 소장의 자존심을 건드린 모양이다. 그는 자기 가슴 위를 거칠게 문지르는 시늉을 하면서 "아니, 내가 가슴을 막, 만졌어?" 하고 큰 소리로 말했다. 세상에 성추행만 문제가 아니고 성추행이 아니더라도 부적절한 침해가 있지만, 그는 자신의 도덕성에 타격을 입었다는 무안함을 건디지 못했다.

이러한 장면은 낯설지 않다. 자신이 진보적인 가치를 추구하며 평등을 지향한다고 생각하는 사람들 가운데 몇몇은, 자기 행동이 제재받으면 이를 성찰하기보다는 자신의 높은 인격성이 공격받았다고 느끼며 날 선 분노를 터뜨리기도 한다. 내게 "젊은 나이에 딱하다"라든가 "항상 긍정적으로 살아라"라는 말을 하는 사람들에게 이러저러하니 "그런 말은 안 하는 게 좋겠다"라고 하면 그 익숙한 태도가 튀어나왔다.

"무서워서 무슨 말을 못 하겠다."

여성들이 성차별적인 언행에 항변할 때마다 숱하게

되돌려 받았던 바로 그.

◉

우리는 산책 중인 개도, 유아차에 탄 어린이도 '귀엽다'는
이유로 함부로 만지면 안 된다는 걸 안다. 나이 차별과 용모
차별에 대항하는 시민 캠페인의 결과, 이제 다짜고짜 나이를
물어보며 서열을 매긴다든가, 살 빠졌다느니 예쁘다느니
하는 말을 칭찬이랍시고 하면 안 된다는 것도 안다.
병자에게도 그렇다.

  그럼 도대체 어떻게 대해주기를 바라냐고? 나도
이야기해 줄 수 없다. 〈병자를 위한 올바른 대화 매뉴얼〉
같은 것을 만들 수는 없고, 만들어 봐야 아무도 지키지 않을
것이다. 여태 실컷 떠들다가 이제 '듣겠다'며 입만 바라보고
있는 모습도 어딘가 익숙하다. 여러분이 바라 마지않는
병자의 안녕을 위해서 병자를 대하는 방법을 함께 고민해
주었으면 좋겠다. 어차피 시간이 흐르면 이 글을 읽는 거의
모두가 유병장수할 시대다. 나의 질병이 내 탓이 아니듯이,
몸이 아프고 불편해지는 미래는 저주가 아니라 지금을 사는
인간에게 당면한 현실이다. 그러니까 내가 당신을 무안하게
만들었다며 불평하는 건 당신만 손해 보는 일이다.

  나는 여전히 내게 말을 건네는 사람들의 선한 마음을
믿는다. 어설픈 디자인의 총천연색 사탕 껍질 같은 것에
들어 있기는 하지만, 포장지 속에 귀중하게 싸 들고 온

당신의 우정을 믿는다. 그리고 그런 믿음이 당신과 나의 대화를 가능하게 할 거라고도 믿는다. 시간은 좀 걸리겠지만 말이다.

(2023. 6. 25.)

너 그래도 돼?

절대안정이라는 신화

내 주변의 암 경험자는 크게 둘로 나뉜다. 한쪽에는 비교적 평범하게 치료 과정을 마친 사람들이 있다. 여기도 골고루 먹고 잘 자고 가벼운 운동을 하는 사람부터 각종 항암식단과 독특한 몸 관리법으로 중무장한 사람까지 스펙트럼이 무척 넓긴 하지만, 여하간 환자 역할을 충실히 수행한 사람들이다. 다른 한쪽에는 병원이나 겨우 다닐 뿐 '어차피 죽을병'이라는 기세로 막살았는데, 어쩌다 보니 모두의 예상을 깨고 계속 살게 된 사람들이 있다.

후자에 속하는 사람들은 애초에 잠적을 택했다지만, 전자에 속하는 사람들에게도 주변 사람들이 보태는 말은 버겁다. '항암 휴가'를 얻어서 집에서 시간을 보내던 여름 한낮에 치료를 모두 마친 암 경험자 G가 놀러 왔다. 날은 덥지, 맥주는 생각나지 무알콜 맥주가 없었으면 어떻게 버텼겠냐는 이야기를 나누다 G가 분통을 터뜨렸다.

"아니, 맥주 몇 모금 마신다고 뭐라고 그래. 통제가 너무 심하지 않아요?"

주변의 염려를 이해하지 못하는 건 아니다. 암과 같은 중증질환의 경우 '완치'라는 것이 질병의 깨끗한 정복을 뜻하지 않고, 신체 구조나 대사의 변화와 같이 새롭게 관리해야 하는 자잘한 이상을 동반하기 때문이다. 꼭 골골대는 몸이 된 것이 아니더라도, 과도하게 일하거나 식사를 잘 챙기지 않았던 종래의 생활을 반성하며 새 삶을 살기도 한다. 그래서 암 자체의 치명률이 낮은 편인 갑상선암의 5년 상대생존율은 (물론 세부 유형에 따라 다르지만) 2006년부터 2021년에 이르기까지 100퍼센트를 웃돈다.[4]

건강은 계급이다. 규칙적인 생활을 하며 무리해서 노동하지 않고, 유해물질을 피하면 더 건강하게 살 수 있다. 술과 담배는 암을 유발하는 대표적인 인자로 꼽힌다. 백신으로 예방이 가능한 HPV(인유두종바이러스)와 가공육, 조리하거나 태우면서 나오는 연기도 일상생활에서 만나볼 수 있는 발암물질이다. 그중에서 흡연의 경우는 문화적으로 훨씬 더 부정적인 취급을 받지만, 숯불구이나 음주가 암을 유발한다고 피하는 사람은 드물다. 사람들은 부수적인 불이익이 있더라도 얻을 수 있는 이익이 더 크다면 그 행위를 한다. 술이 발암물질인 줄 알면서도 퇴근 후 동료와

술 한잔을 기울이고, 친구들과 모닥불을 피워 '불멍'을 하며 고기를 구워 먹는다.

암 경험자에게도 그런 순간은 필요하다. 맥주 한 모금이 목구멍을 찌르르 넘어가는 순간, 퇴근 후 카우치에 앉아 맥주를 마시던 시절을 회상하면서 회복을 뭉클하게 실감하기도 할 것이다. 그런데 큰 병에 걸린 적이 있다는 이유로 유해하다고 여겨지는 행위를 일절 못 하도록 막는 것이 온당할까. 그렇다면 병원 급식에 나오는 쇠고기 장조림도 먹으면 안 되는 것 아닐까. 캠핑에서 여름이고 겨울이고 무관하게 밤낮 장작을 때고 바비큐를 해 먹는 행위는 자연에서 벌어지는 일이니까 괜찮은가. 어째서 HPV 백신은 전 국민 필수 예방접종 항목에서 제외되어 있는가. 죽을 수 있는 위험을 피해서 오래 사는 것이 삶의 목표라면 전국의 관광용 출렁다리들과 온갖 익스트림 스포츠도 금지되어야 하지 않을까.

아서라. 암환자의 소시지 섭취와 캠핑을 금지해야 한다는 뜻은 절대로 아니다.

병은 벌이 아니지만, 암 경험자에게 치유의 과정은 죄수가 형기를 채우는 것과 다름없는 일상적 통제로 채워진다. 암에 걸렸던 사람이 술을 마신다는데 당연히 한마디 할 수 있지 않냐고? 숨을 쉬고 양질의 식사를 차려 먹는 것

외에는 무엇을 하든 염려가 따라붙는다. 집 근처 개천을 따라 산책을 나왔다고 하면 "괜찮겠어?"라고 한다. 가볍게 산행하다가도 "그래도 되는 거야? 얼른 집으로 들어가"라는 말에 기분을 잡친다. 집에 꼼짝 않고 틀어박혀서 '병자에게 과한 염려를 하는 바로 당신'에 대한 이야기를 쓰고 있다고 해도 염려를 피할 길은 없다.

"무리하는 거 아냐?"

"스트레스받으면 몸에 나쁘잖아."

"가끔 산책도 하고 그래."

　이게 다 암이 너무나도 무서운 질병이기 때문이다. 암의 평균생존율이 높아지기는 했지만, 암종에 따라서 여전히 발견이 늦고 치료가 어려운 암이 있다. 요즘 암은 암도 아니라면서도 암을 치료한다는 방법 오만가지가 각축하는 이유다.

　미디어에서는 재앙을 피하는 데에 성공한 사람들의 이야기가 등장한다. 병자는 마치 TV 프로그램 〈생활의 달인〉에서 소스 하나를 만들기 위해 수십 가지 재료를 갈아 넣는 식당 주인처럼 삼시 세끼 차려 먹는 데에 하루를 다 쓰는 사람으로 그려진다. 여기에 가운 입은 쇼닥터가 몇 마디 얹어주면 며칠 뒤 길가의 트럭에서 '바로 그 신비의 열매'를 판다. 암환자는 신비의 열매를 먹고 잘 쉬어야 한다.

누군가는 해발고도가 높은 곳에 사는 사람들이 장수한다며 산으로 떠나고, 또 누군가는 체온을 올려야 한다며 따뜻한 나라에 가서 휴양한다.

이렇듯 암 치유 방법이라고 돌아다니는 것들을 다 끌어모으면 병자의 일상 대부분이 완치를 위해 통제되어야 한다. 완치를 위해 환골탈태한 삶이 기쁘고 의미 있다고 이해하는 병자라면 사정이 나을 수도 있지만, 그런 병자조차 '절대안정'을 성공적으로 해내기는 쉽지 않다. 어떻게 안정을 해야 할지 만민공동회 같은 걸 열어서 합의하면 좋을 테지만 그런 일이 일어날 리는 없고, 제각각의 충고들 사이에서 암환자만 혼란하거나 괴롭다.

그래도 대원칙은 하나다. 암환자는 절대안정을 해야 한다. 사람들이 들려준 이야기들 가운데 핵심만 정리해 보자.

환자 역할: 절대안정

1. 몸에 좋은 재료로 만든 식사를 거르지 않고 먹는다.
2. 스트레스를 멀리하고, 몸이 고된 일을 하지 않는다.
3. 명상 등 몸과 마음을 다스리는 치유 활동을 하면 더 좋다.

1번 원칙에 부합하지 않는 단식이 3번 원칙을 수행하기 위해 권장되기도 하지만, 독자적인 원리를 가지고 있는 암 치유 방법을 제외하면 병자 된 사람이 지켜야 하는 절대안정의 기본 원칙은 저 세 가지를 크게 벗어나지 않는 것 같다. 틀린 말도 아니다. 다만 기본적인 건강 상식일 뿐인 원칙들이 암환자에게는 전력투구해야 하는 일이 된다. 그것은 촘촘하게 매뉴얼화되어 있을뿐더러 사뭇 교조적으로 보이기까지 해서, 매체에 등장하는 훌륭한 암 경험자들이 하듯이 지키면서 살려면 아프지 않던 시절보다도 더 열심히 살아야 할 것 같다.

그러나 아무리 노력한들 암세포가 완전히 사라졌는지, 아니면 다시 증식해 버렸는지는 다음번 진료일이 되어서야 확인할 수 있다. 어제 괜찮던 사람이 오늘 갑자기 응급실에 실려 간다. 생존율이 높은 유형이라고 들었던 암이 재발한다. 고위험군이라던 사람이 5년을 넘긴다. 확률이란 집단의 진실일 뿐 개인에게 알려주는 것은 아무것도 없다. 저마다 암 치유 방법을 말하지만 정작 아무도 확실히는 모른다는 사실, 암환자 개인 앞에 놓인 불확실성의 늪이 다시금 병자를 절대안정시키는 족쇄가 된다.

실질적으로나 상징적으로나 재앙인 암에 걸린 환자 노릇은 내 몸 전체가 시한폭탄처럼 여겨지는 경험이 되었다. 인간 김도미가 아니라 걸어 다니는 백혈병 세포 배양기가 되었다. 나는 스트레스와 영양 문제로 인해 백혈병 세포가 폭주하지 않도록 아주 조심스럽게 살아야 했다. 여어, 암세포를 화나게 해선 안 돼. 나는 가만히 있을게. 그래야 주변 사람들이 안심했다.

"암환자는 일반 가정집에서 케어를 못 해낸다던데."

말기암에만 해당하는 이야기가 아니었다. 어머니는 무균실에서 나온 나를 요양병원에 보내야 하는 건 아닌지 걱정했다. 요양병원이라고 하면 거동이 어렵고 인지기능이 나빠진 노인이나 더 이상 방법이 없는 중증질환자에게 호스피스를 대체하는 기관이라고만 알고 있었는데, 알고 보니 암환자 전용 요양병원이 따로 있었다. 하지만 병원을 나와서 또다시 병원에 들어가고 싶지 않았고, 다행히 의료진도 요양병원 입원을 반대한 덕분에 어머니를 쉽게 설득할 수 있었다. 하지만 어머니의 입장에서 어떤 고민이 있었을지는 십분 이해할 수 있었다.

완치하려면 정성 들여 쉬어야 한다는 신화는 위험 요소로부터의 전면적 통제를 끊임없이 설파한다. 하지만 암을 유발한다고 알려진 요소는 영수증에 묻은 잉크 한 방울부터 사소한 생활 습관이나 거주환경까지 너무나 많아서 기가 질릴 정도다. 대체 얼마나 비범해야 암환자를 '제대로' 돌볼 수 있는 걸까. 결국 암환자는 일반 가정집에서 제대로 관리할 수 없다는 논리가 구성된다.

요양병원은 이러한 막막함을 해소하기 위해 암환자의 '전문적인' 돌봄을 아웃소싱하는 장소다. 요양병원이 치매, 암, 호스피스 등 다루는 질병별로 통계화되어 있지 않아서 그 수를 정확하게 알 수는 없지만, 포털사이트에

'암 요양병원'이라는 키워드만 넣어도 서울시에서만 55개 병원이 검색된다. 2020년에 출시된 암 요양병원 안내앱은 전국 163개 암 요양병원이 등록되어 있다고 광고했다(이 앱은 2022년 기준 누적 다운로드 수가 10만 건을 돌파했다). 암 요양병원은 주로 양·한방 협진을 통한 통증 관리, 항암식단 제공, 면역치료* 등을 목적으로 하며, 상급병원 주변에 위치해 통원하기 쉽다거나 반대로 자연과 가깝다는 지리적 특성이 있다.

암 요양병원이 제공하는 서비스가 유난히 특별한가 하면, 꼭 그렇지만은 않다. 요양병원 영양사가 사찰음식 전문가인 데다 아침으로 나온 국을 '면역력을 올려주는 황탯국'이라고 설명해 주면 왠지 더 건강해질 것 같은 기분이 들기는 하지만, 식단표의 출처를 떼놓으면 대학병원의 식단이나 학교 급식, 요양병원의 항암식단에서 유의미한 차이를 찾기 어렵다. '암을 물리치는 신비의 식재료'라는 것이 애당초 존재하지 않기도 하고, 건강한 식단이란 골고루 영양소를 섭취하는 것이 기본이기 때문이다.

오히려 암 요양병원의 특별함은 암환자를 계속 주시하는 데에 있다. 운이 좋아서 가족과 이웃이 환자를 돌봐줄 수 있다고 하더라도, 내내 돌봄자가 집을 지키며

---

* 고주파 온열치료, 항산화 치료 등 의료기기를 이용하거나, 고용량 비타민, 미슬토 등을 주사해 면역력 증진을 통한 항암효과를 기대하는 요법을 말한다.

항암식단을 해 먹이고 통원을 도울 수는 없다. 환자를
부양하려면 돈을 벌어야 하고, 돌봄자에게도 자기 생활이
있다. 필연적으로 돌봄에 구멍이 생긴다. 하지만 환자는
느닷없이 열이 끓거나 통증을 호소할 수 있고, 이런 상황에
돌봄 공백을 메워줄 수 있는 사회적 완충장치는 거의 없다.
건강보험심사평가원에서 암환자를 대상으로도 재택의료
시범사업을 추진하고 있지만, 암 치료를 위해 장루·요루
조성술을 받은 경우만을 대상으로 한다.

　암환자들은 다양한 암종만큼이나 각자의 처지에 맞는
돌봄을 필요로 한다. 서울대학교병원에서 입원 치료를
받은 후 재택의료 서비스를 이용한 환자의 경우 약 절반이
암환자에 해당하며, 이들에게는 중심정맥관 관리와 상처,
배액관 관리와 같이 다양한 의료적 요구가 있다. 예를
들어, 백혈병 환자인 나에게는 정기적으로 중심정맥관을
관리하고, 집 안 환경을 깨끗하게 유지하고, 감염에 빠르게
대응하는 것이 절실했다. 이용하는 암환자 77퍼센트가
응급의학과를 찾게 되는 현실에 대해, 연구를 진행한
서울대학교 공공진료센터 연구팀은 현재의 재택의료
인프라가 중증질환자를 돌보는 데에 한계가 있다는 점을
원인으로 지적한다. 보다 포괄적이며 장기적인 재택의료
계획이 필요하다는 것이다.[5]

　이러한 현실 속에서 암환자의 절반 이상은 요양병원에
입원한다. 입원 자체가 불편해 재택의료가 있다면 이용하고

싶다는 응답이 60퍼센트에 달하지만, 집에서 지내기 어려운 저마다의 사정에 더해 통증을 조절하기 위해서, 불안감 때문에, 치료에 도움이 되지 않을까 싶어서 등등의 이유로 요양병원을 이용하는 것이다.[6] 아픈 몸으로 치료 일정을 따라가는 것만 해도 버거운 1인 가구는 물론, 지역에서 서울의 병원으로 통원하는 환자, 집에 있으면 돌봄을 받긴커녕 돌봄을 계속 제공해야 하는 환자(주로 가사와 양육을 담당하는 여성) 들이 요양병원만 한 선택지를 찾기는 어렵다.

암 요양병원은 가족에게 돌봄이 전가된 한국 사회에서 안심하고 환자를 돌볼 수 있는 몇 안 되는 완충장치이자, '좋은 통제'를 제공하여 환자와 보호자의 불안을 불식시켜 주는 시설이다. 최근 암 요양병원들은 증세가 심하지 않은 암환자나 젊은 암환자가 많아 요양병원의 분위기가 밝다는 점을 마케팅하기도 한다. 하지만 요양병원의 입원비는 무척 비싸고, 자연스레 실손보험 가입이 중요해진다. 평생 월 200만 원 언저리를 겨우 버는 1인 가구가 턱턱 지갑을 열 만한 선택지는 아니다.

암환자에게 주어진 절대안정이라는 권고 사항은 마치 정해진 문제의 정해진 답안지처럼 보인다. '개같이 벌다가' 병이 났으니, 몸을 막 굴렸던 지난날을 참회하며 '정승같이

쓰면서' 쉬라는 식으로. '치유센터', '힐링센터'라는 말을
붙인 몇몇 요양병원 이름이 암시하듯이, 암 요양병원은
바깥세상에 치여 지치다 못해 아프게 되어버린 심신을 뉠 수
있는 몇 안 되는 선택지다. 이곳에서 환자는 휴식과 명상을
하며 영양식을 챙길 수 있다. 생활 관리를 대신 해주는 것은
물론, 병원 통원 셔틀에, 부가적인 건강 돌봄까지 제공한다.
자신을 갈아 넣어야 생존할 수 있는 신자유주의적인 삶의
반대급부로서 매뉴얼화된 암 치유의 풍경이 있고, 그것을
종합 패키지로 제공하는 곳으로서 암 요양병원이 존재한다.

　　병원에서의 집중적인 치료가 더 이상 필요하지 않아
퇴원하지만, 치료 후유증으로 돌봄 요구도는 높아진
사람들에게는 일상과 입원의 중간 단계인 요양 시설이
절실하다. 2022년 기준 암 유병자가 21명당 1명인 시대에
암 요양병원과 같이 표준적인 돌봄을 제공하는 시설이 공공
서비스로 제공될 필요도 있다. 한편 재택의료 서비스가
있다면 집에서 관리받고 싶다는 이용자가 60퍼센트에
달한다는 통계에서도 유추할 수 있듯, 아픈 사람의 안정을
도모하는 방식이 꼭 시설이어야 하는가 하는 물음은 계속
남는다. 필요한 만큼 쉴 권리만큼이나 자기 재량껏 움직이며
원하는 곳에 정주할 권리도 있어야 하는 것 아닐까. 병자나
보호자 개인이 해결할 수 있는 일은 아니고 노동과 보건,
요양 관련 제도부터 질병에 대한 인식, 병자를 둘러싼
규범까지 함께 변화해야 할 문제다.

나는 마스크를 끼고 청소하고, 가끔은 벅차게 몸을 움직이고, 하루 정도는 머리를 벅벅 긁으면서 늦은 밤에 글을 쓰는 것이 내게 해로운 일이라고 생각하지 않는다. 그게 지금 상태의 내가 나답게 아픈 방식이다. 시시때때로 변하는 몸에 맞추어서 나답게 아프기를 찾아나가는 과정은, 그 자체로 내가 새로운 일상을 가꾸어 나가고 있다는 효능감과 안정감을 준다.

정작 내 절대안정을 방해받는 것은, 살균식을 먹어야 하는데 병원 편의점에서 파는 빵을 만드는 공장에서 끼임 사망사고가 일어나 더는 그곳에서 만든 빵을 사 먹지 않게 될 때, 이웃이 법적 혼인 관계가 아니라는 이유로 아픈 애인의 치료 과정에서 배제될 때, 보험사의 횡포를 겪어보았으면서도 민간보험에 의존하고 마는 나와 주변을 돌아볼 때다. 억울하지만 그렇다고 다른 뾰족한 수가 없을 때 머리가 핑핑 돌도록 화가 난다.

그러니 환자가 평범한 짓을 하고 있다면 아마 괜찮을 거다. 평소에도 허세가 심하고 객기가 있는 친구라면 살짝 염려되긴 할 테지만 말이다. 암환자가 듣도 보도 못한 걸 먹는다거나 "이래야 병이 낫는단다"라며 기상천외한 짓을 하려고 든다면 그때가 정말로 물어봐야 할 때일 수는 있겠다. "너 그래도 돼?"라고.

(2023. 7. 20.)

1부 지 쪼대로 아플 자유

고통의 쓸모

기록의 의미를 믿으며,
의심하며

　　　　　이웃과 둘레길을 걸으면서 몸
상태에 대한 이야기를 나눴다. 나는 이식 전처치 항암의
결과 조기폐경을 맞았고, 이웃은 서서히 다가오는 완경을
기다리고 있었다. 머리와 목덜미가 갑자기 뜨거워지고 땀이
뻘뻘 나서 잠을 설치기가 다반사. 배 속부터 덥고 불쾌한 이
느낌을 어찌해야 하겠냐며 동병상련을 나누었다. 이웃이
목소리를 낮추더니 자기는 요실금도 경험해 본 적이 있다고
말했다. 사람들이랑 무슨 이야기를 하다가 웃겨서 막
깔깔거리고 웃었는데 오줌이 쓱 나와버렸다고, 당황스럽고
난처했다고.
　치매에 걸려서 혼자서는 잘 살아갈 수 없게 된 노년의
풍경은 흔히 '벽에 똥칠하는 노인'으로 상상된다. 또 아이의
배변 훈련은 제 몫을 하면서 사는 인간으로 자라나기 위한
생애 초기의 중요한 과제로 여겨진다. 그만큼 똥오줌을 못

가리는 건 사회적 인간으로서는 치명적인 결격사유다. 간혹 어떤 병실 동료는 혼자 일어나서 침상 곁에 둔 간이 변기도 쓸 수 없는 상태가 되고도 화장실에 기어서라도 가겠다고 고집을 부렸다. 대소변을 가리는 일이 그렇게도 중요할진대, 요실금이 암만 자연스러운 손상이라고 해도 축축해진 아랫도리가 달가울 수는 없다.

저만큼 떠밀려 갔던 기억이 되살아서 왔다. 다행이라면 나는 대소변과 체액을 배출하는 데 별도의 의료기구나 다른 사람의 도움을 받아야 할 정도로 아프지는 않았다. 이식병동에서 대소변을 지린 적은 있다. 항문이 다 헐어 힘을 줄 수가 없는 탓에 수시로 방귀가 픽픽 나오던 시기였다. 방귀와 대변은 잘 구분되지 않았고, 갑자기 배가 아파서 화장실을 종종걸음으로 가는 그 몇 발짝의 길에 설사를 흘려버리곤 했다. 헐렁한 병원복 바지 속에서 허벅다리를 타고 흘러내리는 축축한 느낌이, 그러다가 움직이는 결에 바지가 설사에 들러붙어 느껴지는 젖은 천의 감촉이 난처하기도 불쾌하기도 했지만 그것으로 끝이었다. 나는 지금 아프니까.

더러워진 병원복과 엉덩이를 씻어내고, 벨을 눌러 간호사에게 진통제를 달라고 요청하고, 좌욕 대야에 따뜻한 물을 담고 베타딘 용액을 풀었다. 엉덩이를 담그고 앉아 있으면 간호사가 와서 문밖으로 길게 늘어뜨린 링거줄에 진통제를 놓아주었다. 젖은 병원복 바지를 간호조무사가 가져갈 수 있도록 둘둘 뭉쳐서 정해진 장소에 놓아두고, 침상으로 돌아가 통증이 잦아들기를 기다리며 엎드려 있다가, 다시 배가 아프면 변기에 앉고, 엉덩이와 바지를 씻어내고 좌욕하는 일의 반복. 매일 새벽 하는 소변검사 중에 가끔은 손이 떨려서 소변을 검체통 바깥에 흘리거나 아예 쏟기도 했다. 퇴원해서 외래진료를 받던 동안 움직임이 어설퍼서 소변검사용 종이컵을 엎질러 걸어놓은 패딩 점퍼에 흩뿌린 적도 있었다. 그 옷을 입고 집에 가야 하는데, 혹시 감염이 될까 봐 겁이 앞섰다. 비좁은 화장실에서 소독 티슈를 꺼내 패딩을 닦으면서 그때는 조금 슬펐던가, 화가 났던가.

여전히 부끄럽지는 않았다. 나는 아픈 사람이니까 그럴 수도 있었다. 아픈 누구나 지나야 할 과정일 뿐인데, 이런 걸 꼭 신파조의 이야깃거리로 만들어야 할까.

뒤뚱거리며 이식병동의 복도를 산책하던 중이었다. 대충 닫다 만 비닐 커튼 사이로 누군가가 노인의 엉덩이를 받쳐 들고 닦아내는 모습이 보였다. 노인은 한 손으로도 허리와 엉덩이 사이를 받쳐 들 수 있을 만큼 말랐다. 검붉게 얼룩진 피부와 앙상한 성기가 무심하게 드러났다. 다른 쪽 손에 티슈를 쥐고 노인의 엉덩이를 닦는 폼이 섬세해 보이지는 않았다. 돌보는 사람의 억센 팔 힘과 노인의 무기력이 극명하게 대비되어 보였기 때문일까. 내가 지린 대소변을 씻어내면서도 부끄러움을 느끼지 않았는데, 그날은 수치감이 들었다. 못 본 척 걸었다.

돈을 주고 고용한 간병인은 가족과 달리 환자를 살뜰하게 보살피지 않는다는 편견이 있지만, 거동이 거의 불가능한 사람을 돌보는 일은 가족주의적인 편견이 작동할 여지를 주지 않는 중노동이다. 더군다나 코로나19 유행 당시 무균실과 이식실에서 환자를 돌보는 사람은 병원 밖을 나갈 수도, 다른 사람과 자주 교대할 수도 없었다. 병동에서는 중환자실을 들락거리는 환자의 곁에서 눈이 텅 비어버린 보호자들을 만날 수 있었다. 생판 처음 본 고객님이든 사랑하는 가족이든 간에 먹이고 입히며 대소변을 받아내는 일은 때 되면 처리해야 하는 일 이상도 이하도 아니다. 그러므로 노인과 돌보는 사람 사이가 고용 관계인지 알고 지내던 관계인지는 중요하지 않았다. 나는 무심결에 노인의 치부를 보았고, 얼굴도 보았다. 그리고 부끄러웠다.

『우신예찬』으로 유명한 르네상스 시대 신학자 에라스뮈스(Desiderius Erasmus)는 『어린이의 예절에 관하여』라는 책에서 "소변이나 대변을 보는 사람에게 인사하는 것은 예절에 어긋난다. 예의 바른 사람은 자연적으로 수치심과 결부된 신체 부분을 불필요하게 노출하는 일을 삼가야 한다"라고 말했다고 한다. 노상에서 용변을 보는 일이 가능했던 1530년대의 이야기다. 20세기 사회학자 노르베르트 엘리아스(Norbert Elias)는 저서

『문명화과정』에서 이후의 문헌들을 검토해 나가면서, 점차 대소변에 대한 이야기조차 불경하게 여겨지며 사생활의 영역으로 사라지는 과정을 보여준다.[7]

　이제는 타인이 볼 수 있는 자리에서 용변을 보는 사람을 상상하기 어렵다. 여럿이 모인 자리에서 용변이 급하면 "볼일이 있다", "화장실에 다녀오겠다" 하는 식으로 직접적인 언급을 피한다. 오늘날 노상에서 엉덩이를 까고 앉은 성인은 만취한 주정뱅이뿐이다. 그런데 에라스뮈스가 글을 쓰던 시대에도 용변 보는 사람의 얼굴을 쳐다보고 말을 거는 것은 예의가 아니었다. 볼일을 해결하고 있는 사람은 있어도 없는 듯, 얼굴 없는 존재로 내버려두어야 한다.

　내가 대소변을 옷에 묻히고도 부끄럽지 않았던 것은 내 몸이 아예 통제 불능의 상태가 아니었기 때문이었을지도 모르겠다. 나는 그럭저럭 거동할 수 있어서 더럽힌 옷을 남에게 보이지 않고 수습할 수 있었다. 병동의 화장실은 바깥에서 안의 상황을 파악할 수 있도록 문에 모루유리가 있는데, 내게는 샤워를 하기 전에 벗은 옷을 걸어두어 유리를 가릴 여유도 있었다. 부작용이 사라지는 시기가 오면 괜찮아질 거라는 전망이 쓰리고 부끄러운 감각을 상쇄시켰다. 병자라는 신분 덕에 잠시 제 앞가림 못 하는 것쯤 어쩔 수 없다는 정당성도 있었다. 시간이 지나면 신체적인 고통은 쉽게 휘발되고, 경험담으로 소환될 때나 '그런 시절이 있었지' 하고 더듬거리며 떠올릴 뿐이다.

그러나 나중에는 자신을 스스로 추스를 아무 힘이 없고, 돌보는 사람도 지쳐버린 어느 결에 보여주고 싶지 않은 나의 모습을 보일 수도 있다. 그 노인에게도 기저귀를 가는 모습은 노출하고 싶지 않은 사생활이었을 것이다. 자신의 수치를 스스로 숨기지 못하는 타인의 무방비와 불능을 목격하는 순간이, 나에게도 그런 일이 충분히 일어날 수 있다는 가능성이 나를 당혹스럽게 했다. 그 전까지는 내가 이성적으로 사고하고 치료 절차에 따르는 환자라서, 즉 환자 역할을 잘 수행하는 환자라서 쓸데없는 부끄러움을 느끼지 않는다고 생각했었다. 아니었다.

잘 갖추어진 의료 시스템과 이웃들의 조력을 받더라도, 타인의 불능을 목격하면서 수치스러워하고 타인의 죽음을 예감하면서 저것이 나의 미래가 되지 않을지 점치는 일은 혼자 감당해야 했다. 그 또한 환자 역할에 해당하는 것임을 뒤늦게 깨달았다.

그래서 힘든 시간을 지나고 나면 글을 써야겠다고 생각하는 걸까. 여전히 고통으로 사람이 성숙해진다고 생각하지도 않고, 깨달음을 얻지 못하고 망가졌다고 해서 그 사람의 잘못이라고 생각하지도 않지만, 고통은 삶을 바라보는 렌즈의 곡률을 바꾼다. 병동 동료들이 웃고 찡그리던 얼굴을 되새김질하면서, 고통받은 사람들이 쓴 기록을 찾아 읽었다. 그리고 한숨 돌리는 지금, 가을바람처럼 불어오는 회한.

아픈 사람들의 기록을 읽으며, 막연하게 혹은 낭만적으로
알았던 것들을 훨씬 가까운 나의 현실로 다시 깨달았다.
사람은 살로 이루어져 있고 말랑말랑해서 생각보다 잘
찢기고 녹고 썩을 수 있다. 살아 있는 사람의 입에 구더기가
생기기도 한다는 걸 오래 몸져누운 노인의 사례로 읽으며
알게 되었다. 눈, 코, 입, 귀, 항문, 요도, 질이 아닌 인공적인
방식으로 몸의 내·외부를 연결하고 살아갈 수도 있다.
매끈한 피부 위에 툭 튀어나온 인공물은 겉으로 보기에
혐오스러울 수 있고, 냄새가 나서 주변 사람들의 인상을
찌푸리게 만들 수도 있다. 화상과 같은 외상을 입었거나
아토피가 심한 사람, 혹은 조혈모세포 이식의 후유증이
피부로 온 사람은 피부가 나무껍질처럼 뻣뻣해진다. 화상을
심하게 입으면 피부가 뻣뻣해지고 모공이 녹아 없어진다.

아버지는 일을 하다가 화상을 입었다. 일하던 공장
바닥에 인화성 물질이 있었는데 거기에 불씨가 튀었다.
발치에서 순식간에 불길이 솟아올라 아버지의 눈썹과
이맛전의 머리털을 태워버렸다. 근처에 있었던 직원이
재빠르게 물을 가져다 부었지만, 양다리 앞쪽은 피부
이식을 해야 했다. 불길에 상하지 않은 몸 뒤편 피부를
떼어서 붙였다. 새로 난 살은 양쪽을 잡아당긴 비닐처럼
팽팽하거나, 우글거렸다. 젊은 날 심한 교통사고로
보조기구를 박아놓아서 생긴 어지러운 흔적과 함께

아버지가 내놓은 맨다리에는 사람들의 시선이 붙었다가 가곤 했다.

하지만 내가 아는 화상은 그뿐이다. 얼굴의 형체를 녹이거나 떡처럼 굳어지고 부푸는, 혹은 가죽이 오그라져 뼈까지 구부러뜨리는 화상은 알지 못한다. 아픈 사람들의 이야기를 주워 모으는 동안 『나를 보라, 있는 그대로』라는 중증화상 경험자 생애사 기록집을 읽으면서 나와 다른 고통을 경험한 사람들의 이야기를 들을 수 있었다. 물을 뿌리면서 환부의 고름들을 거칠게 문질러 씻어내면 수챗구멍으로 핏물이 씻겨 내려간다는 화상 치료 방식은 읽기만 하는데도 이가 악물렸다. 그렇게 사지에서 기어 나온 사람들이지만, 이들과 얼굴을 마주하기는 어렵다. 얼굴을 본 사람은 놀라 비켜서고, 얼굴을 보인 사람은 죄 없이 숨는다. 화상 경험자들의 이야기를 듣고 작가이자 활동가인 홍은전은 이렇게 썼다. "이야기가 된 고통은 고통받는 자들을 위로하는 힘이 있어요. 그 이야기를 하는 자기 자신을 포함해서요. 그리고 그 힘든 세상을 변화시키기도 하죠."[8]

고통을 기록으로 남기는 일을 조금은 회의한다고 앞에 썼다. 저마다의 이유로 모두 아프다는 사실은 조금 위안이 된다. 사회적인 이유로 발생하는 고통은 사회적으로 개선되어야 하지만, 모든 고통이 공적으로 해결되지는 않는다. 고통은 아주 사적이고 끝내는 고립된 감각이며, 아무리 사람들과 나눈들 깔끔하게 나누어떨어지지 않는다.

다른 말이나 경험으로 통역할 수도 없다. 그래서 아픈 사람들끼리 서로를 덧내기도 한다. 너만 아프냐는 핀잔과 너 혼자만은 아니라는 위로는 동전의 양면과 같다. 아파서 죽을 뻔했다는 방백이 도움이 될까 싶었다. 그러나 책을 읽으며 조금씩 생각이 바뀌었다.

'함께 걷기'라는 행사가 있다. 화상 경험자들과 비경험자들이 함께 행진하면서 화상에 대해 알리고 생존자로서의 자긍심을 고취하는 자리다. 책을 읽고 나서 찾아본 보도 사진에는 대열의 맨 앞줄에 서서 웃고 있는 최려나 씨가 보였다. 화상 경험자 정인숙 씨는 "스물다섯 살 아가씬데 모자도 안 쓰고 스카프도 안 하는 거예요. (…) 진짜 대단하다고 생각했어요"라고 그를 회상한다.[9] 정인숙 씨도 아마 그 자리에서 처음 얼굴을 드러냈을 것이다.

화상 경험자들이 함께 걷는 현장의 분위기를 상상하다가, 혈액내과 진료실 앞에서 자주 보는 사람들의 모습을 떠올렸다. 눈두덩이가 벌게져서 각질이 달라붙은 안경을 쓰고 있는 내 앞에 이식 후유증으로 백반증을 얻은 환자가 서 있다. 손바닥이 북어 껍질처럼 벗겨져 빨갛고 얇은 비닐처럼 된 또 다른 환자는 손가락 옆에 거스러미처럼 말라붙은 피부를 손톱으로 벗겨 낸다.

2000년대 초반 글리벡 약가 인하 투쟁에 뛰어들었던 고 김상덕 씨도 조혈모세포 이식 후유증으로 백반증을 얻었다. 글리벡은 이전까지 조혈모세포 이식이 치료의 전부였던 만성골수성백혈병의 확실한 치료제로 등장했으나, 당시 기준 한 달 약값만 최소 300만 원이 들었다. 글리벡의 제약사 노바티스 앞에서 열린 첫 항의 시위에 환자복을 입은 백혈병 환자, 보건의료인, 시민사회단체 활동가 들이 모였다. 조혈모세포 이식을 마친 김상덕 씨에게는 글리벡이 필요하지 않았지만, 그는 환자라는 정체성으로 시위에 참여했다. 경찰 병력과 대치하던 중 그는 상의를 벗어 백반증으로 얼룩덜룩한 몸을 드러냈다.

"자, 봐라. 이놈들아. 난 백혈병 환자다!"[10]

당시 그와 환자운동을 함께했던 간호간병시민행동 강주성 대표는 김상덕 씨가 HIV 감염인에게도 각별한 애정을 쏟았다고 회고한다.

그로부터 20년도 더 지난 지금도 사람들은 조혈모세포 이식을 치료의 마지막 과정이라고 생각하고 격려사를 남기며 환자의 곁을 떠나기도 하지만, 남은 사람들은 치료 후유증을 다스리는 생소한 약물과 초고가 항암제 사이에서, 흘깃대는 눈들 사이에서 종종거린다. 눈두덩이에 질병의 흔적인지 훈장인지를 붙이고서, 앞에 앉은 이의 솜털 나고 얼룩진 뒤통수를 바라보며 고통의 쓸모를 재차 의심한다. 그러나 이런 것들도 이야기가 된다면 어떨까. 덜 외로워진 마음으로, 다시 책장을 넘긴다.

(2023. 7. 10.)

죽음을 이야기하는 법

대화를 시작해야
준비를 할 텐데·

이렇게 좋고 즐겁고 예쁜데
갑자기 사라질 수도 있다니, 신기하지.

밑도 끝도 없는 말이 자꾸 튀어나오려고 했다. 두 사람이
마주 앉아서 식사를 주문하고 기다리는 평범한 시간이
대단한 우연의 총합이지 않냐며 동의를 구하고 싶어졌다.
삶에 대한 경이와 함께, 나누고 싶은 다른 이야기가 있었다.
나는 지금의 상태를 벗어나기 위해 성실하게 환자 역할을 할
것이고 당연히 살고 싶고 살면 좋겠지만, 잘 안되어서 죽을
수도 있다는 생각을 너도 하고 나도 해야 한다고.

그러나 입 밖에 꺼내지는 않았다. 오랜만에 나온 여행의
끝자락에 꺼낼 이야기는 아닌 것 같았고, 내가 원하는 대로
이야기의 방향이 이어질 수 있을지 장담하기 어렵지 싶었다.
상대방이 이런 대화를 원치 않을 것 같다고도 생각했다.
동시에 상대방도 나의 죽음을 어느 정도 염두에 두고

있음을 알았다.

나는 나 스스로 죽음을 준비하고 싶고, 주변 사람들이
이 준비에 함께해 주었으면 좋겠다. 연구에 따르면, 실제로
대부분의 사람이 좋은 죽음이란 '죽기 전에 스스로 준비할
수 있는 죽음'(95퍼센트), '죽음에 대해 주변 사람들이 함께
준비하는 죽음'(85퍼센트)이라는 데에 동의한다.[11]

그러나 압도적인 동의에 비하면 정작 준비에 필요한
대화가 그렇게 활발하게 이루어지지는 않는 것 같다. 한국인
중에서 죽음 관련 대화를 한 번도 하지 않았거나, 가끔도
하지 않는다고 응답해 자의에 의한 대화로 보기 어려운
비율이 52.7퍼센트에서 84퍼센트에 달한다는 또 다른 연구
결과를[12] 떠올려 보면, 나는 비교적 주변 사람들과 죽음에
대해 꽤 구체적으로 이야기하고 상상할 수 있는 환경에서
지낸 편이다. 거기에 더해 급성백혈병 진단을 받기 전과
후에 죽음에 대한 인식이 상당히 달라졌으며, 같은 병을
겪는 환자들을 만나면서 흥미를 느낀 지점들이 생겼다는
점에서 지금이야말로 질병은 물론이고 죽음에 대해서
생각을 나눌 기회일 수 있다.

그런데 중증질환을 가진 몸이 되자 그림이 조금
미묘해졌다. 죽음이라는 단어는 마치 볼드모트처럼 "만약
상황이 안 좋아지면"이라는 말로 빙 둘러서 서술되었다.
진단 후 죽음을 직접적으로 입에 담아본 건, 진단을
받았던 날 밤 뒤척이다가 일어나서 동생에게 "나 죽으면

어떡하지"라고 말한 한 번 정도였다. 속에서만 부글거리게
눌러두었던 공포가 여덟 음절이 되어서 튀어나온 순간
통곡이 되었다. 눈물이 나기 시작하자 걷잡을 수 없었다.
동생도 내 어깨를 끌어안으면서 소리 없이 울었다. 겨우
진정해서 천장을 보고 눕자 등이 뜨듯하니 축축했던 그날,
이제 한번 터진 울음은 수습하기 어려워졌다는 걸 학습했다.
사람들 앞에서 울 거면 아예 말을 말자 싶었다.

　입원 치료를 진행하면서부터는 대화 대부분이 모두가
완치를 소망하고 있다는 것을 재차 확인하고, 완치할 방법을
이야기하는 수순으로 이어졌다. 죽음이라고는 입 밖에 내질
않으니 죽음을 대화 주제로 삼는 것이 불경하고 해롭다고
면박을 들은 적도 없다. 함구령을 내린 사람은 없었지만,
아마도 주변 사람들로서는 죽음을 주제로 하는 대화가 내게
부정적인 감정을 일으킬까 봐 염려되었을 것 같다. 나로서도
사람들에게 괜히 상실에 대한 불안감을 불러일으키고 싶지
않았다. 죽음을 미리 상상하고 준비하는 대화의 필요성을
적극적으로 긍정해 왔지만, 정작 가장 그 대화가 필요한
지금은 서로의 마음을 불편하게 만들고 싶어 하지 않는
모순적인 상황이 만들어졌다.

　그래서 죽음과 관련된 모든 생각은 내 안에서만 고인다.
평소 같았으면 휴지로 아무렇지 않게 눌러서 버렸을 벌레를
보고도 죽여도 되나 멈칫하게 된다. 암환자가 고기를
먹으면 안 된다는 대체의학적인 믿음은 죽음에 대한 공포가

연민이나 공감의 감정과 접속한 결과 아닐까 생각한다. 죽은 동물이 독을 내뿜어서 해롭다는 주장이 상징적인 의미라면, 재고할 여지가 있다고 생각하게 되었다.

더 이상의 의료적 개입이 고통스럽고 무의미한 시점이라고 판단된다면 의학적 도움을 받아 고통을 최소화할 방법을 선택할 수 있었으면 좋겠고, 감당하기 어려울 정도로 비용이 많이 들거나 번거롭지만 않다면 내 임종은 익숙한 곳에서 익숙한 얼굴들과 함께였으면 좋겠다. 또 이사를 앞두고 집을 함부로 매매할 수 없는 문제(계약이나 집 상태에 문제가 생긴 경우 책임을 다른 사람이 져야 하는 상황에 대한 대비)라든가, 내가 세상에 남길 자질구레한 것들이 누구에게 의미 있게 전해졌으면 좋겠는지를 생각한다.

사전연명의료의향서 작성은 이러한 고민을 제도적으로 풀어낼 수 있는 방법 가운데 하나다. 나를 포함해 주변의 많은 이들이 이 절차를 통해 연명의료를 거부한다는 의사를 미리 밝혀놓았다. 하지만 현재 사용되는 사전연명의료의향서와 연명의료계획서는 단순히 연명의료에 대한 동의 여부를 결정하고, 만약 연명의료를 거부한다면 어떤 처치를 받지 않을 것인지를 선택하는 데에 그치는 한계가 있다. 젊은 나이에 갑작스럽게 의식이 사라지고 어떤 처치도 무의미하다는 의학적 판단이 이루어졌을 때, 주변 사람들이 나의 연명의료 거부 의사를 확인한다면 나의 의중을 다소 고통스럽게 추측해야 하지 않을까.

현재로서는 삶과 죽음에 대해 어떤 생각과 태도를 지녔기에 이러한 결정을 내렸는지, 죽음에 이르는 과정과 사후에 뒤따르는 실무적인 문제들(특히 돌봄)을 어떻게 처리할지를 가까운 사람들과 논의하고 설계할 수 있는 장치가 부족하다. 죽음을 앞둔 사람이 자신의 의사를 명문화하는 방법으로 유언장이 있지만, 유언장은 사후 수습에 대한 내용에 집중된다. 특정 의료적 처치에 대한 개인의 가치관과 임종에 이르기까지 원하는 돌봄 방식, 임종의 구체적인 모양 등을 연명의료 의향과 함께 통합적으로 밝힐 수 있는 방법이 필요하다. 호스피스 서비스에서 제공하는 사전돌봄계획을 참고해 볼 만하다.

사전돌봄계획의 목표는 대상자가 본인의 건강상태, 예후, 치료방법 등에 대해 충분히 이해한 상태에서 본인의 삶의 목표 및 가치가 충분히 반영된 치료 계획을 세우고, 이를 가족이나 보호자가 잘 따를 수 있도록 준비시키는 데 있습니다. (…) 대상자는 현재 본인의 질병 상태 및 받고 있는 치료에 대해 가지고 있는 생각, 자신의 삶에 있어 중요하고 의미 있게 여기는 것, 그렇기 때문에 생애 말기 어떤 모습을 원하는지 등에 대해 구체적으로 생각하고 이를 표현할 수 있도록 도움을 받게 됩니다. 이후 논의 단계는 이전 단계에서 대상자가 표현하고 결정한 사항에 대하여 가족이나 의료진 들과 공유하는 과정을 포함합니다. 이 같은 사전돌봄계획 과정을 통해 대상자가 충분한 정보에 근거하여 본인 스스로가 치료 결정을 내리고, 대상자를 대신하여 의료 결정을 해야 할지도 모르는 가족이나 보호자를 준비시키는 데 도움을 줄 수 있습니다.[13]

사전돌봄계획은 호스피스 서비스에 국한된 절차에서 벗어나 생애 전반에 걸쳐서 스스로 고민하고 돌봄을 담당할 가능성이 큰 주변 사람들과 함께해 볼 만한 충분한 가치가 있다. 실제로 여러 나라에서 많은 고령의 환자가 질병이 심각해지기 전에 사전돌봄계획서를 작성하며 임종기 돌봄 관련 결정을 가족과 논의한다. 사전돌봄계획서에는 어디에서 임종을 맞고 싶으며 시신을 어떻게 해주었으면 좋겠는지 외에도 내 삶에 의미를 부여하는 것들이 무엇인지, 가족과 친구들이 알고 기억했으면 하는 점이 무엇인지, 의사표현을 할 수 없게 될 때에 나를 돌보는 이들이 무엇을 알아주었으면 하는지 등을 밝힐 수 있다. 죽음이 한 사람의 심정지 이상의 의미일 수밖에 없듯이, 죽음을 준비하는 일 또한 의료적 처치 이상의 의미여야 한다.

만약 내가 내 파트너와 가족, 동생보다 먼저 죽음을

맞이하게 된다면, 나는 법적으로는 남남인 내 파트너가 내
임종기의 돌봄과 사후 절차에서 어떤 자리를 맡아주었으면
좋겠는지를 함께 논의하고 싶다. 홀로 부양자가 될 동생이
시간이 흘러 노약자가 된 부모를 어떻게 부양할지에
대해서도 직접 해줄 수 있는 것은 없지만, 시간이 닿는 만큼
같이 고민해 주고 싶다.

　병을 낫게 하는 데 쓸 수 있는 방법이 없다는 것을 하나둘
확인해 나가는 절망적인 과정에 접어들더라도, 평소처럼
누군가의 생일이나, 성취에 기뻐하면서 선물을 해주고 싶다.
미리 상의한 주변 사람들로부터 돌봄을 받고 싶다. 그렇다면
죽음이 '삶과 죽음은 연속선상에 있다'는 듣기 좋은 남의
말이 아니라 정말로 내 삶이 제 모양대로 열심히 굴러가다가
저물어 간 끄트머리라는 의미를 가질 수 있을 것 같다. 어떤
키워드로 대화를 나누어야 할지 좀 더 구체적인 윤곽이
보인다.

　고민이 돌고 돌아 원점으로 돌아왔다. 지금 죽음을
준비하는 것이 곧 생의 의지를 포기했다는 뜻이 아니라 잘
죽는 것만큼 잘 살기 위한 거라고 안심시키려면 나는 어떤
문장으로 이야기를 시작해야 좋을까.

(2022. 8. 12.)

불결하고 불경한 몸

아픈 사람은
어떻게 섹스를 해야 할까

"아이는 있어요?"

병원에서 집으로 가는 택시 안. 이 질문에 정직하게
대답한다면 좋은 말을 듣기 어렵다. 결국은 '출산율이
낮아져서 한국이 망할 것'이라는 레퍼토리에 닿기 때문이다.
택시 기사와의 스몰토크를 이어가는 동안 이 익숙한
종말론을 들어본 적은 듣지 않은 적보다 압도적으로 많은데,
이것은 택시 기사들의 문제라기보다 내 '부모뻘' 중·노년
세대의 주된 문제의식이라고 보는 게 맞을 것이다. 이후의
대화가 짐짓 꾸지람인 척 '결혼보다 회사에서 일하는 게
더 좋다면서 허구한 날 해외여행이나 다니는' 딸자식
자랑으로 빠지면 그나마 낫지만, 세상에 고액 연봉을 받으며
비행기 타고 놀러 다닐 팔자가 흔하지는 않으니 은근한
자랑보다는 노골적인 비난을 만날 때가 대부분이다. 젊은
여성들이 아이를 낳지 않는다며 비난하는 것은 어엿한 국민

스포츠인가 싶다.

그럴 때 조기폐경이 좋은 점도 있다. 말하는 이와 듣는 이가 각각 한 명뿐인 택시 안에서 '주어가 없지만 주어가 뚜렷하게 있는' 비난을 난사당하더라도 나는 할 말이 있다.

"항암치료받느라 불임이 됐습니다…."

그 이상의 대화를 원치 않는다는 듯이 지치고 씁쓸한 말투를 덤으로 얹으면 대화 종료. 나라 걱정을 빙자해 만만한 사람을 때리려던 내심이 있었기 때문인지 "젊은 사람이 어쩌다 암에 걸렸느냐?" 같은 흔한 질문도 이어지지 않는다. 나는 조기폐경으로 야기되는 골다공증과 급속한 피부노화를 내 정신건강과 맞바꾼 것 같다.

내 상황을 이용해 무례에 대응하는 방식을 우스개처럼 이야기하긴 하지만, '여자들이 결혼을 안 하고 아이를 안 낳아서 국가의 위기가 초래된다'라는 비난은 다양한 현실을 가린다. 저출생에 앞서 걱정해야 할 국가의 위기는 이미 출산되어서 자라고 있는 사람과 장성한 사람조차 제대로 지키지 못하는 정치의 위기라는 점을 논외로 하더라도, 세상에는 임신하지 못하거나 임신하고 싶어 하지 않는 다양한 몸이 있다.

임신을 원하는 사람들 중에는 이성애자 난임 부부를 비롯해 동성 부부, 혹은 정자를 기증받아 아이를 가진 1인 가구 여성과 레즈비언 커플도 있다. 이들의 임신과 출산은 한국의 제도나 문화가 승인하지 않거나(혼인 관계의 이성애

커플이 아닌 사람이 정자를 공여받아서 하는 임신), 전 지구적 불평등과 여성의 재생산 건강 및 권리에 대한 첨예한 논쟁(대리모) 속에 놓여 있다. 따라서 진정으로 출산율을 '해결'해야 할 문제로 본다면, 꼭 '이기적인' 가임기-이성애자-여성으로 보이는 사람에게 윽박지르지 않아도 '해결'할 수 있는 방법이 무궁무진할 것이다. 사실상 동정녀 마리아의 수태고지 또한 홀몸의 여성이 정상가족 바깥에서 맞닥뜨린 사건 아니었던가.

불경한 이야기일까. 한국 사회에서는 여전히 혼인과 임신과 섹스가 한 세트다. '건강한 신체와 정상적인 성욕을 지닌 남성과 여성이 사랑을 해서 섹스를 하고 가정을 꾸리며 그 결실로 아이를 얻는다.' 이 구성 요건을 벗어난 섹스가 좋지 않은 결말을 맞이했다면, 예를 들어 그 행위자에게 해악이 발생했다면 그 상황은 진지한 염려를 기대하기 어렵다. 그런 건 그저 '순결 캔디'를 나눠주는 보수 기독교 신자들의 이야기라고?

　한 남성 암환자가 '상간녀'와 섹스하기 위해 비아그라를 복용하고서 간 기능 악화로 사망했다는 뉴스를 본다. 뉴스를 본 사람들은 '불륜 관계'와 '암환자', '발기부전 치료제'라는 키워드의 조합이 선사하는 웃음 혹은 한심함이라는 코드를 공유한다. 나는 고개를 갸웃한다. 그게 웃긴가.

하나도 웃기지 않다. 그가 죽음에 이른 과정은 건강해지고자 하는 욕망마저도 꺾어버리는 성애 혹은 '정상 남성'이고자 하려는 의지, 표리부동한 가족제도와 성적 실천, 암환자에 대한 편견이 서로 얽혀 있다. 물론 항암치료 중인 암환자에게 의료 전문가의 검토를 받지 않은 약물의 추가적인 복용은 간과 신장에 부담을 주며, 그의 사인 또한 이 경우에 해당한다. 그러나 조금 거칠게 말하자면, 나는 섹스하려고 노력하다가 죽은 삶이 딱히 웃기거나 안됐다고 생각하지 않는다.

암환자의 성욕이 이상한가. 물론 병원 혈액내과 한쪽에 비치된 환자 생활 안내 책자는 그렇지 않다고 말하려는 것 같기는 하다. 섹스를 하면 파트너에게 암을 옮기지 않을지, 자신의 건강이 더 악화하지 않을지 염려하는 환자들에게 병원 책자는 "임신하지 않도록 주의"하며, "항암제 성분이 체액을 통해서 파트너에게 전달되지 않도록, 또한 감염 예방을 위해 콘돔을 착용하라"라고 당부했다.

마침 수많은 항바이러스제와 항진균제, 항암제로 인해 날숨과 소변에서 약 냄새가 그치지를 않았기 때문에 책자에 적힌 내용들은 위험을 예방하고 불필요한 염려를 더는 데에 도움이 되었다. 특히 10퍼센트를 겨우 웃도는 한국의 콘돔 사용률을 떠올린다면 그건 정말로 명시할 가치가 뚜렷한 정보였다. 질 건조증이 있다면 젤을 적극적으로 활용하되, 곰팡이 감염을 예방하기 위해서 수용성 젤을 사용하라는 정보도 유용했다. 여전히 섹스에 보조적인 도구를 사용하는 걸 터부시하는 사람들이 있을 테니까.

그러나 이 책자의 내용을 채웠을 이가 의료 전문가이지 성관계의 전문가는 아니라는 점에서, 책자의 내용은 실제 섹스의 아주 일부만을 반영했다. 콘돔과 젤을 적극적으로 사용하라는 권고는 성기결합 이외의 성관계를 구성하는 다양한 요소를 누락하고 있었다. 책자에서 가정하는 섹스는 딱 이성애자 사이의 성기 중심적인 섹스였는데, 문제는 이성애자들끼리도 이렇게 섹스하면 따귀를 맞을 수 있다는 점에 있었다. 성행위가 성기를 왔다 갔다 하는 것뿐인 행동만을 의미하지는 않는다.

궁금한 게 천지였다. 변기나 문고리의 세균 분포량과 비교되곤 하는 구강 내 세균은 나에게 괜찮은가? 타액이 교환되는 키스를 해도 괜찮냐는 말이다. 깨끗하게 씻은 상태로 오럴섹스를 주고받는 것은 또 어떤가? 먹는 거나 오럴섹스나 입을 사용하는 거니까 살균식을 할 때 기준으로 삼는 호중구* 수치를 오럴섹스에도 적용하면 될까? 호중구 수치가 500 이상 1000 이하일 때에는 콘돔을 사용한 성기결합만 해야 하고, 그 이상일 때에는 오럴섹스를 해도 괜찮은 건가? 나는 궁금한 것이 많았다. 하지만 질문하지는

---

* 백혈구는 단일한 세포가 아니라 골수와 가슴샘에서 생성되고 훈련된 면역세포들을 묶어서 이르는 말이다. 그중 호중구는 전체 백혈구 중에서 절반 이상을 차지하며, 세균이 침입하면 대식세포와 함께 가장 먼저 반응한다. 중성구라고도 한다.

1부 지 쪼대로 아플 자유

않았다. 의사가 정말로 '콘돔을 착용한 상태에서의 성기결합만 가능하다'라고 할 것 같았기 때문이다.

항암을 시작했다고 해서 성욕이 극적으로 줄어들지는 않았다. 병원 책자에서 말하는 것처럼 "여성성(남성의 경우 남성성)을 잃었다는 생각 때문에 자신감이 저하"되지도 않았다. 다만 파트너는 괜찮았을까 싶은 생각이 이제 와서 들기는 한다.

당시에는 정말로 별생각이 없었다. 아마 그것은 기존의 관계가 죽 이어졌기 때문이기도 하고, 내가 예전보다 덜 매력적이라는 기분이 들지 않게 해준 그의 보이지 않는 노력 때문이기도 할 것이다. 내 모습과 상황이 나빠져도 누군가에게 여전히 매력적일 수 있다는 사실은 몸서리쳐지는 무채색의 한 시기를 생생하게 채색해 주었던 것 같다. 약간의 조심성만을 보태서 그럭저럭 평소와 같은 섹스라이프를 영위할 수 있다는 건 일상이 완전히 중단되지는 않았다고 느끼게 하는 중요한 요소 중 하나였다.

조혈모세포 이식을 마치면서는 더 이상 섹스를 하고 싶지가 않았다. 숨만 쉬어도 피로하고 아픈 몸 때문이기도 했지만, 조기폐경으로 인한 호르몬 문제도 상당하다는 것이 드러났다. 하지만 호르몬제를 복용하기 시작한 덕분인지, 항암과 이식 후유증이 나아진 덕분인지 질 건조와 성욕 감소 같은 문제는 차차 해결되었다.

　계속해서 남은 고민은 중심정맥관이다. 쇄골 몇 센티미터 아래의 살을 조금 절개한 사이로 석 줄짜리 카테터가 비죽 나와 있다. 카테터가 달려 있는 절개 부위는 물이 닿거나 감염이 되지 않도록 얇은 방수 드레싱을 붙여서 관리한다. 카테터를 영원히 달고 살아야 하는 건 아니다. 의료적 처치나 수혈이 필요한 일정 시기를 지나 모든 치료 과정을 마치면 제거하는 도구일 뿐이다. 하지만 카테터는 내가 늘 위생적이어야 하는 상태임을 상기시켰다. 그것은 곧 죽음을 떠올리도록 하는 측면이 있었다.

　핏기가 사라지고 채도가 낮아진 피부에, 출렁이는 카테터를 달고 움직이는 사람은 과연 섹시한가. 탈모로 인한 삭발은 미용 목적으로 삭발한 머리 모양과도 분명 다르다. 솜털이 부숭부숭한 타조 대가리 같은 머리를 하고, 벗은 몸을 움직일 때마다 카테터의 플라스틱 잠금장치가 맞부딪혀 나는 소리는 어떤가. 엉덩이 위에 점점이 흩어져 있는 골수천자의 자국, 개중에 가장 최근 것으로 보이는 빨간색의 두꺼운 샤프심 구멍 같은 흔적은 또 어떤가. 병의 흔적은, 달콤하고 뜨거운 침실과 일그러뜨린 표정의 표백된 병실을 한순간에 이어놓는다. 하지만 나는 고정적인 파트너가 있었고, 그때까지는 아주 심각한 고민 없이 섹스라이프를 이어갔다.

　누군가는 '그런 몸으로 섹스를 하다니'라며 경악할지도

모르겠다. 내가 처한 상황에 대해 성적권리와 재생산건강을 위한 센터 셰어(SHARE) 활동가 타리는 "건강에 부담을 주는 요소로만 섹스를 생각하는 경향이 대부분"이라며 "개인의 성적 실천이 심신의 건강을 증진할 수 있는 요소가 있는지를 구체적으로 생각하려 하지 않는다"라고 말했다. 환자의 성행위를 도덕과 의료의 시선으로만 바라보고 금기시하는 태도는 성적 보수주의자만의 것이 아닌, 섹스에 대한 일반적인 태도다.

래디컬 페미니스트를 자처하는 일부 여성은 '남성과의 섹스가 비위생적'이며 '두경부암의 원인'이라며 남성과 섹스하는 여성들을 질타했다. 그건 돌림노래나 각설이처럼 때가 되면 돌아오는 이슈였다. 그들은 남성에게 오럴섹스를 해주는 여성들을 강하게 비난했다. 점점 포르노화되는 성행위 문화 때문에 여성들이 심리적 압박을 받고 있으며,* 그 탓에 성매개감염병이자 자궁경부암의 원인인 HPV 바이러스에 구강이 감염되어서 두경부암에 걸린다고 주장했다.

사실관계 자체가 아예 틀렸다고 볼 수는 없다. 성관계를 할 때 포르노의 문법을 따르는 어떤 행위들이 불균형한 관계에서 여성에게 강제되기도 하는 것이 현실이며,

---

* 하지만 그것이 꼭 '포르노에서 배워온' 행위이며, 나쁜 것이냐는 질문이 남는다. 성관계에서 이런저런 행위를 시도해 보는 건 즐거움을 찾아가는 과정이기 때문이다. 성적 실천이라는 주제에 있어 관계와 폭력을 구분하는 것은 정말로 중요하다.

두경부암의 원인 중 하나로 HPV 바이러스가 지목되기도 한다. 하지만 그들의 해법은 다름 아닌 '여성이 남성과 섹스하지 않고', '오럴섹스를 해주지 않는 것'이라서, 주장을 관철하느라 섹스하는 이성애자 여성들을 (그토록 규탄하는) 남성 언어로 멸시한 꼴이 되었다.

이성애자 여성이 성매개감염에 노출되기 쉬운 원인은 쾌락을 찾아가는 과정이라든가 오럴섹스라는 행위 자체에 있지 않다. 성적 접촉을 하는 누구나 성매개감염을 예방하고 치료하는 데에 필요한 정보를 습득할 수 있어야 하고, 파트너와 이를 협상하며 실천할 수 있어야 한다. 성매개감염을 조기에 발견하고 치료할 수 있도록 정기검진 문화가 정착될 필요도 있다. 그러나 남성과 여성에게 달리 적용되는 성별 규범, 여성에게 '남성에게 응할' 책임과 '몸을 잘 간수할' 책임을 동시에 부여하는 성별 규범이 존재하는 한, 안전한 섹스를 위한 장치들은 쉽게 무력화된다. 그 때문에 건강을 잃을 수 있다는 사실도 쉽게 은폐된다.

하지만 어떻게 용을 쓰더라도 섹스가 고위험 행위라는 것은 변하지 않는다. 먹고 자고 배설하면서 살아가는 두 유기체가 접촉하면서 필연적으로 발생하는 오염, 그것이 섹스의 본질일 수 있다. 조금의 침범과 더럽힘 없이 타인을 만날 방법은 없다.

루프가 빠졌다. 그 '사고'를 알게 된 건 조혈모세포 이식을
할 수 있는 몸 상태인지를 점검하는 여러 과정 중 산부인과
검사에서였다.

"어, 루프가 내려왔네요. 알고 계셨어요?"

그럴 리가. 고작 두어 달 만에 루프가 내려올 가능성은
염두에 두고 있지 않았다. 하지만 모든 피임법은 실패할
확률이 있고, 내가 그 재수 없는 확률 중 하나에 걸려들었다.
의사는 내게 산부인과 검진 의자에 앉도록 했다. 질경을
넣고 상태를 확인하는 것 같더니 이렇게 말했다.

"이거는 뺄게요. 저희는 가톨릭 병원이라 피임 시술을
하지 않아요."

루프가 완전히 몸 밖으로 나왔다. 다리를 벌린 채 할
말을 찾는 동안 의사는 제자리에 돌아갔다. 나는 그보다
앞서 "암환자이지만 성생활을 해도 된다", "임신을 하면 안
된다"라고 병원에서 만든 소책자와 영상으로 교육받았다.
또한 이 병원의 산부인과로부터 "포상기태*가 재발하기
쉬우니 임신을 하면 안 된다"라고 고지받았다. 그런데
포상기태 병력이 있는 암환자에게 피임 시술을 하지
않는다는 건 앞뒤가 맞지 않았다.

과연 종교인들은 그들의 성전과 기관을 돌보는 여성들
가운데에도 임신중지 경험자가 있을 수밖에 없다는 사실을

* 4부의 「문을 닫으며, 문을 열며」 참고.

76

알고 있을까. 2021년 한국보건사회연구원의 조사에 따르면, 전체 '인공임신중절' 경험자 가운데 당시 미혼이었던 인구의 비율은 50.8퍼센트로 절반 수준이며, 나머지는 법적 혼인 상태(39.9퍼센트)에 있었거나 사실혼·동거(8.2퍼센트) 또는 별거·이혼·사별(2.2퍼센트) 상태였다.[14]

가톨릭교회의 주장을 따른다면 '낙태'는 쾌락이라는 죄악이 낳는 죄악의 정점에 있지만, 다른 한쪽에는 묵인되거나 조장되는 기혼 여성의 인공임신중절과 소수자를 향한 인구 조절 정책이 있다. 따라서 임신중지라는 주제를 이야기할 때 '문란한 비혼 여성'을 자꾸만 거론하는 것은 낙태를 낙인화하는 문화와 낙태죄의 처벌적인 측면을 드러낼 뿐이다.

영화 〈앵그리 애니〉(2022)는 임신중지가 '일반적인' 사건일 수밖에 없음을 보여주는 이야기다. 1970년대 중반, 임신중지가 불법이었던 프랑스의 한 시골 마을에 사는 기혼 여성 애니는 '임신중지와 피임의 자유를 위한 운동(MLAC)'의 조력을 받아 임신중지를 하고, 이를 계기로 활동에 합류한다. 나이 스물 중반에 이미 아이 여럿을 낳은 한 여성이 시술을 받기 위해 찾아온다. 그는 불안한 눈과 목소리로 떨면서 자신이 아이를 지우는 것이 죄이지 않냐며 다른 여성들에게 동의를 구한다. 이 여성이 스스로를 처벌하려 할 때, 애니는 죄가 아니라고 힘주어 말한다. 애니는 자신이 인간으로서 존중받고 배려받은 그대로를 이 여성도 경험하게 해준다. 영화는 임신중지의 사유가 많은 경우 스스로 피임을 하지 않거나 여성의 피임약 복용을 반대하는 남성, 착취와 사랑이 모호한 관계 등 여성의 몸이 여성 자신에게 귀속되지 않는 열악한 인권 상황에서 기인한다는 점을 드러낸다.

팔에 인공물을 심어서 피임하는 시대에도 여전히 가톨릭교회는 모든 형태의 피임을 금지하면서 자연주기법만이 도덕률을 거스르지 않는 유일한 피임법이라 여긴다. 가톨릭교회의 정치적·사회적 영향력으로 인해 임신중지를 강하게 처벌하는 국가들은 피임도구에 대한 접근성도 매우 낮다.[15] 악순환이 계속되는 동안, 여성이 자신의 건강과 안전을 지킬 방법은 어디에도 없다. 원래도 건강이 좋지 않은 여성에게는 더욱 그렇다.

의사는 말했다. "여성호르몬 수치가 낮아요." 대단한 기만이었다. 항암치료로 난소가 파괴되고 있다는 증거가 지금에 와서는 축복인가. 검진과 치료 스케줄이 줄줄이 남아 있는 중증질환자와, 피임도구 따위는 애초에 두지 않는 병원, 혹은 병원의 이념에 동의하는 의사 사이의 권력 차란 '의료 소비자'의 클레임 따위로 좁힐 수 있는 게 아니었다. 산부인과 검진용 의자를 '굴욕 의자'라고 부르는 것에 동의하지 않지만, 그것은 굴욕이었다.

진료실을 나와서 난임센터를 가리키는 팻말을 지나쳤다. 인위적으로 출생을 조절하는 것은 신을 넘보는 행위라서

임신중지도 피임도 불가하지만, 보조생식기술의 이용에서
오는 종교적·윤리적 갈등은 '출산율 제고'라는 정당성으로든,
여성 없는 '생명 찬양'의 논리로든 간단하게 정리한
모양이었다. 예상대로 대학병원 바깥에서 중증질환자를
받아주는 산부인과를 찾기란 무척 어려운 일이었다. 낭만적
사랑의 결과라기에 그 경험은 지나치게 썼다.

다시 택시 안. 암 경험자라는 사실을 먼저 알린 경우에도
질문은 같다.

　"결혼은 했어요?"

　아픈 사람에게 결혼 여부를 묻는다는 건 나의 돌봄을
전담해 줄 사람이 있느냐는 의미다. 나는 계속해서 솔직하게
대답할 수 있다. 속이 쓰리기는 하지만.

　"아니요. 사귀던 사람이 있었는데 얼마 전에
헤어졌습니다."

　그는 잠시 당황하지만, 이내 "암 투병했던 사람들은
일부러 (성애적이거나 낭만적인 관계를) 안 하기도
하더라"라며 보고 들은 바를 전한다. "남자하고 같이 살면
스트레스받으니까, 재발할까 봐 남자를 안 만나는 사람도
있더라고." 암 경험자라는 사실이 연애와 결혼에 있어 큰
결격사유로 작용하기는 하지만, 암 경험자라고 해서 모든
사람과 그들이 가져올 미래까지 환영하지는 않는다.

내 파트너는 만성질환을 가지고 있는 사람이었다. 사람들은 딱하고 염려된다는 투의 촌평을 남기곤 했다.

"어휴. 네가 아프니까 상대방이라도 안 아픈 게 낫지 않겠니."

사회적으로 볼 때 나는 아픈 사람이므로 건강한 파트너를 만날 것으로 기대됐다. 반대로 나는 아픈 사람이기 때문에 비슷한 처지인 사람을 만나는 것이 기대되기도 했다. 도움이 필요한 사람이자 짐스러운 사람이라는 점은 '어떤 사람이 나와 잘 어울리는가'라는 문제에 있어서 이중적인 고민을 불러일으켰다. 암에 걸려서도 가사와 육아 등 다른 가족구성원에 대한 돌봄을 계속 수행하는 여성들이 있음을 생각하면, 비혼 여성으로서 주변 사람들의 돌봄을 받을 수 있었던 내 처지는 굉장히 좋은 편에 속했다. 아주 조심해야 했던 기간을 제외하면 집안일을 나눠서 내 몫을 할 수 있을 만큼의 체력을 유지하고 있었고, 내 땟거리를 스스로 챙길 수 있었다. 그럼에도 역시 대부분의 의견은 파트너가 건강한 편이 낫다는 거였다.

그렇지만 나는 거실장 위에 올려져 있는 '우리'의 약 바구니를 보면 은근히 기분이 좋았다. 병원에 다녀와서 두 칸으로 나뉜 라탄 바구니에 각자의 약을 넣으면 풍성하게 꽉 찼다. 나에게는 완치라는 개념이 있지만 그에게는 없었고, 나는 치료에 실패하면 죽지만 그는 죽을 때까지 치료해야 하고 그러지 않으면 죽었다. 아침에 일어나서 감염 예방

목적이 대부분인 약 몇 봉지를 내가 입에 털어 넣고 있으면, 그는 만성질환에 수반되는 또 다른 질환을 컨트롤하는 약들을 입에 털어 넣었다. 이런 일상이 나는 재미있다는 생각이 들었다.

그는 만성질환자의 운명이 그렇듯 함부로 생활 습관이나 완치를 운운하는 사람들을 만나왔다. 그러나 세상에는 싸워 이겨서 털어낼 수 없는 병이 더 많다. 질병은 몸에 있다가 떠나거나 가만히 몸에 머무르는 어떤 현상이 아니라 계속해서 현재와 미래의 시공간을, 내 몸이라는 감각을, 자아상을 관통하고 휘저어 놓는다. 표준을 벗어나는 몸이 되자 일상이라고 믿었던 것들의 물성 자체가 달라졌다. 그의 생활을 지켜보며 짐작해 왔던 것들을 내가 병자가 되면서 직관적으로 이해하기 시작했다.

아픈 사람과 아픈 사람이 꾸려가는 하루하루는 경제적으로나 다른 무엇으로 보나 매끄러운 조건일 수 없었다. 두렵지 않은 것은 아니었지만 일상은 어떻게든 굴러갔다. 이 위태로운 조합을 흥미롭게도 여기면서 살아갈 수 있을 것 같다는 기이한 자신감이 있었다. 나는 적어도 '지금' 살아 있었고, 구멍 나고 곪은 채로도 빼빼하게 살아 있는 나와 그의 몸이 좋았다. 벗은 몸에 연결된 바늘과 카테터를 번갈아 바라보며 "싸이보그지만 괜찮아"라고 농담할 수 있었다. 동병상련이라는 상태가 자극하는 상상력이 있었다. 나는 너를 이미 많이 알고 있지만, 이제 더

1부 지 쪼대로 아플 자유

많이 알고 싶어. 그렇기 때문에 그는 내 열정의 대상으로서 건재했다.

낭만적인 사랑도 에로틱한 열정도 언젠가는 식는다. 이별을 맞닥뜨렸다. 비위가 거식에 가깝게 먹을 것을 거부했다. 한창 항암과 이식 후유증에 시달릴 때보다 살이 더 빠졌다. 비슷한 시기에 비슷한 이별을 맞이하고 살이 죽죽 빠지던 친구를 만났다. 나는 곧장 다음 연애를 시작하고 싶은 심정이었다. 그러기에는 나의 몸이 변했고, 무엇보다 아프고 불안정했다. 이런 몸도 새로운 사람에게 사랑받을 수 있을까. 아니면 캐주얼 섹스라도? 친구와 나는 면역억제 상태의 암 경험자가 섹스 파트너를 만날 방법을 골똘히 고민하다가, 사람들을 무작위로 만나볼 수 있는 데이팅앱을 떠올렸다. 하지만 검증되지 않은 익명의 누군가와 섹스를 하기에는 내 몸에 고려해야 하는 것들이 많아졌다.

"그리고 있잖아. 이제는 섹스를 하고 싶어도 할 수가 없어."

"왜? 찾으면 되지 뭐 어때서."

"새로 누군가를 만나면 말이야…"

나는 브래지어에서 주섬주섬 석 줄짜리 카테터를 꺼내 가슴 위로 들어 올린다.

"'가슴 만질래?' 하려면 이제 이거 들어줘야 해."

카테터는 아무래도 새로운 낭만적 사랑을 시작하는

데에는 큰 걸림돌이 되는 것 같았다. 대신 친구를 웃기는
소품으로는 크게 성공적이었다.

나는 지난 사랑들을 존재와 부재로 증명받는다. 임신중지
수술 시행 관련 내용이 담긴 의무기록지와 집 안 곳곳에
잠들어 있는 미처 치우지 못한 소지품의 존재로 갈 곳을
잃은 익숙한 언어 습관과 체온, 2인분의 상차림을 같이
먹어줄 식탁 맞은편의 빈자리에서 지난 사랑을 확인한다.
타인은 늘 반갑지만은 않고, 때로는 나를 혼돈과 공포로
밀어 넣는다. 타인은 존재를 찢어발기며 들어오거나
눈앞에서 문을 쾅 닫는다. 뒤섞이고 갈망하고 상처받으며
모험할 기회가 사랑에 있다면, 중증질환과 이후에 이어지는
병색의 삶에는 상처받을 자격조차 박탈되는 것인지 모른다.
　가끔 옷을 벗고 거울 앞에 선다. 전신방사선의 영향으로
거무칙칙하던 몸에는 그럭저럭 핏기가 돌고 적당히 근육도
붙었다. 하지만 머리칼은 곱슬곱슬하고 얇게 자라나
머리에 착 달라붙어 있고 가슴은 푹 꺼졌다. 그리고 여전히
바깥으로 열린 채 가슴 위에 늘어뜨려져 있는 석 줄짜리
카테터.
　유방암으로 수술했거나 장루 장치를 달게 된 암
경험자의 경우 이 고민은 더욱 크고 깊다. 여성의 몸이
탄력적이고 동그란 가슴으로만 상상되는 것, 가령 작은

가슴은 여성의 것이 아니라고 하거나 가슴이 큰 남성을
여자냐고 놀리는 것은 누군가에게 정체성을 위협하거나
환부를 다시 헤집는 일이 된다. 굴곡 있고 매끈하거나
단단하고 강인한 몸, 또는 잘 기능하는 성기를 가질 수 없게
된 사람들은 어떨까. 암 경험자는 자신의 신체가 성적으로
매력적이라고, 성적 대상이 될 수 있다고 자신할 수 있을까.
암 경험자는 자신의 여성성 혹은 남성성을 잃었다고 느낄 수
있다는 병원 책자의 설명은 이러한 고민의 대중적인 표현일
것이다.

암 경험자들은 도대체 어떻게 섹스를 하는지 궁금해서
검색에 검색을 거듭하다가, 영국의 예술가이자 각각
유방암과 고환암 경험자인 준린 고(Joon-Lynn Goh)와
브라이언 로벨(Brian Lobel)이 운영하는 온라인 섹스토이
숍 '섹스 위드 캔서(Sex with Cancer)'를 발견했다. 이들은
말한다.

"섹스와 쾌락, 관계는 의료인들이 이야기하기
불편해하는 주제들입니다. 환자들도 질문하기를 꺼리죠."

궁금한 것이 많지만 묻지 못하는 이유는 섹스가 제대로
된 대답을 들을 수 없는 주제라고 여겨지기 때문이다. 그
때문에 섹스 위드 캔서는 섹스토이를 판매하면서 온라인
퍼포먼스와 다큐멘터리 등 '암 경험자'와 '섹스'라는 두
금기어를 세상에 꺼내놓는 프로젝트를 진행했다. 이들은
암 경험자가 친밀감을 나누고 사회적으로 활동하는 데

필요한 (잠재적) 파트너, 의료진, 그리고 지역사회의 역할을
요청한다.[16]

　타인과 뒤섞이며 살아갈 수 있는지에 대한 문제라는
점에서, 암 경험자의 섹스에 필요한 정보에 대한 접근성은
'암 경험자 재취업률' 같은 사회 복귀의 척도와 마찬가지로
평가되어야 한다. 김원영이 자신의 첫 책 『희망 대신
욕망』에서 이야기한 것처럼, "욕망하는 것 자체가 자연적
질서에 반한다고 여겨지는 사람들은 욕망을 과감히
표출하는 것이 곧 세상에서 자유의 영역을 확장하는
것이 된다".[17] 이런 몸으로 낭만적 사랑을 하고 싶다는,
혹은 누군가와 입 맞추고 어루만지고 싶다는 욕망 또한
단순히 파트너가 없어서 하는 우는 소리만은 아닐 것이다.
상처도 기쁨도 쾌락도 기꺼이 누리고 싶다. 때로는 서로를
오염시키고 오염당하면서, 불결하고 불경하게.

(2023. 11. 22.)

지 쪼대로 아플 자유

병자의 자기결정권에 대한 상상

혼자였다. 위치는 속초에서 미시령을 빠져나가는 길목에 있는 어느 신축 모텔. 귀 체온계의 액정은 39도를 가리키고 있었다. 윗입술에 닿는 숨이 너무 뜨거운데 몸은 깨질 것처럼 추웠다. 그렇게 된 지 한나절을 넘겼다. 몇 알 남지 않은 타이레놀을 먹을까 말까 고민하다가 한 알을 털어 넣고 머리끝까지 이불을 뒤집어썼다. 전화가 왔다. 친구였다. 긴 오한으로 온몸의 근육이 욱신거리던 그 밤, 나는 이미 병풍 뒤의 송장이 된 것처럼 이불 밑에 누운 채 친구와 오래오래 통화를 했다.

한 회차가 한 달가량 진행되는 항암을 3회차까지 막 끝낸 참에 떠난 여행이었다. 직전에 외래진료를 받았다. 이만하면 호중구가 올랐겠다 싶은 시기였고, 혈액검사상으로도 바닥을 찍고 오르기 시작한 것처럼 보이는 수치를 확인했다. 경험상 이제 팝콘처럼 뻥뻥 오를 것이었다. 그래서 불과 그날 아침까지도 하던 대로 조심만 하면 감염될 일은 없겠다고 판단했다. 오판이었지만.

발병하기 1년 전 운전면허 취득과 동시에 중고차를 덜컥 장만했다. 유지비를 어떻게 감당하나 겁도 나고 후회도 되었는데, 아프고 나니까 다행이었다. 면역 저하 상태라는 이유로 대중교통 이용이 권장되지 않았다. 북적이는 대형병원을 오가며 대중교통의 북적임을 감내할 만큼의 정신력도 체력도 남아 있지 않았다. 병원에 가든, 바람 쐬러 나가든 어딜 나다니려면 보따리가 한가득이었다.

양양으로 행선지를 정했다. 목표는 주전골에 가서 단풍 보기. 갈아입을 옷가지와 약 더미, 손 소독제와 숙소 기물을 닦을 소독 티슈, 카테터 부위를 드레싱할 때 사용하는 소독 면봉과 필름 등의 짐을 모두 꾸려서 뒷좌석에 실어놓았을 정도로 준비는 이미 다 되어 있었다. 진료를 마치자마자 속초에 숙소를 예약하고, 늘 들고 다니는 귀 체온계와 타이레놀을 조수석에 던져놓았다. 만족스러운 마음으로 출발했다.

길을 나설 때까지만 해도 정말 아무렇지 않았다. 1시간 반쯤 지났을까. 홍천 즈음 와서 머리가 조금 멍하고 코 밑이 더운 게 이상했다. 이마에 댄 손바닥이 내가 느끼기에도 지나치게 뜨듯했다. 휴게소에 멈춰 귀 체온계를 여러 번 확인했다. 틀림없는 39와 소수점 뒤의 숫자들.

아. 망했다.

기침은커녕 목이 가렵지도 숨이 차지도 않았으니
호흡기 감염은 아닌 것 같았다. 폐렴이라면 골치가 아프니
앗 뜨거라 하고 돌아갔을 텐데, 그게 아니라면 이미 반쯤
와버린 길을 되돌아가고 싶지 않았다. 일단 해열제를
먹어보고, 그래도 열이 떨어지지 않으면 병원으로 오라는
간호사의 안내를 떠올렸다. 타이레놀 두 알을 먹고 다시
출발했다. 다행히 열이 떨어지는 기미가 보였다. 아니, 다시
열이 올랐다.

와. 진짜 망했네.

속초에 도착하기까지 주기적으로 절절 끓는 열에 오한과
근육통이 왔다. 숙소에 도착하자마자 드러누웠다. 뻗어 있는
것 말고 할 수 있는 게 별로 없었다. 그래도 좋았다. 숙박
예약앱에서 본 대로 큰 창문을 통해 볕이 잘 들어와서, 손을
더 댈 필요가 없이 깔끔하게 청소되어 있어서, 바스락거리는
이불이 하얀 새것이어서, 그래서 모텔 같지 않은데
저렴하기까지 해서. 어차피 타이레놀을 먹어서 잠잠해질
열이 아닌 건 판명이 났지만, 몇 시간 효과라도 있으니
여기에서 뭉개자 싶었다. 혹시 또 시간이 지나면 어떨지
모르니까 함께 산책하기로 한 지인에게는 내일 새벽에 갈지
말지 알려주자는 미련도 떨어보기로 했다.

약발이 떨어지고 다시 오한이 뼛속으로 밀려 들어왔다.

아쉽다. 망했어. 불덩어리가 된 채 별안간 속초에 떨어져 있는 심정을 친구에게 전할 만한 표현이 "망했다"밖에 없었다. 친구가 크게 웃으며 말했다.

"나는 그래도, 김도미가 후회하지 않았으면 좋겠어."

이튿날 아침, 다시 타이레놀을 털어 넣으며 서울로 출발했다. 가는 중에도 못내 아쉬워 뒤를 돌아보는 벼락 맞은 며느리 바위처럼, 고속도로를 놔두고 미시령으로 접어들었다. 울산바위를 바라보며 손을 소독제로 닦고 편의점에서 사 온 삶은 달걀을 깠다. 잠시 후 한 부부도 정차하고 내 옆 벤치에 앉았다. 그들에게 사진을 찍어달라고 부탁했다. 남편은 가로로, 세로로 정성껏 다섯 장의 사진을 찍어주고는 내게 휴대폰을 건넸다. 민머리로 피사체가 된 것이 괜스레 의식이 되어 말을 보탰다. "항암치료 중에 잠시 여행 왔는데, 열이 나서 도로 병원에 가는 길이에요. 너무 아쉬워요." 그들의 옆에 앉아 달걀을 마저 먹는데 아내가 맛집에서 사 왔다는 게살 샌드위치를 내게 내밀었다. 내가 순간 멈칫거리자 "아, 먹는 거 조심해야 되죠?" 하며 도로 가져갔다. 울산바위를 바라보며 각자의 간식을 먹는 동안 아내도 암 경험자라는 사실을 알게 되었다. 항암치료의 고됨과 추적관찰의 지루한 긴장에 대해 대화를 나눴다. 그들과 헤어지고 확인한 사진 속의 내 얼굴은 개구지고 신나 보였다. 그럼 됐다.

남은 타이레놀을 다 털어 넣으면서 고갯길을 오만 미련

떨어가며 거쳐 왔다. 서울에 돌아오자마자 형편없이 지친 미식축구 선수가 터치다운하듯 병원에 미끄러져 들어가 뻗었다. 이 사실을 알게 된 사람들을 걱정시킨 게 조금 미안하긴 했다. 하지만 후회하지 않았다. 진심으로.

다시 확인한 호중구 수치는 이틀 사이 두 자릿수까지 뚝 떨어져 있었다. 내 게으른 예상과 달리 출발 당시의 상태는 이미 호중구 수치가 떨어지는 중이었던 것 같다. 어디에서 감염이 된 건지는 알 수 없었다. 여태 감염이 될 때마다 균을 배양해서 확인하는 검사를 하긴 했지만, 불행인지 다행인지 원인균이 무엇인지 확인하지 못한 채로 다 나았다. 의사는 절반 정도는 이 검사로 병원체를 확인할 수 있지만, 그렇지 못한 경우도 많다며 이 작은 침입자의 정체를 모르는 게 이상한 일이 아니라고 안심시켜 주었다.

하긴 원인균을 아는 건 대체로 치료 계획이 필요한 의료진에게나 중요하지, 나에게 중요한 일은 아니었다. 감염 예방은 사실상 무엇만을 특정해서 조심하는 게 불가능했다. 내 몸에는 안과 밖이 없었다. 면역 저하 상태도 그랬고, 젖꼭지에서 10센티미터쯤 위에 비죽 나와 있는 석 줄짜리 카테터도 그랬다. 피부가 절개된 채로 있는 이곳은 감염되지 않도록 특별히 잘 관리해야 했다. 여태 나의 안팎을 안전하고 평온하게 단절시키고 또 이어주었던 두꺼운 거죽, 얇고 매끄러운 점막이라든가, 면역계의 복잡하고 예민한 사슬이 흐물흐물 물러진 동안은 무엇이든지 내 몸을 타고 넘나들 수 있었다. 보이지 않는 어떤 것에 침입당할 확률이 늘 있었다. 하루가 멸균으로 꽉 찼지만, 그래도 아픈 날에는 아팠다.

2022년 1월 한 대기업 부회장이 '멸공' 운운하는 글을 SNS에 올려 논란을 일으켰다. 정치에 관심이 없는 개인일 뿐이라고 자처하기에 그는 본인이 직접 말한 대로 '코리아 디스카운트로 피해를 본다'는 기업의 경영자였고, 따라서 그 말은 모순된 변명이었다. 극우 정치인들은 그의 코미디에 적극 호응하면서 '#공산당이싫어요' 따위의 해시태그가 달린 게시물을 올렸다. 그들은 멸공과 멸치와 콩을 '재미있는' 정치적 밈으로 활용했다. 학살의 역사를 기억하는 사람들은 경악했다.

조선 시대에 '역적'으로 몰린 이들은 가산을 빼앗겼고, 연좌제로 삼족이 멸문을 당했다. 한국전쟁기 '반동분자'로 지목된 사람은 인민재판에서 숙청당했다. 독재에 항거한 민주화운동가들은 '빨갱이'라는 낙인이 찍혀 가혹한 고문과 의문사로 사라졌다. '부랑배를 검거하여 사회를 정화하자'는 군사정권의 구호에 4만여 명의 시민이 무작위로 끌려갔다.

멸균하려는 욕망의 바닥에는 타자가 나를 살해할 수 있다는 공포로부터의 자기보존 욕구가 있다. 그러니 무릎 꿇리고 짓밟고 찍소리도 내지 못하도록 죽여야 한다.

1부 지 쪼대로 아플 자유

모든 것의 표면이 다 닳고 희미해질 때까지 한 냄비에 푹 끓여져서, 끝내 멈춘 시간 속에서 동일성을 이루며 존재하는 방식. 멸균의 이상은 마치 깡통 통조림과 같은 세계다. 세균과 곰팡이를 팔팔 끓여 없애고 아무것도 드나들지 못하게 밀봉하면 깡통 내부는 안전하다. 그러나 현실 세계에서 무언가를 완전히 박멸하는 것은 불가능하다. 종식이 선언된 천연두조차도 원인 바이러스 검체가 미국과 러시아의 실험실에 보존되어 있다.

세상 모든 것이 나의 적이고 잠재적 침입자라서 그것들이 나를 계속 위협한다고 생각하면 일상은 공포가 된다. 죽음이 거름이 되어 새 세대를 열어젖히는 아름다운 순환, '끝이면서 곧 시작'이라는 시적 표현은 나에게 더 이상 아름답지 않았다. 무서웠다. 어디에 있을지 모를 똥이, 썩은 시체가, 곰팡이가 두려웠다. 자연에는 통제되지 않은 채로 너무 많은 유기물이 떠다녔다. 나의 장벽이 완전히 사라진 어느 결에 버섯 포자가 코로 들어와서 몸집을 키우지는 않을지 상상했다. 환장할 일은 무균실에 들어가도 곰팡이가 침입할 수 있다는 점이었다. 내 몸속에 원래 있던 것이 나를 해칠 수도 있었다.

조혈모세포 이식 후 1년을 미처 채우기 전에 재발이 되어서 나와 같은 병실을 썼던 언니는 이식을 마친 이후에도 바깥에 제대로 나가보지 못했다. 공교롭게도 코로나19가 기승을 부리고 있었다. 언니는 팬데믹의 살벌함에 바깥에

나갈 엄두를 내지 못했다. 친구를 만나 한번 신나게
놀아보지도 못하고 재입원 몇 달 뒤 부고가 전해졌다.

외래로 치료를 받던 중 감염이 된 어떤 환자의 감염원은
'새의 분변에 있는 병원체'였다. 짐작한 것과 달리 그의
투병기에는 산과 공원이 배경으로 등장하지 않았다.
안전하게 살균된 집에서 지내는 사람에게도 새똥 속의
세균이 들어와 휘젓고 간다니. 내가 무방비하다는 것은
도무지 바꿀 수 없는 상수였다. 면역 저하 상태를 별충할 수
있는 노력은 없다고 보는 게 맞는 것 같았다. 저마다 똑같이
애쓰지만 다른 결과를 나타낼 때, 기저에는 사회적 원인이
있다. 그런데 그마저도 없을 때는 운이라고 부른다. 어떤
감염은 내가 막을 수 없다. 단지 재수가 없는 것이기 때문에.

첫 번째 항암을 마치고 보름쯤 휴식을 취하자 백혈구,
적혈구, 혈소판 등 혈액 수치들이 정상에 근접하게
회복되었다. 진료 전에 혈액검사 결과를 확인한 나는
동행한 친구에게 "치료 시작 후 첫 사과를 깎아 먹을 수 있게
되었다"라며 오두방정을 떨었다. 그러나 진료실에 들어가
확인한 골수검사 결과는 나쁜 성적표였고, 일견 정상적으로
보이는 수치가 눈속임일 뿐이었다는 것을 확인해 주었다.
수치상으로 정상이었던 백혈구들 속에는 악성 백혈구도
많았을 거었다.

이제 한 번 더 결과가 나쁘게 나오면 불응성, 즉
치료에 반응하지 않는 상태로 분류된다. 조혈모세포

이식을 받더라도, 비관해 이식은 관해 이식에 비해 비용을
보전받기도 어렵다. 실의에 잠겨 집으로 돌아왔다. 그래도
사과가 먹고 싶었다. 껍질을 두껍게 깎았다. 식이에
한해서는 내 나름의 첫 번째 일탈이었다. 맛있었다.

장애인은 가고 싶은 곳에 마음대로 가기 어렵고 여건에 맞는
교육을 받아 사회의 일원이 되기 어렵다는 이유로 시설에
보내진다. 시설에 거주하는 장애인에게 바깥세상의 문턱은
높다. 일상을 시설에 일임하기 때문이다. 청소년은 자신만의
공간과 돈을 가지기가 거의 불가능하다. 성인이 되기 전까지
어른의 보호를 받아야 한다는 이유에서다. 여성은 성적인
존재로서 성적 위협에 노출되기 쉽다는 이유로 성범죄의
빌미가 될 만한 행동을 해서는 안 된다고 여겨진다.

　발달장애 여성의 양육자는 채팅앱을 만지작거리며 이름
모를 남성을 만나려 하는 딸의 안전을 염려해 불임수술을
고민한다. 임신은 막을 수 있겠지만, 딸은 아마도 친밀감과
폭력 어딘가를 계속 서성이게 될 것이다. 여성 청소년의
양육자는 가방에서 콘돔이 발견된 딸의 머리채를
쥐어뜯으며 통곡한다. 딸은 성적 관계나 그 비슷한 고민을
더 깊숙이 숨기고, 안전하지 못한 섹스를 하게 될지도
모른다. 보호주의는 요보호 대상을 보호하지 않는다.
대상자를 선별하고 통제한다.

아픈 몸을 보호한다는 논리는 정말로 아픈 몸을 지켜준다고 할 수 있을까. 암환자는 암환자에 덧붙은 수많은 염려와 금기로부터 보호받는다는 느낌을 실제로 받고 있을까.

암 경험자인 친구 희진은 말했다.

"항암치료를 할 땐, '내가 크로마뇽인이다…. 내가 아메바다…'라고 생각해야 돼. 스스로를 호모사피엔스라고 생각하면 힘들단 말이야."

고통받는 사람은 인간성에 대한 질문을 한다. 질병이 아니더라도, 타인에게 맞거나 모멸감이 드는 말을 들으면 똑같은 의문이 든다. 인간 뭘까. 인간이고 싶은 사람이 인간성에 대한 의문을 갖기 시작한다는 건 한계에 가까워지고 있다는 의미다. 희진은 항암치료를 하는 동안 안 아픈 곳이 없었다. 보았던 예능 프로그램을 보고 또 보고, 담배를 피우고, 사람들의 소식에서 증발했다.

암환자가 하지 말란 것만 하고 다닌 친구는 또 있었다. 그 친구는 항암제를 매단 상태로 폴대를 질질 끌고 장례식장 앞 흡연 구역에 담배를 피우러 내려가곤 했다. 우리 집에 와서 간단히 반주를 했던 날, 친구는 꼬인 혀로 느릿느릿 말을 했다.

"나느은, 김도미가아. 아프다고 해서 하고 싶은 거를 못 하고 마악, 위축되지 않았으면 좋겠어."

나는 '다들 지 쪼대로 아플걸'이라고 말하는 걸

좋아한다. 암 따위 아무렇지 않다고 위풍당당하게 구는 허세조차도, 그저 제가 살던 대로 살고 싶어서 제멋대로 아팠던 무모함조차도 너무나 살고 싶은 욕망이라고 하고 싶다. 컴컴한 커튼 속에서 〈무한도전〉을 무한 반복하는 크로마뇽인이 되었든, 집 밖에 나가지 않고 소독 티슈로 종일 집 안을 닦아대는 깔끔이가 되었든, 반대로 뻔질나게 나다니는 사람이 되었든 간에 말이다. 검은 상복을 입은 사람들 사이에서 죽고 싶어 안달 난 사람처럼 담배 필터를 씹어댔던 내 친구도 결국은 너무나 제 생긴 대로 살고 싶었던 것 같다고 생각한다.

그래서 나는 나의 상태와 치료에 대해 정확한 정보를 얻을 자유, 근거 없고 위험한 치료법 콘텐츠에 노출되지 않을 자유, 가고 싶은 곳에 갈 자유, 먹고 싶은 것을 먹을 자유, 만나고 싶은 사람을 만날 자유, 에로틱한 사랑을 할 자유, 일할 자유, 쉴 자유, 치료하거나 하지 않을 자유, 그 모든 것을 선택하는 기준과 한계를 자신의 합리성에 근거하여 정할 자유에 대해서 마구 떠들고 싶다. 이 욕망은 나를 오래오래 보고 싶은 타인의 욕망과 불편하게 포개지기도 할 것이다. 굳이 이름 붙이자면 '병자의 자기결정권'쯤이 될까.

내가 치료를 받다 죽게 되었을 때, 나를 마지막으로 보기 위해 사람들이 모인 모습을 상상하곤 했다. 사람들이 내 영정 사진 앞에서 소주 한 잔을 털어 넣으며, "그래도 김도미는 잘 놀다가 갔어"라고 웃으면서 추억해 주면 좋겠다. 그게 내가 원하는 추모의 그림이다.

감염 위험 때문에 가사노동을 직접 하면 안 된다는 병원 위생 관리 교육 내용은 지킬 수 없었다. 24시간 상주하는 보호자가 있는 것도 아니었고, 나 또한 아무것도 하지 않을 자신이 없었다. 버거웠지만 생활감이 필요했다. 현실적으로 내가 지속할 수 있는 위생 원칙을 정했다. 청소는 마스크를 끼고, 요리는 보호 장갑에 라텍스 장갑을 덧대서 끼고 하는 것으로. 호흡기, 장, 요도, 항문, 눈, 카테터, 내 몸이 열린 어디로든 감염이 되더라도 당연한 일이라고, 감수해야 하는 일이라고 받아들였다. 불가항력을 인정하자 주눅 들지 않을 수 있었다. 내 방식이 옳다는 게 아니다. 다른 사람들은 어떻게 하고 사는지 몰라도, 내 방식이 조금 미련하거나 무모하게 보이더라도, 그게 내가 내 기세를 유지하는 방식이었다. 내가 강건하고 잘난 사람이라서, 건강해지리라는 믿음과 희망이 있어서 그런 건 아니었다. 대단한 철학도 뭣도 없이, 남들이 '지 쪼대로 아픈' 만큼 나도 그렇게 했다.

다시 산행길의 초입. 나처럼 막바지 단풍을 보러 온 등산객들로 들머리가 북적인다. 인파에 떠밀리듯 숲길에 들어선다. 약간의 긴장감으로 귀 뒤를 감은 마스크

끈을 매만지고, 몇 무리의 등산객들을 앞서 보낸다.
신이 난 달팽이처럼 느린 발걸음으로, 손끝을 배발처럼
너울거리면서 걷는다. 브래지어에 말아 넣지 않고 늘어뜨려
놓은 석 줄짜리 카테터 끄트머리가 늑골 아래에서 서로
부딪히는 것을 느낀다. 멧돼지가 파헤친 상수리나무 아래의
흙더미와, 주홍색으로 빛나는 버섯들과, 부지런히 부리와
머리를 움직이는 오색딱따구리의 꼬리털을 스쳐 나를
향하는 바람에 멈칫, 두렵다는 마음이 은근하게 일렁이는
것 같다. 마스크 속에서 미지근하게 데워진 공기에 희미하게
겨울 냄새가 난다. 뜨겁게 앓는 사이 단풍이 다 오그라져
버린 주전골에서, 좋아하는 노래 한 토막을 흥얼거리며 계속
걷는다.

오오 완전한 자유여 텅 빈 주머니로 걸어라
오오 완전한 자유여 오물을 뒤집어쓰고 걸어라[18]

(2023. 10. 4.)

암 치유 문화
표류기

무균실의 입구컷

쓸모없고 소중한 물건의 목록

입원을 며칠 앞두고
라디오를 듣는데 '호캉스', '북캉스' 하는 신조어 이야기가
나왔다. 파트너가 웃으며 "8월 한창 더울 때 피해서
병캉스(병원+바캉스) 가는 거네"라고 말했다. 서너 달 동안
세 지역에 머무르며 '한달살이'를 하고 돌아온 지 얼마 안
되어 첫 입원을 하게 되었을 때도 친구들이 그랬다. "병원에
한달살이 하러 간다고 생각하자." 아주 틀린 말은 아니라는
생각이 들어서 그때도 따라 웃었다.

병캉스를 위해 짐을 꾸리던 중 집에 있는 500밀리리터
생수 20개들이 묶음을 들고 갈 것인지, 아니면 집에 두고
갈 것인지가 논의 주제에 올랐다. 무균실은 환자들이 지킬
수 있는 선에서 가장 높은 수준의 위생을 요구한다. 페트병
음료수조차 가져갈 수 있는 종류가 정해져 있다. 밥을
못 먹을 정도로 속이 역할 때를 대비해서 사가는 사탕도

마찬가지다. 아크릴판을 사이에 둔 면회실을 운영하는 병원들이 있었지만, 코로나19로 이마저 금지되었다.

이 병원의 무균병동은 꽤 삼엄하다고 알려져 있다. 무릎으로 누르면 물이 나오는 수도꼭지에 손을 씻어야 들어갈 수 있고, 도착하면 모든 짐을 풀어 검사받아야 한다. 간호조무사는 반입 허용 물품 외의 허튼 물건이 나오면 환자를 집으로 돌려보낸다. 무사히 살아남은 물건은 소독해서 환자에게 돌려준다. 가뜩이나 짐 검사를 한다는데 '생수까지 실으면 너무 짐이 많지 않을까', '병원에 있는 카트를 쓸 수 있을까' 하다가 파트너가 병동에 문의 전화를 걸었다.

"뭐래?"

"다른 환자들도 이렇게 짐이 많냐니까, '다 가져오시는데 다 뺏기죠'라고 했어."

입원 안내와 함께 미리 문자로 날아온 금지 물품 목록에는 별의별 것들이 다 적혀 있었다. 휴대용 선풍기, 이쑤시개, 치실, 코 세척기, 전기장판, 취미용품, 부채, 베개, 운동기구, 효자손 등등의 환자 요청 물품….

그중에는 입원이 예정된 나조차도 '저런 걸 다 들고 가?' 하며 웃을 만한 생활용품들이 있었다. 저 물건들은 의료진이 환자를 치료하는 데에 쓸모가 없다. 내가 입원한 병원은

'전국의 혈액암 환자들이 다 모이는 곳'이라 하는 곳이니까,
저 목록은 오랜 기간 환자들과 밀고 당기기를 걸쳐 검증된
'간호사들을 피로하게 하는 쓸잘데기 없으며 관리하기
어려운 물품의 목록'일 것이다. 효자손이며 작은 휴대용
선풍기, 마사지볼, 편지 묶음이라든가 애착 배게 따위가
병동 바깥으로 방출되는 모습이 잠시 머릿속에 그려졌다.

반입금지 물품들은 그 자체로 감염을 일으키지는 않지만,
환자 주변의 위생 관리를 어렵게 한다. 아무리 소독제로
주변을 잘 닦겠다 약속한들 규칙을 위반하는 사람이
생기기 마련이고, 전기담요 같은 패브릭 제품은 꼬박꼬박
세탁해서 쓰기도 어렵다. 병자들이 읍소하는 걸 하나하나
들어주기 시작하면 감당이 되지 않을 것이다. 그렇잖아도
격무에 시달리는 간호·간병 노동자들이 불필요한 실랑이와
감정노동을 해야 한다. 지금도 누군가는 목록에 없는
물건들을 혹시나 싶어서 가지고 가고, 무균실 앞에서
수문장을 담당한 간호조무사들이 타포린 가방에 쓸모없는
물건들을 가득 담아 대기실에 있는 보호자에게 들려 집으로
보낼 것이다. 무균실에 들어가도 되는 물품과 안 되는
물품을 관리하는 것은 효율적이고 철저한 위생 관리를
위해서 불가피한 통제다.

하지만 환자라고 해서 환자이기만 하지는 않다. 병동에서
쫓겨난 '쓸모없는 물건들의 목록'은 환자라는 정체성의
여집합, 그이의 고유함을 이루는 목록이기도 하다. 질병

진단이 병자가 살아온 궤적에 따라 서로 다른 의미로
다가가는 것처럼, 치료와 요양도 병자가 처한 상황이나
개성을 따른다. 가쁘게 일하고 살아서 지친 와중에 병을
발견한 사람은 절대안정을 하는 것으로 자신의 치유 방침을
정할 수 있다. 하지만 반대로 만성적인 혈액암을 가지고
있는 사람이 친구들과 해외여행을 다니며 정력적으로
살아갈 수도 있다. 그의 여행이 무리라며 이상하게 여기는
시선도 있겠지만, 그는 이 왕성한 여행이 자신의 건강을
유지하는 비결이라고 믿는다.

　'이런 걸 도대체 왜?' 싶은 물건들에는 물건 주인의
사소한 습관이 그물코처럼 딸려 있다. 무균실에서 정한
쓸모없는 물건의 목록은 자기임을 유지하고 싶은 마음들이
모여 만들어졌다. 치실과 취미용품, 효자손 등을 챙기는 게
의료적 관점에서는 현명하지 못한 선택이지만, 병자로서는
병원 안에서 보내는 일상을 완치가 아니고서는 의미 없는
쳇바퀴가 되도록 놓아둘 수 없으니까.

　건강한 사람들은 아픈 사람이 병원에서 심심하고
답답하지 않을지 염려한다. 그러나 정작 아픈 사람의 주위를
깨끗하고 재미없는 세계로 만드는 건 건강한 사람들일지도
모른다. 불순한 물건과 불순한 감정 들은 모두 완치라는
목표 앞에서 무시되기 십상이다. 병원 방침뿐만 아니라 병자
아닌 사람들이 병자를 대하는 기본적인 태도가 그렇다.
그들은 아픈 사람의 욕망을 아무 재고와 협상의 여지 없이

완치 다음으로 미루어야 한다고 말한다. 그것이 환자도
원하는 것이라고 스스로 믿는다.

　당연히 병이 나았으면 좋겠다. 그러나 상실을 수용하는
데에는 저마다의 시간이 필요하다. 건강한 몸으로 살아왔던
일상의 시시콜콜함과 작별하기 위한 최소한의 의례가
필요하다. 환자의 가장 큰 소망이 완치라고 하더라도, 그
과정이 밑도 끝도 없는 단절이기를 원하지는 않는다. 먼저
암을 경험한 지인들이 이야기했던 외로움의 정체가 이것이
아니었을까 싶다.

　그런 의미에서 무균실의 입원 절차는 자연스럽게
공존하며 살았던 불순함과의 완전한 단절을 상징하는
것 같다. 반입할 수 있는 물품에 얼마간의 절충과 협상이
가능하게 되더라도, 궁극적으로는 통제가 불가피하다는
것쯤 아픈 사람도 안다. 다 알지만 아쉬운 말이라도 하고
싶을 때, 아픈 사람은 입이 있어도 없는 사람이 된다.
효자손이 등장하는 줄에서 피식했다가, 한쪽 무릎을 세워
앉아서 등을 긁으면 마음이 편안해지곤 했던 한 사람이 병원
침상에 모로 누운 모양새를 떠올린다. 서글픈 마음이 든다.

(2022. 8. 7.)

음식의 효능

알토란적 항암식단에 대한 소고

항암 부작용 때문에 간
보호제를 먹고 있었다. 근황을 전하자 어머니도 간 수치가
높아져서 약을 먹기 시작했다고 했다. 술은 입에 대지도
않고, 식사도 열심히 챙기는 사람에게 이 무슨 날벼락인가.

"의사 선생님한테 '저 엄청 잘 챙겨 먹는데 왜 이렇죠?'
하니까 뭐 먹는지 말해보라고 그래서 말했지. 내가 먹는 거
듣더니 그만 먹으래."

"뭘 먹었는데?"

"화분, 유산균, 산양유, 관절 영양제, 즙, 단백질, 상황버섯
달인 물, 분유⋯."

"아기도 아닌데 분유는 왜 먹어?"

"맛있어서⋯."

이게 무슨 꼴이람. 이후로 어머니와 통화할 때마다
어머니가 무얼 먹는지, 건강기능식품을 먹고 있지는 않은지

캐물었다. 어머니는 이번 기회에 먹던 것을 그만두었으니
염려하지 말라고 안심시켜 주었다.

　며칠 후 부모님이 보낸 작은 택배가 왔다. 겉에는 관절
건강에 좋다는 연두색 영양제 상자가 테이프에 감겨 있었다.
안에는 어머니의 이웃들이 모아준 헌혈증이 들어 있었다.
헌혈증을 받을 때마다 느끼는 먹먹함과 함께, 절로 한숨이
나왔다. 세상에는 얼마나 다양한 관절 영양제가 있으며,
어머니는 별처럼 많은 영양제 가운데 얼마나 고민을
하고서 이 영양제를 골라 먹었을까. 부모님과 왕래 없이
사는 동안 안부를 챙기지 못했다는 미안함이 들다가도 '간
보호제라니…' 하며 다시 속이 끓었다.

어머니의 애청 채널을 따라가 보면 아침저녁으로 방영하는
생활 정보 프로그램이 빠지지 않는다. 여기에는 건강에 좋은
음식이나 지압법, 스트레칭이 단골 꼭지로 등장한다. '건강에
좋은 음식'은 열무나 브로콜리처럼 일상적인 식재료부터
아로니아와 노니와 같이 유행하는 약용식물까지 범위가
넓은데 대개 암, 당뇨, 치매, 심혈관계질환, 근골격계질환과
같이 고령화에 필연적으로 수반되는 중증질환이나 만성
대사질환에 좋다고 소개된다. 생활 정보 프로그램에
소개되는 사람들의 하루는 수많은 '건강 정보'로 채워진다.
예를 들면 이런 식.

1. 암도 잡고 당뇨도 잡고, 10여 년째 건강을 유지하고 있는 그의 비법을 따라가 보자.
2. 가벼운 스트레칭을 한다. 지압점을 찾아 눌러주는 것이 포인트.
3. 혈당을 안정시켜 당뇨와 만성피로에 좋은 둥굴레차를 마신다.
4. 항산화 성분이 풍부한 잡곡을 일정한 비율로 섞어 밥을 짓는다.
5. 밥을 지을 때 소주 한 잔을 넣는 것이 비결. 알코올이 가열되면서 항산화 성분의 흡수력을 높여준다.
6. 밥물로는 면역력을 높이는 표고버섯 우린 물을 넣는다.
7. 두부에 불고기를 얹는다. 식물성 단백질과 동물성 단백질의 완벽한 조화.
8. 아사이베리청과 여주즙을 넣어 '혈당 잡는 김치'를 담근다.

나는 이러한 조리법을 따르는 식단을 유명 생활 정보 프로그램 〈알토란〉의 제목을 따서 '알토란적 항암식단', 건강 식단을 만들어 먹느라 하루를 다 보내는 병자의 일과를 '알토란적 생활양식'이라고 부르기로 했다. 음식이 건강에 미치는 영향의 중요성을 믿든 믿지 않든 간에 암에 걸리고 나면 알토란적 항암식단의 자장을 벗어나는 것이 불가능하다. 신선초에는 암의 증식을 억제하는 칼콘과

2부 암 치유 문화 표류기

쿠마린이 풍부하고, 마늘에 있는 알리신이라는 성분에는
항암효과가 있고…. 어머니와 통화할 때마다 항암효과가
있다는 식재료들이 굴비 두름처럼 줄줄이 꿰어져 나왔다.

"TV에서 거짓말을 하디? 의사가 사기를 치겠어?"

평소 방송에서 하는 말이라고 곧이곧대로 믿지만은
않았던 어머니조차 딸의 건강 문제에 대해서만큼은
고전적인 권위에 귀를 기울였다. 도서는 물론이고 유튜브와
블로그에도 온갖 항암식단 전문가가 넘쳐났다. 병원의
임상영양사 출신이라는 사람, 한의사, 암을 완치했다는
사람이 중요한 콘텐츠 생산자가 되어서 '암을 이기는 식단',
'먹고 병을 고친 식재료'를 소개했다.

어머니는, 나는, 우리는, 알토란적 항암식단에
포위되었다.

크게 아프면 여러 가지를 반성하고 고치게 되는데,
식습관에서는 단연 고기가 문제가 된다. 어머니는 어느 날
나에게 채식을 해야 하지 않느냐고 넌지시 물었다.

"암환자한테 고기가 해롭다고 하더라고. 아는 사람도
그래서 채식한대."

"엄마, 내가 저번에 2년 동안 채식할 때 엄마가 내내
뭐라고 했어? 고기 먹으라고 했잖아."

채식하면 영양소가 부족해진다는 주장을 하려는 것이

아님을 명확히 한다. 채식 시장은 내가 채식인으로 살았던 10여 년 전에 비해 훨씬 크고 다양해졌으며, 결핍분을 보충할 만반의 준비가 다 되어 있다. "기분이 저기압이면 고기 앞으로 가자"라며 육식을 과도하게 부추기는 식문화 속에서도 채식을 고수하는 일은 큰 윤리적 결단이기도 하다. 다만 내가 잡식인으로 돌아가자 열렬히 환영했던 어머니가 이제 와서 채식을 권하는 모습은 약간의 배신감마저 느껴졌다.

인류 역사에서 육류가 암이나 심혈관계질환의 범인으로 지목받기 시작한 건 소득수준이 높아진 근래의 일이다. 인류학자 마빈 해리스(Marvin Harris)는 남아메리카와 아프리카의 부족사회에서 아무리 식물성 식품이 풍족한들 고기에 대한 갈망을 표현하는 모습을 발견하고, 저개발 국가에서 동물성 식품을 적게 소비하는 이유는 여전히 자발적인 절제보다 비자발적인 절제임을 확인한다.[1] 고기에 들어 있는 동물성 단백질과 지방은 동서고금을 막론하고 매력적인 식재료다. 한국에서도 병자에게 먹이는 전통적인 보양식은 고기와 뼈를 푹 고아 만든 곰탕이었다.

머리가 굵어지고선 처음 연락이 닿은 첫째 고모가 "좀 비싸도 꼭 생협에서 식재료를 사 먹어라"라고 당부했다. 고모는 지역 먹거리를 소비한다거나 농산물의 생산과 유통에 대한 진보적 의제에 관심이 있는 사람이 아니다. 오히려 그 반대다. 하지만 강원 동해안 태생의 이 보수정당지지자에게조차 생협(생활협동조합)은 암환자에게 필요한 식재료를 공급하는 사업체인 것이다. 채식과 생협의 철학에 동의하지 않더라도, 채식인과 생협 조합원은 일반적으로 잡식인이나 마트 멤버십 카드 보유자보다 훨씬 몸과 마음에 대한 지식이 있는 사람, 스스로를 보살필 줄 아는 사람으로 여겨진다.

암환자는 '치료'를 넘어 '치유'를 해야 하는 사람이라고들 한다. 치유라는 관점은 현대사회의 여러 유해물질과 정신을 오염시키는 요소로부터의 해방, 즉 정화를 의미한다. 따라서 찌든 몸과 마음의 디톡스(해독)라는 개념은 항암식단에서 중요한 위치를 차지한다. 동물성 지방이 피를 탁하게 만들고 육식의 소화 과정에서 유해한 물질이 만들어진다는 영양학적 근거라든가, 살생을 통해서 혹은 공장식으로 생산된 식재료가 부정적이거나 부족한 에너지를 전달한다는 영적 신념 같은 것들이 항암식단을 구성하는 원리가 된다.

나는 "당신이 먹는 것이 곧 당신(You are what you eat)"이라는 미국발 영양학적 '진리'가 한국에 건너와서도 경구가 된 시대에 청소년기와 청년기를 보냈다. 내가 사는 동네에는 스타벅스는커녕 로즈버드도 없었지만, 서울의 대학가를 배경으로 하는 시트콤에서 주인공이 긴 대사로 캐러멜

마키아토를 주문하는 걸 따라 읊으며 자랐다. 영국 요리사 제이미 올리버(Jamie Oliver)는 당시 구경도 해본 적 없는 올리브오일, 돌절구와 토치로 대충대충 멋지고 건강한 음식을 만들어 냈다.

이제 세상의 거리는 더 빠르게 좁아졌고, 나는 과거에는 소에게나 줬을 귀리, 렌틸콩, 병아리콩을 넣어서 밥을 해 먹는다. 아보카도가 지구 반대편의 물을 바짝바짝 말리면서 내 식탁 위의 간장 비빔밥 재료로 올라온다. 〈나 혼자 산다〉에서 어느 배우가 만들어 먹으며 유명해진 레시피다. 일반적인 작물을 재배하던 농민들이 경제난을 타개하기 위해 슈퍼푸드나 항암식품 같은 상품작물 농사에 뛰어들면서 국내에서 생산되는 농산물 종류의 균형이 깨지거나 유행에 따라 시장이 교란되는 문제는 이미 유명하다.

요약하면, 실상이야 어떻든 건강하고 쿨하게 여겨지는 '트렌디한 식이요법', '트렌디한 자기돌봄'의 형태가 있다. 이제는 너무 당연하고 식상한 이야기이지만, 음식은 영양분이며 동시에 라이프스타일이다. 트렌디한 음식을 먹는 사람과 그의 정체성이란 탄탄한 근육의 몸매, '홈트(홈 트레이닝)'로 상징되는 운동 습관, 나만의 공간을 꾸미는 센스, 문화적·예술적 소양, 액티비티를 즐길 줄 아는 활동력, 식사를 준비하고 먹으면서 세계의 순환에 조응하고 감동하며 기꺼이 이러한 가치에 돈을 지불할 수 있는 윤리적

2부 암 치유 문화 표류기

감수성과 경제력을 포함하는 그 모든 것이다.

내가 사는 한국 사회의 식문화도 그렇다. 세상의 모든 건강 식재료가 김치가 될 수 있고 "밥은 하늘입니다"라고 시작하는 노래가 있는 곳, "밥 먹었어?"가 안부 인사로 쓰이는 나라. 이곳에서 음식이란 차고 뜨거운 성질의 궁합과 최신의 식품과학, 영양학적 균형과 건강 회복을 염원하는 정성, 교육 수준과 경제적 수준, 개인적 기호와 사회적 교양을 포함하는 그 모든 것이다.

적지 않은 암환자가 질병 판정을 받자마자 라면부터 끊는다. 인스턴트 음식과 작별하고 품을 들여 자연의 재료로 보양식을 해 먹어야 한다는 생각이 들기 때문이다. 플라스틱 식기가 음식에 닿으면 유해하다고 여겨 모두 내다 버리기도 한다. 건강한 식습관을 갖는 것은 물론 중요하다. 그러나 특정 음식의 장복 혹은 기피가 몸을 건강하게 해준다기보다는 '골고루 먹는 것이 제일'이라는 상식을 빌려 오지 않더라도, 알토란적 항암식단 또한 한데 모아놓고 보면 사실상 세계의 모든 식재료가 동원된다는 점을 알 수 있다. 어제 당근이 건강식품이었다면, 오늘은 오이가 건강식품이다.

한편 널리 퍼져 있는 항암식단의 원리들은 때로 상충한다. 체질에 따라 당근이 나쁠 수도 있고, 오이가 독이 될 수도 있다. 이러한 이유 때문에라도 음식으로 병을 고치는 건 미션 임파서블일지 모른다.

'보통 아닌 병'에는 '보통 아닌 것'을 먹여야 한다는 유구한 전통이 있다. 슈퍼푸드가 병자의 일상적인 식단을 담당한다면, 진짜 특별식은 따로 있다. 대체로 이것들은 범상치 않게 생겼거나(미꾸라지와 장어는 생선보다는 뱀처럼 생겼고 미끌미끌하다), 뿌리이거나 버섯이다. 인삼 등의 뿌리는 고기나 뼈를 푹 삶을 때에 넣는 향채의 역할도 하지만 동서양을 막론하고 전통적인 약재다. 차가버섯이나 상황버섯은 애초에 수석 전시물처럼 생겼지, 먹을 것처럼 생기지 않았다. 잉카문명부터 '신의 버섯', '태양의 버섯'이라고 불렸다는 남아메리카의 아가리쿠스버섯은 NK세포(자연살해세포)라는 면역세포를 활성화해서 항암 작용을 한다며 한국의 농장들에 뿌리를 내렸다. 그 밖에도 다양한 버섯이 있고, 생물 기준 수십만 원대의 다소 부담스러운 가격을 형성하고 있다. 조금 더 저렴한 버전의 '추출물 함유' 음료가 되어서 수줍은 존재감을 드러내기도 한다.

가장 많은 암환자 및 보호자 회원을 보유하고 있는 온라인 카페에서도 "차가버섯 달인 물을 드려도 될까요?", "차가버섯은 어디 것이 좋나요?" 등은 단골 질문이다. 평이한 제목의 게시글에는 댓글이 달리지 않지만, 이상한 제목의 게시물에는 댓글이 성황을 이루는 것처럼 초보 보호자의 버섯 삼매경에 오랜 회원들이 헐레벌떡 달려온다.

신규 유입이 활발한 게시판의 운명이 대개 그렇듯 버섯을 찾는 뉴페이스는 끊임없이 나타나고, 아픈 지 좀 된 암 경험자들은 "간이 항암을 하느라 과부하되어서 수치가 나빠지니 절대로 먹지 말라"거나 "항암 마치고 드셔라"라고 말리는 일이 항상 일어난다(항암을 마치면 지친 간을 쉬게 해줄 생각은 없는 걸까). 이렇듯 각종 특이한 약용 식품은 대중적으로 항암효과가 있다고 알려져 있기는 하지만, 정작 암환자들 사이에서 크게 권장되지는 않고, 말기 암환자가 이도 저도 방법이 없을 때 선택해 보는 편인 것 같다.

그러나 온라인의 암환자 세상을 벗어나 더 큰 세상에 나가면 암환자보다 암환자가 아닌 사람들이 더 많고, 그들은 어디에서 보고 배웠거나 자기 친구가 효험을 보았다는 비기를 새로운 암환자에게 알려줘야 한다는 의무감을 느끼는 것 같다. 내가 질병 판정을 받은 지 보름도 채 되지 않아, 부모님 댁에는 내게 먹이라고 아버지 친구분이 보낸 상황버섯이 한 자루 도착했다.

●

다행히 병원에서 받아 온 〈면역 저하 환자를 위한 식품 섭취 지침〉이 있었다. 퇴원을 하고 집에 돌아오자마자 이 지침을 냉장고에 부적처럼 붙여두었다. 이것은 종종 집에 놀러 오는 친구들의 포토존이 되기도 했는데, 이유는 먹지 말라고 적힌 칸에 들어 있는 음식이 모두 '한국인의 보양식'이었기 때문이다. 나는 이 한 장짜리 지침에 두고두고 감사하게 된다.

거의 모든 암종의 환자가 간과 신장에 무리를 주는 달임 음식을 '적어도 항암 중에는' 먹지 않는다. 급성백혈병 환자인 나의 경우에는 골수 기능에 영향을 줄 수 있으며, 감염의 위험도 있다는 이유가 보태졌다. 퇴원 전 영양사는 내 침상에 와서 꼼꼼하게 설명해 주며 "인삼, 약용 버섯, 민들레 뿌리"에 형광펜을 칠해주었다. 장어와 곰탕, 심지어 같은 '피'라서 혈액암에 좋다고 알려진 선지도 예외는 아니었다. 그나마 통상의 건강 정보에 부합하는 건 자극적인 음식을 피하라거나, (일정 온도와 시간으로 펄펄 끓였거나 공장에서 만들어진 살균 식품을) 골고루 먹으라는 지침 정도였다. 덕분에 나는 알토란적 항암식단 전문가의 견고한 성벽을 뚫고 자신 있게 말할 수 있었다.

"생식, 달인 거, 발효 음식 다 안 된다니까요. 메스꺼울 때 라면이라도 들어가면 얼마나 다행이게요."

아마도 병 자체의 특성이 환자들 사이에서 유통되는 정보의 차이를 만드는 것 같다. 암이라고 하면 흔히 점막이나 피부 표면 위로 불길하게 솟아오른 종양의 이미지를 떠올린다. 암이라고 인식되는 질병의 기본값은 고형암이고, 제도적인 차원에서도 암은 고형암을 중심으로 논의된다. 혈액암 전문의들은 건강보험심사평가원 암질환심의위원회의 의사 중 고형암 전문의가 6~8명인 데 반해 혈액암 전문의는 2명 정도에 불과하다고 지적하기도 한다.

고형암은 문제가 일어난 병소가 정해져 있다. 병소에 있는 종양이 다른 장기로 이동하지 않도록 작게 만들거나 잘라 내고, 종국에는 없애는 것이 치료의 핵심이다. 따라서 문제가 발생한 장소를 향해 방사선 치료나 수술, 항암제가 선택적으로 동원된다. 건강식품은 흔히 쇠약해진 특정 '장기'에 좋다고 알려져 있기에, 병소가 명확하고 비교적 식품 섭취 관련 제한이 덜한 고형암의 경우에는 통상의 건강 정보를 활용할 여지가 있는 편이다. 수술을 받은 췌장암 경험자는 당뇨에 좋은 여주를 먹고, 소화기계통에 문제가 생긴 암 경험자는 양배추를 먹는 식이다. 당분이 종양의 먹이가 된다는 이유로 설탕을 먹지 않는 경우도 있는데(이른바 '효소'는 설탕 절임이지만 먹는다), 무엇보다 '붉은 고기가 암의 원인이 된다'라는 설은 모든 환자와 보호자가 봉착하는 혼란의 원인이 된다. 예를 들면 이런 식이다.

'여태 붉은 고기도, 기름에 볶은 음식도 피했는데, 병원에 입원했더니 쇠고기와 야채볶음이 나왔다. 영양사에게 이런 걸 암환자가 먹어도 되냐고 물어보니 골고루 먹으라고 한다. 네이버에 검색해 보니 먹지 말라고 하는 말이 더 많기는 하지만, 어떤 기사는 먹어도 된다고 하고 어떤 기사는 안

된다고 한다. 혹시 먹었다가 암 덩어리가 더 커질까 봐 걱정이다. 정말 먹어도 되는 걸까.'

음식의 중요성은 너무나 크게 자리매김한 나머지, 고형암으로 고생하는 암환자와 보호자를 두려움에 떨게 한다. 그에 비해 혈액은 온몸을 타고 돌아다니고, 따라서 문제가 생긴 특정 부위를 보하는 방식으로 작용한다고 알려진 음식을 찾아 먹기가 어렵다.

나는 병자가 되고서부터 식당에 붙어 있는 'OO의 효능'을 유심히 보는 버릇이 생겼다. 두뇌(청소년기 학습능력 증진, 노년기 치매 예방), 혈당(당뇨 관리), 심혈관(심장질환 예방, 혈액순환 개선, 노폐물 배출), 간(해독), 신장(해독, 부종 완화), 다이어트, 피부 미용에 좋다는 음식은 있어도 골수를 건강하게 해준다거나 백혈병을 낫게 해준다는 음식은 좀처럼 찾아볼 수 없었다. 화학항암요법과 골수검사, 잦은 혈액검사가 백혈병을 유발한다고 주장하며 홍삼을 판매하는 블로그를 보기는 했지만, 이 말에 혹하는 병자는 드물 것이다. 그나마 발병한 지 1년 만에 이사 온 동네에서 백혈병에 효능이 있다는 벌나무 백숙집을 발견했다. 벌나무 백숙집은 아주 드문 사례다. 이후로도 백혈병과 골수에 좋다는 식품을 식당에서 찾아보지 못했을 정도로 혈액암은 그다지 'OO의 효능' 주제가 되지 않는다. 급성백혈병에 대응하는 항암치료란 그 유명한 조혈모세포 이식 외에는 화학항암요법이

거의 전부일 정도로 피에 약을 타는 것이 세계 공통의
표준치료다. 그래서 혈액암 치료는 고형암과 비교해 치료 중
면역 저하가 고형암 항암보다 더 크게 일어나고, 조혈모세포
이식을 마치고 나서도 혈구 감소 문제로 사망에 이를 수
있다는 차이가 있다. 이식 후에 발생할 수 있는 면역반응인
이식편대숙주반응 또한 고형암 치료의 어려움과 대별되는
점이다.

　따라서 혈액암의 경우에는 환자와 보호자가 감염 위험을
피하고 골수에 영향을 주지 않는 생활 지침에 훨씬 더
많은 관심을 가진다. 매일 락스 청소를 하는 은둔 생활을
하며 감염 요소를 원천 차단하느라 이미 너무 많이 외롭고
지쳐버린 병자는 알토란적 항암식단을 따라갈 틈이 없다.
병원의 혈액내과에서는 퇴원 환자에게 요양병원에 가지
말라고 말리지만, 이런 이유로 정작 요양병원에서도 백혈병
환자는 그다지 환영하지 않는 것 같다. 멸균만을 원하는
백혈병 환자를 위해 별도의 멸균식과 멸균 서비스를 제공할
수는 없는 노릇이다.

무얼 먹어서 튼튼하게 할 병소가 없다면, 남는 것은
알토란적 항암식단 세계관의 마르지 않는 샘물인
'면역력'이다. 특정 식품이 면역력을 높여준다는 개념은
이미 친숙하다. 하지만 기존에 알고 있던 면역력 상식이

면역 저하자에게 적합하지 않다는 것은 항암을 시작하면서 몸소 배울 수밖에 없다. 무균실에서 제공되는 식사는 사실상 세계의 모든 것이 오염되었고, 위협적이며, 나는 무방비하다는 사실을 느끼는 일과에 가깝다. 퇴원 이후에도 식기와 도마를 어떻게 관리해야 하는지, 식재료를 냉장고에 어떻게 배치해야 식재료가 덜 오염되는지를 배운 대로 적용하느라 동동거릴 뿐이다.

'먹어서 고칠 병소'와 '높일 면역력'이 없기 때문에 백혈병 환자들은 무엇을 먹어야 낫는다는 주제의 이야기를 활발하게 나누지는 않는 편이다. '병든 혈액으로 인해 면역기능이 붕괴하여 감염 또는 출혈로 사망에 이르는 병'이라는 특성은, 급성백혈병 환자와 보호자가 고형암 환자와는 다른 경로로 '면역', '면역력'에 대한 지식을 습득하도록 한다.

암환자와 보호자 들이 암종 구분 없이 모인 대형 커뮤니티에서는 살균식과 무균식을 키워드로 하는 게시물의 비중이 없다시피 하지만, 급성백혈병 환자들만 모인 커뮤니티에서는 음식의 효능이 아니라 위생이 초미의 관심사다. 음식을 얼마나 오래 끓여야 하는지, 끓여둔 지 몇 시간 된 걸 먹어도 괜찮은지, 어패류처럼 금지된 식재료가 들어 있는지 모르고 조금 먹었는데 괜찮은지, 먹고 싶지만 먹지 말라고 배운 음식이 있는데 펄펄 끓여도 먹으면 안 되는지에 대한 질문이 게시판 대부분을 채운다. 병원에서 더 이상 시도할 항암요법이 없다는 말을 듣고 나면 '면역'이라는 이름이 붙은 보조 요법들을 찾아 나서지만, 사실 그쯤 되면 온라인 카페에 고민글을 올리더라도 "그런 치료 대신에 일상을 많이 기록해 두고 환자와 추억을 쌓으며 여생을 보내시게 해드려라"라는 위로를 받을 뿐이다.

이렇게 급성백혈병 환자가 고형암 중심의 항암식단 정보에서 금지 식품을 다 발라내고 나면 남는 것은 보양식품계의 스테디셀러, 닭발곰탕 정도밖에 없다. "곰탕은 흰색이고 백혈병도 흰 백(白)자를 쓰니 호중구를 올려주는 것 아닐까요…." 나를 두고두고 박장대소하게 만든 이 댓글조차도 급성백혈병 환자 커뮤니티에서는 아주 드물게 본 유형에 불과했다.

그래서 나는 세상의 오만 암 중에서 급성백혈병에 걸린 것이 한편으로는 다행이었다. 쉴 새 없이 밀려드는 고형암 중심의 건강 정보 앞에서 나는 또 "백혈병은 안 그래!"라고 하며 병원의 〈면역 저하 환자를 위한 식품 섭취 지침〉을 암행어사 마패처럼 꺼내 들면 됐다. 그리고 어머니도 차차 내 위생 관리 지침이 여간 성가시고 예민한 일이 아님을 알게 되었다. 면역 저하자의 빡빡한 생활 관리로 인해서 어머니가 나름대로 찾아온 항암식단 정보가 연거푸 튕겨 나가자, 어머니는 급기야 "도미야, 당근이 몸에 좋다더라", "버섯이 몸에 좋은 거 알지?", "파프리카가 몸에 좋대" 하며 마트의 야채 코너를 헤아리기 시작했다. 나는 거의 울먹이면서 비명을 지르고 말았다.

"엄마, 그거는 골고루 먹는 거잖아요….”

어떤 음식이 몸에 좋다고 여겨 챙겨 먹는 것이 그 자체로
나쁘다고 생각하지 않는다. 자그마하고 마른 체구로
아버지와 함께 공장 일을 했던 어머니에게 밥을 잘 먹는
일은 40여 년 가까이 자기보호의 방식이었다.

"도미야, 네가 아픈데 내가 밥이 잘만 들어간다.
미안하다.”

어머니는 어려운 일에 부닥치면 일단 고봉밥을 먹으면서
배 속에 연료를 더 넉넉히 채우는 편이었고, 나는 이번에도
어머니가 평소와 같이 대응하셔서 다행이라고 생각했다.

혈액내과에서 만나는 환자 대부분은 어머니 또래이거나
혹은 그 이상의 연배였다. 진료를 기다리며 이야기를
나누었던 한 여성은 림프종 3기로, 치료를 시작하고 꽤
경과가 좋은 편이라고 했다. 그의 가방에는 맑은 빨간색의
주스가 담긴 병이 있었다. 비트와 파프리카를 비롯한 야채를
직접 익혀서 갈아 만든 음료라고 했다. 그는 잠깐 만난
사이일 뿐인 내게 병을 꺼내 보이며 신신당부했다.

"이번 참에 잘 먹으라고 아픈 거니까 잘 먹어요.”

그에게도 잘 차려 먹는 일은 다음 언덕을 넘기 위한
준비였다. 자부심과 회한, 후회와 다짐으로 뒤섞인 어머니

또래 암환자들의 이야기를 침상에 누워서, 휴게실 창문 앞에 서서, 소파에 나란히 앉아서 듣곤 했다. 평생 자신보다 남편과 자식을 보살폈던 그들은 아프고 나서야 '내가 힘들었구나'라고 깨달으며 이제라도 자기를 돌보겠다고 결심했다. 나는 이 여성들이 여태 골수를 짜내어 얼마나 놀라운 일들을 해왔는지 더 많이 듣고 싶고, 그들의 새로운 결심을 진심으로 응원하고 싶다.

　나의 절실한 마음이 신비적인 방향으로 뻗은 적이 없어 그렇지, 병자의 간절한 마음을 탓하고 싶지도 않다. 죽음이 가까이 있다는 자각을 하면서 집에 들어온 거미 새끼 하나도 함부로 죽이기 미안해지고 영적인 세계에 관심이 번지는 것, 이 세상의 거대한 먹임과 되먹임을 상기하는 것, 채식을 시도하고 생협을 이용하면서 마음을 정결하게 하는 것, 내가 이렇게 노력해서 건강해지고 있다고 믿는 것, 일상에 대한 진지한 태도를 갖는 것. 이러한 믿음과 염원이 어쩌면 그토록 기도했던 이다음의 현실을 만들 수 있다는 것도 나는 긍정하고 싶다.

　그러나 나의 몸에 대한 윤리는 나를 잘 돌보는 데에도 있지만 나를 즐겁게 하는 데에도 있다. 알토란적 항암식단에 따라 종일 밥과 주스만 만들어 먹으면서 부엌에서 살 자신이 나는 없고, 나를 위해 누군가가 부엌에서 온종일 사는 것 또한 원하지 않는다. 시설에 들어가 급식을 먹고 싶지도 않다.

무엇보다 나는 '내가 나를 함부로 대했어'라고 속죄하지 않는다. 여태 원 없이 잘 마시고 잘 놀아서 다행이다. TV 프로그램이나 온라인 검색 결과가 아닌 무작위의 환자들이 있는 입원실로 들어서면, 모든 암환자가 알토란적 항암식단에 혈안이 되어서 사는 것도 아니고 모든 암환자에게 그럴 여력이 있는 것도 아니란 사실을 금방 알 수 있다.

세균을 박멸할 기세로 불을 올려 국을 끓이면서, 진료 대기실 앞에서 들었던 충고를 종종 떠올린다. 나는 어쩌면 정말로 이번 참에 잘 쉬고 잘 먹으라고 아픈 걸지도 모른다. 그러나 '무엇을 먹으면 나을 수 있다'라는 항암식단 정보들은 어느덧 규격화된 도덕 실천의 형태가 되어버린 것 아닐까. 암 치유를 위한 활동은 흡사 '지갑과 골수를 짜내어 먹고 누리지 않으면 안 되는 라이프스타일'로 바꿔치기된 것만 같다.

아마도 사람들은 점점 더 많이 늙고 아플 텐데, 자기돌봄을 해야 한다는 암환자의 윤리가 '암을 이기는 식단'의 모습으로 환자와 보호자를 압박하지 않았으면 좋겠다. 나야 잔소리를 듣고 혼자 기분 상하면 끝이지만, '저렇게 해주어야 하는데 형편이 못 되어 못 해준다'고 생각하는 보호자는 얼마나 죄책감이 들까. 어머니의 산책길에 벌나무 백숙집이 없어서 거듭 다행이다.

(2023. 8. 8.)

엄마를 닦달하는 엄마들

닭발곰탕이라는 정성을
수호하는 자

신라 시대에 신효라는 사람이
있었다. 그의 어머니는 고기반찬이 없으면 밥술을 들지
않았다. 어느 날 신효는 활을 걸머메고 사냥을 나선다.
번번이 짐승을 잡는 데에 실패하고 남은 것은 학이 날면서
떨어뜨린 깃털 하나. 별생각 없이 학의 깃을 눈에 대보는데,
지나가는 사람들이 축생으로 보이는 게 아닌가. 놀라서
눈에서 깃을 떼니 도로 사람으로 보였다. 깜짝 놀란 신효는
살생을 포기하고 고민 끝에 자신의 넓적다리를 벤다. 그의
일화는 깊은 효심의 대명사가 되어서, 훗날 『금오신화』의
저자이자 생육신 중 한 사람인 김시습의 시에도 등장한다.
　자신의 넓적다리를 베어 노쇠한 부모를 먹이는 지극한
마음이 신효만의 사례는 아니다. 할고료친(割股療親),
줄여서 '할고(割股)'라는 이름이 붙은 이 '효행'은 주로
부모의 병세가 위독할 때 행한 것으로 알려져 있다.

중국에서 할고는 그 역사가 춘추시대의 진나라까지 거슬러 올라갈 정도로 오래도록 성행했고, 한국에서도 지역 구분 없이 이루어졌던 것으로 보인다. 조선 성종 때에는 김맹방이 아버지의 병을 고치기 위해 자신의 다리 살을 베었고, 나중에 아들 김호인도 어머니의 병을 고치려 자신의 다리 살을 약에 탔다. 정조 때에는 충청도 관찰사가 "아이 셋이 각각 다리 살을 베어 부모의 병을 고쳤으므로 포상을 내려 달라"라고 장계를 올리기도 했다.

말이 효행이지 사실상 치료법으로 인육이 처방된 셈이지만, 여기에서 넓적다리 살이란 "글자 그대로의 의미보다도 '가장 중요한 것'을 바치는 종교적 상징성"이라고[2] 이해할 수도 있을 것이다. 간곡한 마음으로 빌면 하늘도 감응하지 않을까. 그러니까… '정성을 다하면' 말이다.

할고의 역사를 들여다보고 있으면, 음식의 종류가 달라졌을 뿐 '무언가를 먹어서 낫는다'는 신성한 함의를 담은 서사가 시대를 막론하고 익숙한 이야기 틀임을 확인할 수 있다. 중병에 걸린 사람이 먹고 나을 음식은 영양이 풍부해야 할뿐더러 정성껏 만들어야 한다. 이 원칙은 식재료를 준비하고 조리를 마칠 때까지 적용된다.

그런 의미에서 '정성' 하면 곰탕만 한 게 없다. 긴 시간을

인내하며 만드는 음식이 주는 감동이 있고, 푹 고아낸
육수에는 재료에 있던 좋은 성분이 다 우러났을 것 같다.
곰탕은 동물 뼈와 고기를 찬물에 담가 여러 차례 피를 빼야
하고, 한 번 바르르 끓인 뒤 물로 씻으며 불순물을 제거해야
한다. 그리고 오랜 시간 여러 번 끓인다. 차가운 곳에 두고
굳은 기름을 걷어 내는 일도 빼놓을 수 없다. 하나라도
놓치면 맛은커녕 비위가 상해 병자가 먹기 어려운 물건이 될
수 있다.

아마도 닭발로 만든 곰탕이 암환자들의 '만나'가 된 이유
또한 '곰탕'이라는 레시피 때문이 아닐지 추측하게 된다.
소곰탕은 곰탕계의 기본값, 닭발곰탕이 환자식이라면,
돼지곰탕은 의외로 마이너한 장르다. 냄새를 잡기 쉽지
않다는 편견 때문일 수도 있고, 돼지고기라는 식재료가
맛있고 대중적이라고 여겨질 뿐 건강과는 잘 연결되지 않기
때문일 수도 있다.

쇠고기는 포화지방 때문에든, 발암 위험 때문에든 건강에
좋지 않다고 (특히 암환자를 중심으로) 알려져 있다. 이에
반해 닭과 같은 가금류는 특별한 금기 없이 여러 약재와
함께 닭백숙, 오리백숙과 같은 보양식의 주재료로 잘
쓰여왔다. 장기 복용을 염두에 둔다면 개중에서 값도 제일
싸다.

암환자들의 커뮤니티나 블로그에서는 닭발곰탕을 먹고
호중구가 올랐다는 간증을 쉽게 찾아볼 수 있다. 호중구

수치가 오를 때가 되어 오른 게 아닌가 싶지만, 닭발곰탕을
먹어본 사람들은 닭발곰탕 덕분이라고 철석같이 믿는다.
닭발곰탕에 대한 병자들의 수요가 많은 만큼 비닐팩에
포장한 제품도 시중에 판매되고 있다. 닭발곰탕 제품은
반려견용 수제 간식이 아닌 이상에야 포장부터 '환자식',
'회복 영양식'과 같은 타이틀을 소금탕에 비해 더 강조하는
것이 특징이다. 나는 〈면역 저하 환자를 위한 식품 섭취
지침〉을 잘 지키는 편이었기 때문에 닭발곰탕을 먹어본
적은 없었다. 먹어서 아주 득 될 것도 없지만 아주 나쁠
것도 없지 않나 싶은데, 지침에는 닭발도 곰탕도 제한 식품
목록에 들어가 있었다.

"엄마가 되어가지고, 애 있는 데에 가서 곰탕도 끓여주고
그래야 하는데."

　"10년도 넘게 따로 살았는데 갑자기 아프다고 같이 살면
좋게 살아지겠어? 허구한 날 싸우지."

　병자를 돌보는 자리는 몸과 마음이 한시도 편하지 않은
자리다. 하지만 어머니를 내가 사는 곳으로 오지 못하게
한 건 효심과는 아주 거리가 먼 선택이었다. 소소하게
생길 충돌을 매사 웃으며 넘어갈 만큼 내가 무던한 병자가
되리라는 자신도 없었고, 어머니도 무척 예민한 사람이었다.
잠자리가 바뀌면 살이 쭉쭉 빠지는 사람을 낯선 동네에 살게

하고 싶지 않았다. 어머니는 당신이 직접 돌보지 않더라도 잘 차려 먹고 지내라고 내게 몇 번씩이나 약속을 받았다. 그렇게 나는 주변 사람들의 도움을 받으면서 내 집에서 지낼 수 있게 됐다.

문제는 어머니의 마음 한쪽에 단단히 똬리 틀고 있는 죄책감, 그리고 이 불편한 마음을 자꾸 건드리는 이웃 엄마들이었다. 암에 대한 직간접적인 경험과 지식이 상당한 중년 여성들이 어머니를 닦달하고 염려했다. 나는 닦달당한 어머니의 염려를 들으면서, 어머니를 염려하느라 괴로운 시간을 보냈다. 어머니에게 가장 자주 훈수를 두는 사람은 옆집 엄마였다. "암환자를 어떻게 혼자 둬", "빨리 딸네 집에 가서 옆에 끼고 살아야지"라며 성화였던 모양이다. 급기야 "집에서 가만히 앉아 뭐 하는 거냐"라며, 어머니에게서 들은 옆집 엄마의 훈수는 거의 신경질적인 데가 있었다.

'내가 정말 잘못하고 있는 건가.' 어머니의 마음에도 의심이 싹트기 시작했다. 전화 통화마다 군소리가 늘어난 것도 그즈음이었다. "보양식을 사다 먹어라. 커피 좀 그만 마셨으면 좋겠다. 좋은 식재료를 사다 먹어라. 영양제를 먹어야 하지 않겠냐. 슈퍼푸드가 무엇이라더라. 따뜻한 성질의 음식을 먹어라. 밀가루는 안 먹는 게 좋겠다…." 내가 방패처럼 품고 있었던 〈면역 저하 환자를 위한 식품 섭취 지침〉은 한국인의 보양식을 쳐내는 데에는 매우 효과적이었다. 하지만 속수무책으로 쏟아져 내리는 알토란적 항암식단을 다 막아내기에는 역부족이었다.

소분해서 얼려두었던 칡 반죽을 녹여서 수제비를 끓여
먹었다. 밀가루와 칡가루가 거의 반반씩 들어가는 반죽은
잘 붇지 않고 쫀득한데, 잠시 부모님 댁에 갔던 날 어머니가
직접 빚어서 준 것이다. 어금니에 짝짝 달라붙는 고소한
맛에 기분까지 애호박처럼 달달하고 살캉살캉해졌다.
흐뭇하게 식사를 마치고는 어머니에게 카톡으로 수제비
사진과 감사 인사를 적어 보냈다.

"암환자는 밀가루 먹으면 안 된다는데…."

초를 치는 어머니의 말에, 나는 또 기분이 상하고
말았다. "병원에서도 국수 줘"라는 짧은 면박으로 대화를
끝내버렸다. 어머니가 만들어 준 장칼국수를 잘만 먹고
돌아오던 날에도 어머니는 굳이 내게 전화를 걸어서
미안함을 전달하고야 말았다.

"아참, 암환자는 밀가루를 먹으면 안 된다는데
깜빡했어…."

이미 즐겁게 배 속에 들어간 음식더러 유해 식품이라니
김이 팍 샜다. 나는 늘 그랬듯이 짜증을 냈지만, 그날따라
어머니는 아랑곳하지 않고 말을 이어갔다.

"딸이 암에 걸렸는데 엄마가 가서 돌보지도 않는다고,
몸보신도 안 시킨다고 사람들이 뭐라고 그래…."

어머니가 꺼내는 대화 주제는 내 일상의 안녕보다는 항암식단 정보가 되기 일쑤였다. 면역 저하자에게 금지된 식품을 더 이상 권하지 않을 뿐이지, 어머니는 계속해서 내가 해야 하는 다른 노력을 찾고 있었다. 내가 하도 지겨워하자, 주변 사람들이 알려주는 정보라든가 TV 프로그램과 유튜브에 나오는 정보를 나름대로 교차검증해서 권하기도 했다. 거기엔 식재료의 영양 성분과 같은 일반적인 상식과 함께 전통의학을 비롯한 대체요법, 나아가 유사과학과도 맞닿는 정보들이 혼재되어 있었다. 나는 그럴 때마다 책을 읽고 있다는 핑계를 대며 서둘러 전화를 끊었다.

차라리 어머니가 나를 옆에 끼고 살았으면 나았을 텐데, 딸의 얼굴을 보지 못한 채로 이래저래 주위의 염려를 듣느라고 무서운 상상이 무럭무럭 자라났던 것 같다. 어머니를 닦아대서 쓸데없이 죄책감을 부추기는 이웃들이 미워졌다. 나를 염려하는 마음은 고맙지만, 그로 인해 내가 괴로워서 몸서리치게 미워졌다. 다 망해버린 대화 끝에 어머니에게 화를 내서 미안하다고 계면쩍은 사과를 하는 일도 지긋지긋해졌다.

마침 『유사과학 탐구영역』이라는 웹툰 시리즈가 만화책으로 출간되어 있었다. 감정을 섞어서 어머니를 설득하는 대신 이 책을 읽혀드리면 되겠지 싶었다. 책을 주문해서 먼저 정독한 다음 부모님 댁에 부쳤다. 택배

받았냐고, 책을 꼭 좀 읽어달라고 어머니에게 신신당부했다. 며칠 뒤 어머니에게 전화를 걸어 "혹시 책 읽어봤어요?" 하고 물었다. 희망으로 들뜬 목소리의 내게 어머니는 난처한 듯이, 약간은 심드렁한 듯이 대답했다.

"글자가 작아서 못 읽겠어. 눈이 나빠져서."

병들어서 속을 썩여, 잘 읽히지도 않는 글자를 디밀어, 천하의 불효가 여기에 있었다.

음식이 건강에 미치는 영향을 과대평가하는 지식과 실천을 '푸드 패디즘(food faddism)'이라고 한다. 밥을 꼭꼭 씹어 먹는 것은 물론, 우유도 물도 꼭꼭 씹어 먹으라는 '플레처리즘(fletcherism)'이 대표적이다. 왕년의 운동선수였던 호레이스 플레처(Horace Fletcher)가 주창한 식사법으로, 그는 꼭꼭 씹어먹느라 체중이 줄고 건강을 회복하는 경험을 하면서 꼭꼭 씹기 전도사가 되었다. 그의 주장은 이제 기각되었지만, 한국의 건강 정보 사이트에서도 여전히 흔적을 발견할 수 있을 정도로 선풍적인 인기를 끌었다.

음식의 영양소나 기운, 식사법이 신체에 영향을 준다는 철학은 현재 시점에서도 대표적인 대안적 치료법으로 통한다. 한국에서는 무분별한 푸드 패디즘의 원흉으로 한의학을 꼽는 경우도 있는 것 같다. 하지만 꼭 그렇다고

보기도 어려운 것이, 음식의 효능에 대한 주장은 주류
과학을 인용할 때도 많다. 지금은 유산균의 시대라서 나는
소셜미디어를 통해 질 유산균을 먹어야 한다는 광고를
수년째 원치 않게 보고 있다. 영양제만 하루에 한 주먹씩
먹는 의사 출신 유명인의 유튜브는 어머니의 애청 채널 중
하나다. 비타민, 산성식품, 지방, 식재료 궁합, 음식의 온도
등 문제시되거나 각광받는 식생활의 근거는 다양하다.

의료인들은 암 경험자들이 '병원 치료를 받아서
건강해졌다'고 하지 않고 '내가 뭘 찾아 먹어서 좋아졌다'고
하는 데에 진절머리가 날지도 모르겠다. 나 또한 이따금
얼토당토않은 항암식단 이론을 들으면 놀리고 싶은 마음이
드는 게 사실이다. 한편 의료인들은 식습관이나 생활 습관을
고치면서 건강을 되찾으려는 방식이 자기통제감, 주체성과
깊은 연관이 있다는 사실을 쉽게 간과하는 것 같다. 질병은
스스로에 대한 통제력을 상실하는 일대 사건이다.

병자들이 들이는 별 희한한 노력이 의료 전문가의
입장에서는 비과학적이고 비합리적으로도 보이겠지만, 원래
사람이 그렇게 자기중심적이기도 하거니와 자신의 맥락에
맞추어 해석하면서 없던 의미가 생기기도 한다.

편견과 달리 병자는 대체의학을 단독으로
이용하기보다는 주류 의학의 보완재로서 활용하는 경향이
더 크다. 의료 전문직이 건강에 대한 헤게모니를 장악하기
전까지의 의료 체계는 원래도 통일성 없이 다양한 것이

특징이었다.[3] 오늘날에도 병자들은 과학을 보완해 줄 기적의 식단을 찾아 나선다. '소비자 권력'이라고까지 일컬어지는 의료 서비스 이용 경향은 확실히 주체적인 병자와 보호자의 탄생을 견인하고 있는 듯 보이기도 한다.

다만 이러한 노력은 계속해서 시장에 포섭될 운명이다. 마치 히피들의 반체제 문화에서 태동한 유기농과 자연식 선호가 중산층 보수주의자의 지갑을 열게 만든 것처럼, 자연주의가 대형 식품 산업과 레저·휴양 산업으로 귀결되고 마는 것처럼 말이다.[4] 전 인류가 가꾸고 공유해야 한다고 믿었던 '마더 네이처'는 어느 순간 각자 열심히 벌어서 구매해야 누릴 수 있는 '유기농 식품'과 '세컨드 하우스'로 변모했다. 도둑맞은 이상의 자리를 대체하는 건 두둑한 지갑과 개인의 정성이며, 과거의 히피는 오늘날의 자기계발 전도사가 되었다.

돌봄을 담당하는 사람은 최신의, 더 최신의 정보를 받아들여 돌봄을 해야 하는 책임을 떠안았다. 1920년대 미국의 여성 주부들은 아이에게 비타민이 결핍되면 병을 일으킬 수 있다는 지식을 적극적으로 받아들여 비타민 예찬론자가 되었다. 사회사학자 하비 리벤스테인(Harvey Levenstein)에 따르면, 이 대규모의 신규 구매층은 당대의 '우애결혼(companionate marriage)'이라는 개념에 따라 "남편에게 좋은 친구이자 아내"가 되어야 했고, 아이들에 대한 사회적 관심이 커지며, "완벽한 엄마의 역할"까지 수행해야 하는 압력에 놓였다. 가정이 해야 하는 사회적 역할에 대한 기대치가 주부에게 온통 쏠려 있었던 시대에 주부는 "더 새로운 영양"이라는 신개념을 받아들여 가족들에게 제공할 의무가 있었다.[5]

암환자와 보호자는 '암을 키우는 음식'과 '암을 없애는 음식' 정보에 둘러싸여서 산다. 돌봄을 담당한 여성들이 어리석어서가 아니다. 사랑과 우정, 정성과 헌신은 '가치 있는 덕목'이기 때문에 아무리 과해도 말리는 사람이 없다. 돌보는 사람으로서는 좋은 음식을 해 먹이는 일이 정성을 행하는 가장 쉽고 가시적인 방식일지도 모른다. 그래서 비가 내릴 때까지 기우제를 지내는 마음으로 병자에게 닭발곰탕을 끓여 먹인다. 넓적다리 살을 베어 먹이던 풍습은 사라졌지만, 오늘날 병자의 식이에 기울이는 마음과 시간이 고대의 그것보다 적다고 할 수는 없을 것 같다. 냉장고와 세탁기가 생겼다고 해서 가사노동의 총량이 획기적으로 줄어들지는 않은 것처럼.

남이었으면 차라리 무시하고 말았을 텐데, 그게 하필 어머니라서 싸우는 것도 이제 과거 일이 되었다. 알아서 잘 살겠거니 안부나 확인하며 지내는 게 어머니와 내가 서로를 위하는 방법임을 어머니의 이웃들에게 이해시키기에는 시간이 좀 걸릴 것이다. 그리고 이 상황을 온전히 이해하는 건 나뿐인지도 모른다. 어머니는 나를 이해하는 듯하다가도 손을 놓은 고무줄처럼 되돌아가고는 한다. 그래도 예전처럼 화를 내지는 않게 되었다. 어머니의 이웃들이 염려하는 이유를 모르지 않는다.

어머니의 이웃들은 눈에 보이지 않아도 없으면 티가 나는 그림자 노동의 가치를 안다. 그리고 그 묵묵한 노동은 사람이 취약해질 때 더욱 필요하다는 것 또한. 매달 아이스박스에 반찬을 바리바리 싸서 맞벌이하는 딸네 집으로 부쳐주는 그들은, 딸이 아프다면 당장 쫓아가서 곰탕도 끓여 먹이고 집안일도 모두 해줄 것이다. 내 어머니가 객지에 있는 딸을 얼마나 걱정하고 있는지를 가장 잘 이해하는 사람도 그들일 것이다.

어머니를 가장 많이 닮아댔던 옆집 엄마에게는 딸을 먼저 떠나보낸 친구가 있다. 딸은 나와 같은 급성백혈병을 앓았고, 아이 둘을 양육했던 그는 항암치료를 하던 중에 집에서 쓰러져 뇌출혈로 사망했다고 한다. 유난의 내막을 듣는 동안 뇌출혈의 사유가 선하게 그려졌다. 병 또는 항암 때문에 낮아진 혈구 수치로 쓰러지지 않았을까. 그러다 어딘가에 머리를 부딪혔을 수도 있다. 그러나 그의 모친에게 딸의 죽음은 '옆에 끼고 돌보았어야 했는데 그렇게 하지 않은 죄'로 가슴에 박힌 대못이 되었다.

4인분의 가사노동과 2인분의 육아를 아픈 몸으로 해낸 것이 고인과 고인의 어머니 잘못일 리 없다. 환자 가족에게

매일 발생하는 가사와 육아를 지역사회 안에서 나누어 할
수 있었다면, 환자를 돌보는 일이 가족에게만 떠맡겨지지
않았더라면 사정은 달랐을 수 있다. 노인과 장애인에게만,
그마저도 세세한 의심과 증명을 거쳐야만 적용되는 돌봄
제도가 아픈 사람에게도 폭넓게 적용될 수 있었다면
어땠을까. 이제야 어머니라는 이름의 외로운 죄책감을
들여다보면서, 나와 어머니가 충돌했던 데에는 범람하는
항암식단 정보라든가 유사과학 문제보다 더 중요한 이유가
있었던 건 아닌지 고민하기 시작했다.

　나도 '건강한 음식'을 좋아한다. 건강한 음식은 사람뿐만
아니라 생태계를 살린다는 전망을 믿는다. 하지만 알토란적
항암식단은 병자를 부양하는 사람에게 버거운 미션이고,
가정이라는 울타리를 벗어나지도 않는다. 인구 고령화에
따른 돌봄의 수요가 '딸이 살림 밑천'이라는 말이라든가 '딸
바보'를 불러냈듯이, 먹이고 돌보기 위해서 집에 붙박이로
상주하는 사람은 대체로 정해져 있다. 아마 내가 잘못된다면
어머니는 옆집 엄마의 친구가 그랬듯이 당신을 탓하며
괴로워할 테다. 지금도 암환자들이 모이는 카페의 항암식단
인증 사진 댓글창에는 엄마들과 딸들의 칭찬과 자책이
줄줄이 달린다.

　정성과 헌신의 이 지독한 성별성. 밤낮을 끓이고 기름을
걷어 다시 끓인 곰탕이 병을 낫게 해주지는 못한다는 걸
과학적 지식이 증명해 줄 수는 있겠지만, 그것만으로는

충분하지 않다는 것을 재차 확인한다. 우리에게는 병원에서 나눠준 〈면역 저하 환자를 위한 식품 섭취 지침〉 못지않게 비전이 필요하다. 각개전투하듯 해다 먹이는 항암식단이 아니라 제도와 관계망을 통해서 건강해질 수 있다는 저마다의 이야기와 상상력 말이다.

(2023. 9. 10.)

은유로서의 열

체온이 1도 올라가면
병원에 갑시다

놀리고 싶은 마음과 이해하고
싶은 마음 사이에서 늘 그네를 탄다. 나는 나를 닦달하는
어머니와 어머니를 닦달하는 이웃집 엄마들을 보면서,
유사과학은 '염려하는 마음이 조금 이상하게 번역된
버전'이라고 이해하는 측면이 있다. 한편 찬물과 뜨거운
물을 섞어서 만든다는 '음양탕' 같은 것을 보면 배
속에서부터 놀리고 싶은 마음이 부글부글 끓는다. '역시
물은 답을 알고 있는 것인가!' 하면서.

찬물, 밀가루, 커피···. '암에 무엇이 좋지 않다'는 이론은
평소 유통되는 건강 정보의 변주인 경우가 많다. 내가
가입한 암 경험자 카페에 자신의 완치 경험을 알려주는
이용자가 있었다. "완치자들의 공통점을 찾아 지난 몇 년을
공부했습니다." 낮은 혈구 수치, 잘 잡히지 않는 감염으로
초조한 게시판 한편에서 그는 도사님의 태도로 희망의

원리를 쓰고 있었다.

> 백혈병 환자분들에게는 찬 음식이 좋지 않습니다…. 아니,
> 찬 음식을 아예 드시지 말라고 하고 싶네요. 찬 음식은
> 백혈구를 쉬게 만듭니다. 뜨거운 음식은 백혈구를 활동하게
> 합니다. 백혈구가 활동해야 면역력이 높아지지요. 체온이
> 1도 올라가면 면역력이 50퍼센트 증가하고, 1도 낮아지면
> 30퍼센트 감소합니다. 암환자는 심부 온도를 올려야 하므로
> 열성 음식을 먹도록 해야 합니다….

백혈병은 악성 백혈구가 과다하게 증식하는 병이다. 악성
백혈구가 이미 많은 몸인데, 뜨거운 음식을 먹으면 악성
백혈구가 더 활동하게 되는 것 아닌가. 체온은 또 얼마나
더 올려야 할까. '1도 오른 체온'은 미열로 시작해 40도를
넘나드는 패혈증의 전조와 어떻게 구분할 수 있을까.
수혈받는 피는 차가워서 몸까지 춥게 만드는데 따뜻하게
데워서 넣어달라고 해야 하나.

다양한 의문이 들지만, 뜨거운 기운의 음식과 찬 기운의
음식이 따로 있으며, 뜨겁거나 차가운 개인의 체질에 따라
음식을 가려 먹어야 한다는 믿음은 한국 사회에서 상식으로
통한다. 식재료 간의 음양 궁합이 있다는 설에도 '뜨거운
해장국이 시원하다'라는 표현을 훌쩍 넘어서는 철학적
심오함이 있다. 식재료의 효능에 대한 은유든, 실제 따뜻한

음식이 발휘하는 효과가 그렇든 간에 강력한 설득력을
지닌다.

'몸을 따뜻하게 유지하라.' 이 원칙은 항암식단을 넘어
생활 습관 전반을 새롭게 조직하게끔 한다. 온도의 중요성은
"체온이 1도 올라가면 면역력이 50퍼센트 증가한다"라는
일견 과학적으로 보이는 문장으로 새 옷을 갖춰 입기도
했다. 알토란적 항암식단이 해 먹는 일에 종일을 바치게끔
병자의 행위를 규정한다면, 체온설은 그 행위의 철학을
규정한다.

백혈병 도사님의 게시물에 "맞습니다. 아는 걸 실천하기가
더 어렵지요", "유념하겠습니다" 하며 동의하는 댓글들이
달린다. 보다 못한 어느 회원이 장문의 댓글을 남긴다.

인간은 정온동물이라서 체온을 유지하도록 시스템화되어
있습니다. 단순히 외부적인 자극으로 체온을 올리면
면역력이 올라간다는 것은 인과관계를 잘못 말씀하신
것이고, 꾸준한 운동으로 땀이 나면서 특정 효소가
T세포를 자극해서 면역력이 올라간다는 것이 좀 더 정확한
이야기입니다.

평소 같았으면 게시물에 좀 더 많은 공감과 감사의

반응이 이어졌을 텐데, 이 댓글 이후로는 더 이상의 댓글이 달리지 않는다. 당연한 이야기는 좌중을 썰렁하게 만들 뿐 흥미롭지 않으니까. 그럼에도 구태여 학교에서 배운 과학 상식을 꺼내보자.

인간은 뱀이나 개구리와 달리 외부의 환경에 대응하는 체내의 여러 작용을 통해 체온을 유지한다. 추우면 몸을 떨고, 더우면 땀을 흘린다. 한증막에서 땀을 빼고 기진맥진해진 상태에서 달고 시원한 식혜를 마시면 기분이 좋다. 벌겋고 축축하게 익은 얼굴에 닿는 바깥바람이 얼마나 정신을 확 깨워주는지는 나도 안다. 찜질이 주는 상쾌함은 열심히 운동하고 나서 느끼는 그것과 꽤 닮은 것 같고, 그래서 한증막을 좋아하는 친구를 따라 찜질방 같은 데를 몇 번 가본 적도 있다. 하지만 체온이 올리려 하는 대로 다 올라가지 않고, 36.5도 정도를 유지하는 덕분에 우리 한증막 마니아 친구들의 목숨이 붙어 있는 것이다.

만약 체온이 그 이상으로 올라간다면 두 가지 경우다. 몸이 체온조절 능력을 상실할 만큼 악조건에 놓여 있거나, 감염이 되었거나. 체온조절 능력을 상실하는 대표적인 경우로 열사병이 있다. 열사병은 여름철에 바깥에서, 혹은 적절한 냉방시설이 갖춰지지 않은 물류센터 등에서 쉼 없이 일하는 사람들의 목숨을 위협한다. 더위에 지나치게 노출되면 체온조절중추의 기능이 상실되기 때문에 땀도 나지 않는 상태로 체온이 상승하면서 몸의 여러 부위가 오작동하게 된다. 감염되었을 때 나는 열은 세균 같은 병원체를 물리치기 위한 인체의 면역반응 중 하나다.

반대로 체온이 떨어져서 문제가 되는 질환은 저체온증이다. 저체온증은 겨울철 뉴스의 사건·사고로 등장하곤 한다. 적절한 대비 없이 눈이 내리는 산에 갇히거나, 비에 젖은 옷을 마른 옷으로 갈아입지 못한 채로 추운 곳에 방치되었을 때 몸이 정상체온을 유지하지 못해서 발생한다. 체온이 35도 이하로 내려가면 오한을 느끼고, 판단력이 저하되며, 심하게는 정신을 잃는 상태에 이른다. 정상치보다 높거나 낮아서 문제가 되는 기온이나 체온은 그 정도가 다다.

나는 항암식품을 열거하는 어머니와도 싸워야 했지만, "겨우내 야영하고 다니느라 암에 걸린 거다"라고 주장하는 어머니와도 싸워야 했다. 몸에 냉기가 들면 안 되니 더 이상 바깥에 나가서 자지 말라고 하는 사람들에게는 "추운 산에서 훈련하는 군인이나 고산 등반가들이 다 암으로 죽어요?"라고 반문했다. 그래봐야 창과 방패의 싸움이었다. 체온설은 건재하다.

매일 아침 2층 창문에 보라색 시트지로 "체온을 1도 올리면 면역력이 높아진다!"라는 문구가 붙은 가게를 지난다. 흥미롭다고 여기며 구경하고 지나가다가 문득 궁금해져 무엇을 하는 곳인지 찾아보았다. 건강기능식품과 화장품, 온열 의료기와 매트를 판매하는 회사에서 운영하는 곳이었다. 코인 노래방처럼 생긴 나무통 안에서 찜질을 할 수 있었다. 내 기억에 이와 비슷한 형태의 다른 찜질방은 "노폐물과 지방을 녹이는 다이어트"라는 카피와 함께 핑크색 시트지를 입고 있었던 것 같다. 다이어트 찜질방과 면역력을 높이는 찜질방에는 어떤 차이가 있는 것일까. 이 회사의 웹사이트에서 주장하는 바는 다음과 같았다.

> 정상체온 36.5도를 유지 못 하면 건강에 적신호! 체온 1도 올리는 일은 매우 어려운 현실! 변이세포는 면역세포로부터 자신을 지키기 위해 네옵트린이라는 물질을 분비하여 인체의 체온조절 기능을 방해하여 면역세포 활동을 약화시킵니다.

이곳뿐만이 아니었다. 약 10년 전 어느 시기에도 암환자에게 체온의 중요성은 '네옵트린'과의 싸움처럼 되어버렸던 것 같았다. 여기에서 파는 것과 비슷하게 생긴 전기장판을 팔거나 찜질 서비스를 제공하는 곳도 한바탕 성행했다. 몇몇 광고성 기사나 게시물에서는 일본인 의학박사의 이름자까지 근거라며 제시되었다. "체온이 1도가 높아지면 면역력이 3배에서 최대 5배까지 활성화되는데 암세포는 네옵트린이라는 단백질을

분비해 인체의 체온조절 기능을 마비시킨다."[6] "○○○○
박사는 책을 통해 신체 체온을 올려주면 면역력이
향상돼 암을 소멸시키기 위한 효과적인 환경이 조성돼
항암치료의 효과가 잘 나타난다고 밝혔다."[7] 건강기능식품
판매처나 블로그 게시물에서도 "37도에서 암이 억제되고
38.5도부터는 암이 죽기 시작하며, 39.6도에서는 거의
전멸하고 42.3도에서는 어떤 암도 생존할 수 없다" 같은
내용을 어렵지 않게 찾아볼 수 있었다. 체온을 올려주면
면역력이 향상되어 암을 소멸시키기 위한 효과적인 환경이
조성되고 항암치료의 효과가 잘 나타나므로 '체온을
올려주는 바로 그것'을 사용하라는 이야기였다. 그 이야기가
10년을 돌고 돌아서 나에게 당도한 것이다.

정말 높은 체온이 건강을 보장할까? 2020년 미국인을
대상으로 한 코호트 분석 결과는 사람의 체온이 지난
200년간 약 0.6도 낮아졌음을 밝혀냈다. 볼리비아의
치마네 부족의 체온은 20년이 안 되는 시간 동안 평균
0.5도 낮아졌다. 연구진은 한 가지 원인으로 병원체에 의한
감염이 잦은 환경에서 살 때는 면역계가 활성화되어야 해서
체온이 높게 유지되었지만, 공중보건의 수준이 높아지고
냉난방 시설이 발전하면서 인간의 몸이 체온조절을 위해
예전만큼의 애를 쓰지 않게 된 것을 꼽았다.[8] 이에 반해,
'체온을 1도 올리면 면역력이 높아진다'라는 주장은 '암환자
대부분이 저체온'이라는 잘못된 근거를 내세울뿐더러

체온이 42.3도가 되면 암세포가 죽지만 사람도 죽는다는 사실을 끝내 말하지 않는다.

어떤 백혈병 환자들은 당혹스럽다. 조혈모세포 이식 후 공여자의 면역계 활동으로 인한 부작용을 잡기 위해 면역억제제를 먹기 때문이다. 체온설에서 열이 곧 면역력이라면, 면역을 억제하는 약물은 차가운 성질이다. 면역억제제를 복용해야 하는 환자라면 치료의 목적에 따라 찬 성질의 음식을 먹어야 함이 올바른 추론이다. 그런데 찬 성질의 음식을 먹으면 백혈구가 움직이지 않으니 환자에게 좋지 않다(고 한다). 그러면 암환자는 체온설에 따라 뜨거운 기운의 '열성 음식'을 먹는 것이 맞을까, 아니면 치료의 목적에 따라 찬 기운의 음식을 먹는 것이 맞을까.

기후위기를 실감케 했던 여름날, 암이 아니라 더워서 죽겠는데도 따뜻한 차를 마시라는 사람들을 악쓰며 미워하고 싶지 않아서 지역별 암 발생률을 찾아보기에 이르렀다. 경기, 강원, 서울, 충남, 충북, 경북, 전북, 경남, 전남, 제주. 평균기온과 암 발생률에 유의미한 상관관계가 있을 리 없었다. 이 작은 연구 결과를 공유하며 투덜거렸더니 지인이 깔깔 웃으며 말했다.

"우리 어렸을 때는 춥게 살아야 건강하다고 하지 않았어?"

그러게. 일본에서는 어린이들에게 아무리 추워도 반바지를 입혀서 맨다리를 내놓게 하지 않는다던가.

'춥고 배고프다'라는 말은 궁핍한 처지에 대한 대표적인 표현이다. 한국 내륙지방의 가옥 구조는 습하고 더운 여름과 춥고 건조한 겨울을 어떻게 잘 나느냐에 초점이 맞추어져 있다. 온돌은 한국의 기후 환경에서 여름철 진자리를 마른자리로 만들어 내고, 겨울철 뜨끈한 바닥에 몸을 지지게 해주는 중요한 발명품이다.

　'체온을 1도 올리면 면역력이 높아진다'라는 주장을 들을 때마다, 인간답게 살아가는 데에 불이 얼마나 중요한 위치를 점하고 있는지를 알려주었던 어떤 강의의 한 대목을 떠올린다. 프로메테우스는 인간을 위해 끔찍한 희생을 감내하며 불을 전해주었고, 인류 문명은 불의 이용과 함께 발전했다. "새집으로 이사할 때도 밥솥, 가스레인지를 먼저 들여놓잖아요." 그 강의를 했던 교수는 바로 그렇기 때문에 중국 문화권에서 붉은색이 길한 색상인 거라고 설명했다.

　열, 불, 붉은색. 이 단어들은 아늑한 공간을 상징한다. 그건 실제 온도일 수도 있고, 편안함이나 친밀함일 수도 있다. 집의 안락한 분위기나 친절한 태도는 '따뜻한 온기'라고 표현된다. 산모는 따뜻하게 데워진 방에서 산후조리를 해야 한다. 한국뿐만 아니다. 말레이시아의 한 어촌에서는 임산부에게 까다로운 음식 금기를 40일간 지키게 하면서 힘든 일을 하지 않고 따뜻한 불을 지핀 바닥에 하루에 2~5시간 동안 누워 있도록 한다.[9] 한편 열은 오염된 것을 활활 태워 없애는 살균, 또는 초기화에 대한 은유이기도 하다. 우리는 수저와 행주, 기저귀처럼 각별한 위생이 요구되는 것들을 끓는 물에 넣어서 삶는다. 단식을 하는 사람들 또한 영양 공급을 중단해서 몸에 남은 독소와 암세포를 '태워 없앤다'.

이렇듯 열을 활용하는 방식은 부정적인 요소의 박멸과 안락함, 주류 과학과 대체의학에 넓게 걸쳐 있다. 운동을 해서 몸을 움직이는 방법도 있겠지만 병자에게 버겁거나 불가능한 경우가 많고, 운동하는 것보다는 '열성 음식'이라고 하는 것을 먹고 따뜻한 곳에 있는 것이 좀 더 편한 방식일 수 있다. 질병이 몸속 깊은 곳에 '스트레스나 유해물질이 침투'해서 생긴 사건이라면, '따뜻함이 침투'해서 병인을 제거할 거라는 믿음도 가능하다. '절대안정'이라는 대전제에 따르기 위해서라도 운동보다는 음식을 가려 먹는 편이 맞다.

몸에 들어와 감염을 일으키는 세균, 질병, 면역과 같은 것들에 세상만사를 빗대듯이, 열 또한 몸을 편안하게 하고 쾌적하게 해주는 모든 것에 대한 은유일지도 모른다. 귀하게 여기고 받드는 모든 정성에 대한 은유.

내 기억 속에 있는 최초의 의료기기는 붉고 따뜻한 전구였다. 가늘게 빛나는 필라멘트가 들어 있는 이 전구는 아프고 쑤신 곳을 낫게 하는 효능이 있었다. 그것은 과학적으로

'원적외선'이라는 이름이 붙어 있었는데, 공장에서 반복적인 작업을 하고 무거운 물건을 나르느라 근육과 관절이 늘 아팠던 부모님이 사서 쓴 첫 의료기기였다. 부모님은 이후로 저주파 치료기라는 것도 집에 들여놓았지만, 가장 자주 사용하는 건 이 붉은 전구였다.

근육과 뼈가 아플 때 썼던 저주파 치료기와 달리 원적외선 전구는 올라운드 플레이어였다. 나는 어렸을 때 걸핏하면 체하고 토했는데, 그때마다 붉은 전구를 꺼냈다. 따뜻하고 빨간 불빛 아래에 배를 내놓고 누워 있으면 나른하고 편안해졌다. 어머니는 따끈하게 데워진 내 명치와 늑골 주변 여기저기를 만져보다가 딱딱한 곳을 찾았다. 어머니는 그곳이 '음식물이 내려가지 못하고 뭉쳐 있는' 곳이라고 했다. 아프다 싶게 뭉친 곳을 꼭꼭 눌러주고 나면 꽉 쥐어짜이는 듯 아팠던 명치의 통증과 구역감이 조금씩 나아지곤 했다. 체기가 가라앉은 건 온찜질과 휴식의 효과일 뿐 딱딱하게 뭉친 부위가 음식이 정체된 장소라거나, 따뜻한 전자기파가 배앓이를 낫게 해주었다는 믿음은 엉터리 과학일지도 모른다. 그러나 그것이 유사과학에다 플라세보 효과라고 한들 어떤가. 따뜻하고 빨간 불빛과 마사지의 효험이란 적어도 내게는 진실이었다.

중증질환의 영역으로 들어오면 문제가 달라진다. 나는 가끔 자연치유로 암을 무찌르겠다 선포하고 토굴에 들어가 부고로 남은 사람들의 SNS 계정들을 본다. 물은 무조건 따뜻하게 마시고 각종 가루와 버섯, 주스를 먹으며 요양해야 한다고 믿는 사람이 개 구충제를 먹는 암환자를 한심하다 할 수 있을까. 나는 현대의학의 외부에 수없이 존재하는 암 치료법과 철학 가운데 어디까지가 괜찮고 어디까지가 나쁘다고 할 수 있는지, 그 경계를 설정하는 것이 가능하기나 한지 판단하는 데에 어려움을 느낀다.

살기 위해 올라탄 컨베이어벨트가 지나치게 차다. 수많은 검사를 했음에도 의사의 입에서 상세한 결과가 안내되는 경우는 드물다. 차라리 다행일까. 의사의 눈은 환자보다는 모니터에 붙박여 있다. 서울아산병원 종양내과 교수인 김선영은 환자와 눈을 마주치지 않았더니 다른 교수들처럼 많은 환자를 진료할 수 있었노라고, 학교에서 배운 대로 진료하면 대학병원에 밀려드는 환자들을 다 커버할 수 없는 것이 현실이라고 고백한다.[10] 병원에서 아픈 몸이란 숫자와 확률로 해석되고 처방이 내려지는 장소에 불과하다. 그것도 최대한 빠른 시간 안에.

관리 단계에 들어선 암 경험자들은 병원에서 게임의 NPC*는커녕 화분 취급도 못 받는 것같이 느껴진다. 치료가

---

　　*　넌플레이어 캐릭터(Non-Player Character). 본래 비디오게임에서 플레이어가 직접 조작할 수 없는 캐릭터를 말하지만, 현실에서 개성이나 존재감 없이 정해진 대로 행동하는 사람을 뜻하는 은유로도 사용된다.

한창이라 병원 진료가 절실히 필요한 상태도, 완전히
건강해서 병원에 갈 필요가 없는 상태도 아닌 몸. 이러한
몸은 천당도 아니고 지옥도 아닌 유예 상태, 일종의 연옥을
살고 있다. 상태가 어떤지를 계속 설명해야 하는 삶이지만,
나도 내 상태를 어떻게 설명해야 할지 난감할 때가 많다.
스티커 잔여물처럼 끈끈하게 붙어 있는 불편과 긴장은
조각조각의 증상으로 이름 붙여져 각 진료과로 보내지고,
결국은 아무 일도 아니라는 말을 듣기 일쑤다. 의료진은
방법이 없다고 하거나 괜찮다고만 할 뿐, 현존하는 이
증상을 가지고 어떻게 살아가야 하는지는 이야기해 주지
않는다.

　　아픈 사람들이 대체의학을 유일하게 전인적인 치료
방식이라 느끼는 데에는 병자의 엄살과 의문, 이야기를
부려놓을 수 없는 현대의학의 협의가 분명히 있다.
'환자 역할'을 잘 수행하려 들지 않는 암 경험자 주변
사람들에게는 어떤 고민과 어려움이 있는지 궁금해 직접
인터뷰를 진행한 적이 있다. 인터뷰를 위해 만난 조동화
씨는 시아버지가 항암치료를 완강히 거부했다. 조동화 씨는
항암 정보들이 넘쳐나서 옥석을 가릴 수 없는 현실이 의학적
개입을 지연시키는 원인이 된다고 생각한다. 그러나 노년
세대에게 죽음이 어떤 의미인지, 현대의학이 생애에 걸쳐
어떤 경험을 주었는지도 함께 살펴보아야 한다고 했다.
항암치료를 하지 않는 결정이 삶의 경험에 따라서 합리적인

결론일 수 있다는 것이다.

"주변을 보았을 때, 고통스러운 항암치료가 실제 건강한 삶으로 이어지지 않는다는 게 중요한 포인트 같아요. '아는 사람이 원래 건강했는데 항암치료를 하러 들어갔더니 조금 있다가 죽었다.' 이런 서사가 만들어지는 거죠. 이제 죽어도 놀라운 나이는 아니라고 판단하시는 것도 있고요. 또 다양한 병을 앓아오면서 '이미 건강하지 않다'는 인식을 가지고 계시고, 여태 병을 치료해 온 경험이 얼마간은 의학에 대한 신뢰를 잃는 과정이었던 것 같아요."

이에 반해, 대체의학은 경청한다. 아무것도 장담해 주지 않는 불친절하고 분절적인 의학 대신 통합적인 비전을 제시한다. 대체요법들 대개는 병원의 의료진에게 괄시받기 일쑤라서, 무어라도 해보려는 병자를 의기소침하게 만든다. 그러나 '빠른 회복을 위해 심신을 다스려야 한다'는 마음이 생긴 암환자들에게 대체의학은 병원의 울타리 밖에서도 자신의 삶을 돌볼 수 있도록 이론적 틀을 제공한다.[11] 몸을 따뜻하게 하고 쉬어야 한다는 말은 암을 겪기 전까지 힘들게 살았던, 혹은 고생스럽게 치료를 지나오고 있는 병자의 마음을 녹인다. 구체적인 증상과 진단명으로 호명되지 않으면 관심 대상 바깥으로 밀려나는 현대의학과 달리 대체의학은 연옥의 몸이 '아픔의 스펙트럼 내에 위치해 있는 어떤 상태'라고 설명한다. 그리고 이러한 관점이 옳건 그르건 간에 대체의학의 세계에서는 타고난 성질의 차고 뜨거움에 따라 '조절해야 하는 과정'으로서의 건강 관리를 이해하고 실천할 수 있다.

❀

'몸을 따뜻하게 해야 한다'는 발상은 쉬어야 하는 사람에게 적절한 휴식을 제공하는 근거가 된다는 점에서 분명한 장점이 있다. 임신부와 갓난아기, 산모, 아픈 사람과 같이 취약한 사람들이 집에서 몸을 따뜻하게 하고 가만히 있어야 한다는 말 덕분에, 일하는 양육자들은 회사에서 일찍 퇴근하거나 휴가를 쓸 수 있다. 또는 가사노동을 전담하는 여성이 집안일을 다른 사람에게 맡길 수 있다. 체온설은 고생해서 병에 걸린 것 아니냐는 추론이라든가, 고생스럽게 치료를 했으니 쉬어야 한다는 염려에 부응한다. 안정을 취하고 싶은 병자, 안정을 시키고 싶은 보호자에게 체온설은 든든한 과학으로서의 위상을 지닌다.

한편 여기에는 다양한 이해관계자가 얽혀 있다. 체온을 올려야 한다는 주장을 책으로 펴내는 자칭 전문가부터 암 경험자 카페에서 백혈병 도사 노릇을 하며 불분명한 정보를 나열하는 사람까지. '열성 음식'을 찾아 먹고 방을 덥히는 정도라면 모르지만, 어떤 사람들은 진짜로 집안 뿌리를 뽑아먹고 있는지도 모른다. 체온 1도 상승에 면역력 50퍼센트 상승을 보장하는 찜질방이라니. 기후위기가 암환자에게 기회일 리는 없다.

따뜻한 음식과 따뜻한 공간을 찾아다니다 별 차도 없이 다시 대학병원을 찾는 암환자들은, 무표정으로 호스피스를 안내하는 대학병원의 냉랭함에 절망한다. 하지만 친절하고 따뜻한 것이 모든 상황에 옳지는 않으며, 그건 질병 치료의 경우에도 마찬가지다. 제 둥지에서 고요하게 잠드는 산짐승이 되지 않을 바에야, 오늘날 위중해진 대다수의 암환자가 돌아갈 곳이 대학병원 응급실이라는 현실은 변하지 않는다. 이곳에서 환자와 보호자, 의료진 모두가 소외되고 있다는 사실은 냉소와 부정 대신 변화의 대상이 되어야 하지 않을까. 따뜻한 음식과 따뜻한 공간을 환자 홀로, 혹은 환자 가족들이 직접 꾸려내어야 하는 현실 또한 차갑기는 매한가지다.

（2023. 9. 18.）

우연과 선의

조혈모세포 공여자께 드리는
생존신고

　　　　　　　　나에게 조혈모세포 기증을
해준 공여자에게 무어라 감사의 마음을 표현해야 할까.
정확하긴커녕 진실에 가까운 말도 찾지 못해서 계속 말을
고르고 있다. 덕분에 새 생명을 받았다거나 새로운 생일이
생겼다는 말은 별로 쓰고 싶지 않았다. 그 말은 종교가
없는 내게 다소 종교적이고, 막연하며, 사실이 아니었다.
기적이라는 말도 반은 맞고 반은 틀린 것 같았다.

　무엇보다 기적이라는 사건 이후에도 삶은 불확실한
상태로 남아 있다. 사실이 아닌 표현을 의례적으로 한다면
오히려 제대로 된 감사가 아니지 않을까. 맞는 말을 고르는
것도, 맞는 의미를 부여하는 것도 공여자의 선의에 대한
나의 책임이라고 생각했다. 여러 날 말을 골랐지만 적절한
표현을 찾기 어려웠다.

조혈모세포 이식 공여자를 찾는 순서는 형제, 기증 희망자 등록을 한 내국인, 부모, 해외 공여자 순이다. 동생과 나의 HLA(조직적합성 항원)가 일치하지 않는다는 결과를 듣고 이식 코디네이터라는 사람을 처음 만난 날이었다. 코디네이터는 기증 희망자 중 대강의 HLA가 같은 경우에도 항원이 완전히 일치하는 확률은 60~70퍼센트 정도이며, 완전일치자 가운데 기증에 동의할 확률도 60~70퍼센트 정도라고 했다.

"예전에는 전화를 받으시면 흔쾌히 한다고 하시는 편이었지만 요즘은 안 그래요. 중요한 일을 앞두고 있을 수도 있고…. 그래서 찾더라도 공여자의 스케줄에 맞춘다고 생각하셔야 해요. 가족끼리 이식을 진행해도 공여자 스케줄에 거의 맞춰줘요."

실제로 그런지는 알 수 없지만, 섣불리 기대를 키우지 말고 매 단계마다 침착해야 한다는 속뜻이 읽혔다.

2만분의 1의 확률로 죽어가는 사람을 살릴 기회가 있다는 것은 무척 낭만적인 일로 보이기도 한다. 신체 어느 부분에 돌이킬 수 없는 손상이 생기는 건 아니라고 하더라도, 일면식 없는 사람을 위해 멀쩡한 피부에 구멍을 뚫어 카테터를 넣고, 뼈가 몹시 아플 수 있는 주사를 매일 맞으며 병원에서 며칠을 보내는 과정을 감내하기로 하는 것은 큰 결단이다.

한편 이 유·무형의 가치를 엮어내서 '조혈모세포 이식'이라는 의료적 현실로 만드는 실무는 환자-병원-조혈모세포은행-공여자 사이에 배치된 각 의료행위자가 담당한다. 설명과 서명을 위해 펼쳐진 태블릿 위에서 이식에 수반되는 부작용과 위험은 금방 이 장에서 다른 장으로 넘어갔다. 나도 특별히 궁금하지 않았다. 왜 설명하지 않는지 묻지도, 다른 질문을 생각해 보지도 않았다. 이식 부작용에 대한 일반적인 지식은 이미 숱한 검색과 환우회 카페 글들을 통해서 배웠다.

나 말고도 그 자리에서 서명을 해야 할 다른 수많은 환자 또한 담당자가 긴 설명을 해주길 원하지는 않을 것이다. 의료행위자도 바쁘지만, 환자도 늘 시간 빈곤에 시달리기 때문이다. 또 원칙대로라면 환자에게 부작용 고지를 해야 하지만, 치료 의욕을 꺾을 수 있다는 이유로 은근히 불필요한 절차로 치부되기도 한다. 조혈모세포 이식을 앞두고 이식 절차 안내와 부작용 고지를 받는 날 소집된 건 환자가 아니라 보호자들이었다. 보호자들도 치료 성공이라는 목적 아래에서 의료인들의 이러한 의도를 암묵적으로 승인한다.

환자와 보호자가 원하는 건 '나(혹은 가족)에게 발생한 바로 이 증상'에 대한 설명일 뿐이다. 보건학자 김창엽이 "전문직뿐 아니라 환자와 보호자도 으레 '탈돌봄화'된, 기술 위주의 의료를 기대하고 원하게 되었다"라고[12] 지적한

것처럼 발병의 원인이 된 유전자 변이가 구체적으로
무엇인지, 임상시험에 참여할 수 있는지 등등이야말로
의료인에게 전달받고 싶은 과학적이고도 구체적인
지식이다. 고도화된 의료기술 환경에서 환자가 이를 안다고
해서 할 수 있는 일이 많지는 않다는 아이러니가 있지만.

대개의 백혈병 환자가 이식을 앞두고 있거나 이식 경험이
있기에 병동에 있는 백혈병 환자와 보호자에게 조혈모세포
이식은 빠지지 않는 이야기 주제가 된다. 처음 보는
사람에게 이름을 묻듯이 처음 보는 사람에게 조혈모세포
이식을 할 예정인지, 공여자를 찾았는지, 한다면 언제 할
예정인지를 묻고 답한다. 이식 후 약해질 대로 약해진 몸에
감염이 진행되기까지 하면 환자와 보호자들의 시름은
깊어진다. 내 옆 침상으로 입원한 재발 환자는 매일 밤
온몸을 긁으며 중얼거렸다.
　"젊은 사람한테 못 받아서 이렇게 되었나…"
　그의 탄식은 젊은 환자인 나에게 모욕적으로
느껴지기까지 했지만, 보호자가 상주하는 일반병동에
머무르며 비슷한 이야기를 숱하게 듣고 나서야 이해할 수
있었다. 병에 걸린 것이 고생을 해서인지, 내가 뭘 잘못
산 탓인지 하며 이유를 찾듯이 재앙에는 이유가 붙어야
하니까. 폐에 곰팡이가 침입해서, 입에 생긴 염증을 타고

눈으로 올라간 세균 때문에 한쪽의 시력을 잃어서 걸핏하면
헐떡대며 처치실로 들어가기 일쑤인 환자에게 지친
보호자들은 휴게실에 모여 서로의 처지를 나누며 그 이유를
추측하곤 했다.

"이식을 하면 끝나는 줄 알았지."

"나이 든 사람 피를 받아서 재발이 되었나."

"젊은 사람 거가 너무 세서 나이 든 환자가 감당을 못 했나."

"여자 피를 받았더니 남자 환자한테는 힘이 달렸나…."

경과가 좋지 않은 환자나 그들의 보호자가 공여자를
원망한다고 생각하지는 않기를 바란다. 조혈모세포
기증은 백혈병뿐만 아니라 중증의 골수형성이상증후군,
재생불량성빈혈 같은 혈액질환으로 고생하는 사람들과
일부 고형암 환자들에게 거의 유일한 완치 기회다. 절망에서
붙잡는 천운 같은 동아줄인 것이다. 이식을 마치고 순탄한
회복 과정을 밟는 사람들뿐만 아니라 상황이 나빠진 환자와
보호자에게도 그렇다.

그러나 기적은 한 건의 이벤트일 뿐 이어지는 삶과
사건들 속에서 순수하게 감사한 마음만 100퍼센트일 수는

없다. 절망과 푸념은 치료가 실패했음을 확인하면서 저절로
따라 나오는 마음일 수밖에 없고, 환자와 보호자의 양가적인
감정에서 비롯된 추론들은 한국 사회가 가지고 있는 나이
차별과 성차별의 자연스러운 결과일 뿐이다.

많은 환자가 카테터를 제거하는 시기가 되었지만, 아직
나는 그대로 두고 있다. 적혈구를 수혈받아야 하기
때문이다. 혈액형이 공여자의 혈액형으로 바뀌는 데 걸리는
통상의 기간을 훌쩍 넘어섰다. 기다려서 해결될 문제라면
다행이지만, 생착이 잘 이루어지지 않고 있을 가능성도
있다.

　골수검사 결과가 괜찮다면 한시름 덜고 조혈 기능이
회복되기를 기다리면 된다. 하지만 가장 나쁜 경우에는
재이식도 고려해야 한다. 휴게실에서 이야기를 나누던
보호자들의 말이 생각났다. 공여자의 나이 때문에, 성별
때문에 이식이 잘되지 않았다면 나는 페미니스트라서 청년
남성 공여자의 세포가 도망가 버린 걸까.

　물론 그럴 리 없다. 나와 공여자 각자의 조혈모세포는
한국 사회에서 사회화를 거친 인격체가 아니니까. 무엇보다
나는 공여자가 준 기회를 시작으로, 일어날 수 있는 나쁜
부작용들을 피해 지금까지 100여 일이 넘는 생존을 얻었다.
그러나 다소 임시적으로 살아 있는 듯한 지금의 상태를 '새

생명'이라는 표현으로 퉁쳐서 말할 수는 없다. '새 생명'은
어디까지나 사후적인 해석이다. 내가 공여자로부터 얻은
것은 '무조건적인 선의'라는 인간성에 대한 믿음과, 그
결단에 뒤따라온 생존 기회에 더 가까운 것 같다. 그리고
시간이 지나고 나의 상황이 바뀌어 갈 때마다 이 해석도
조금씩 모양을 달리하게 될 것이다.

　나도 어느 날 문득 다른 이식 수혜자들처럼 궁금해졌다.
나의 공여자는 왜 기증 희망자 등록을 했을까. 코디네이터가
느닷없이 전화를 걸어 "당신의 조혈모세포가 필요한 사람이
있다"라고 했을 때 왜 기증할 수 없다고 번복하지 않았을까.

　공여자는 선한 사람일 것이다. 하지만 선량한 행동이
옳다는 걸 안다고 곧장 행동으로 옮길 수 있는 건 아니다.
기증 희망자 등록을 하고 나서 연락이 되지 않거나 기증을
거부한다고 알려진 약 30~40퍼센트의 비율은 선량한
마음과 행동의 간극, 그 사이에 있는 여러 현실적 갈등과
번민을 증명한다. '선량하다', '착하다'라는 표현을 두고
굳이 선의라는 단어가 있는 이유는 누구나 가지고 있는
선량함을 행동으로 관철하는 의지를 빛내기 위해서일 터.
우주적인 관점에서 삶은 대체로 생성했다가 소멸하기를
반복하는 자연계의 사이클일 뿐 별 의미가 없겠지만, 나와
당신과 우리라는 미시적인 영역에서는 삶의 의미가 생존을
이어가게 해주기도 한다. 공여자가 나에게 보내준 것은,
어쩌면 자신의 삶에 의미를 부여하고 풍부하게 가꾸고자

하는 의지였을지도 모른다.

코디네이터로부터 완전일치 공여자를 찾는 과정을 전해
듣고 주변 사람들에게 옮길 때, 주소에 빗대어 설명하곤
했다.

"예를 들면, 내 조혈모세포에 주소가 있어. 전체 주소는
서울시 은평구 신사동 1길의 23이야. 23까지 주소가 다
맞는 사람을 찾는 게 제일 좋아. 그런데 조혈모세포은행에
사람들이 기증 의사를 밝혔을 때, 검사를 신사동 1길의
23까지 다 해놓으려면 시간도 오래 걸리고 비용도 많이
들어. 그래서 신사동까지만 일단 확인을 해놔. 찾아봤더니
126명의 기증 희망 등록자가 서울시 은평구 신사동까지
나랑 같다고 확인이 되었어. 차례로 검사를 해보니 그중에서
5명의 등록자가 1길의 23까지 다 맞대. 2명에게 연락을
해보았는데, 두 분 모두 기증하겠다고 해주셨대."

쇄골 밑의 카테터를 타고 흘러들어 온 조혈모세포는,
집주인에게 주소를 안내받은 손님처럼 알아서 골수라는
집을 찾아 들어간다. 나도 우여곡절 끝에 이식을 마치고
집으로 돌아왔다. 친구와 같이 밥을 먹고, 축하를 받고, 새로
이사 온 동네의 둘레길을 돌며 산책을 했다. 작년에 보았던
겨울 철새가 다시 들녘에 돌아온 풍경을 보았다. 해가 지면
사랑하는 사람의 곁에서 잠을 자고, 일어나면 껴안고 입을

2부 암 치유 문화 표류기

맞추었다. 차를 끓이고 한 움큼의 약과 밥을 먹으며 또 다른 하루를 시작했다.

때로는 '반드시 생존할 수 있는 건 아니잖아'라든가 '아픈 사람이 다 생존을 해야 하나' 하고 자문했다. 하지만 의문은 나라는 사람의 존재가치가 아니라 '사랑하는 사람들을 슬프고 고통스럽게 하고 싶지 않다'는 이유로 금방 희석되어 버리곤 했다. 생존에 거창한 이유는 없지만, 100여 일 동안 사랑하는 사람들에게 돌아가 부대끼며 살았던 구체적인 일상이 그들을 안심시켰다. 내가 아프다는 소식을 듣고 출산을 앞둔 지인은 제대혈을 기증하겠다는 결심을 들려주었다. 조혈모세포 기증 희망자 등록을 하겠다는 사람들도 있었다. 공여자를 찾기까지의 과정을 전해 듣고 함께 떨면서, 결국은 사랑하는 사람을 그들 곁으로 돌려보내 준 익명의 사람에게 고마움을 전달하는 나름의 방식이었다.

타인의 선의가 또 다른 사람들의 선의로 번져가는 풍경들, 그래서 수많은 우연과 인과의 총합이 또 누군가를 요행처럼 찾아가 기적이라는 이름을 부여받는 순간들. 근본적으로 삶도 세계도 무의미하다는 공허한 불안감은 이렇게 어떤 의미에 기댄 다른 의미들의 연쇄로 채워진다. 조금 더 공들여 살고 싶다는 마음이 든다. 그나마 나의 진실에 가장 가까운 말이다.

(2023. 1. 9.)

나도 몰랐던
내 안의 슈퍼파워?

면역력이라는 환상

어머니는 늘 말했다. "네게는 무한한 잠재력이 있어." 그는 자주 주눅 들고 눈치 보는 어린이에게 해주어야 할 지지를 아낌없이 해주었다. 고맙고 애틋했지만 부담스러웠다. 한 번도 그 말을 믿어본 적 없다. 보이지 않는 힘이 무슨 힘이야. 나한테도 안 보이는 게 엄마 눈에 어떻게 보여. 지금도 믿지 않는다. 하지만 가끔은 아주 간절하게 믿고 싶어진다.

건강을 주제로 하는 다양한 이야기들에서 내 몸은 외부의 오염물질과 매일 공성전을 치른다. 눈에 보이지는 않지만, 우리에게 있는 '면역력'이 그 주인공이다. 운동선수가 몸을 단련하듯 건강 수칙을 지키고 살면 면역력 또한 점점 더 강해지리라 기대하게 된다. 인터넷에 검색하면 쏟아져 나오는 식습관과 생활 습관에 대한 정보들이 면역력의 중요성과 이에 대한 뜨거운 관심을 방증한다.

조혈모세포 이식을 받고 여러 달을 보내면서 세상 만물이 더러워 보이던 시기는 조금씩 지나가고 있다. 호중구와 적혈구를 잘 만들어 내지 못해서 면역억제제를 일찍 끊었다. 굳이 껍질을 두껍게 깎지 않고도 과일을 먹을 수 있게 되었고, 볶지 않은 김치도 먹을 수 있게 되었다. 항생제를 여전히 먹고 있긴 하지만, 매일매일 하던 락스 청소가 뜸해졌다. 비로소 멸균의 압박에서 벗어났다. 그러나 몸 안팎의 경계는 더욱 희미해진 느낌이다. 서서히 만성숙주반응이 나타난다는 시기로 접어들었다.

이식편대숙주반응은 조혈모세포 이식에 수반되는 흔한 부작용이다. 그 이유는 백혈병 치료에서 조혈모세포 이식을 통해 기대하는 효과와 관련이 있다. 조혈모세포 이식은 망가진 피를 만드는 나의 조혈모세포를 다른 사람의 것으로 교체해 주는 치료법이다. 그런데 이 과정에서 조혈모세포만 오는 것이 아니라 골수에 있는 여러 면역세포도 함께 딸려 온다. 이식의 1차적인 목적은 피를 만드는 일종의 운영체제를 새로 설치하는 것이지만, 2차적으로는 공여자의 림프구가 남아 있는 백혈병 세포들을 잡아먹기를 기대한다. 조혈모세포 이식이 요즘 이야기하는 면역세포 치료의 기원으로 여겨지는 것은 그 때문이다.[13]

하지만 공여자의 림프구가 목적과 달리 수혜자의 피부, 안구, 폐, 침샘, 눈물샘, 장, 신장, 간 등 다양한 부위를 타자로 간주하고 들쑤셔 놓을 수도 있다. 이를 이식편대숙주반응이라고 한다(환자들은 줄여서 숙주반응이라고 부른다). 숙주반응은 수혜자 절반 이상이 경험할 정도로 아주 흔한 증상이다.

급성숙주는 이식 후 3개월이 되기 전까지 일어나는 숙주반응을 일컫는다. 이후에 일어나는 만성숙주는 별 탈 없이 지내다, 1년 뒤에 불쑥 나타나기도 한다. 내 몸속에서 공여자의 림프구가 언제 어떻게 활동할지는 예측할 수도 없고, 반응 정도 또한 조절하기 어렵다. 숙주반응이 비교적 가벼운 정도여도 삶의 질이 떨어지지만, 심각한 수준이라면 일상생활이 어려워진다. 목숨이 위태로울 수 있다. 일단 내 몸에서 면역세포가 문제를 일으키는 정도는 다음과 같다. 1. 호중구(중성구)가 낮은 상태로, 하지만 재발 양상은 아닌 수준으로 유지되고 있다. 2. 공여자의 새 림프구가 눈과 피부를 조금씩 공격하고 있다.

숙주반응은 조혈모세포 이식의 효과가 기대한 작용 외의 방식으로 '면역력 강화'를 한 결과다. 그리고 보시다시피 그 결과는 '건강하지 않다'. '면역력이 강해져야 병이 낫는다'는 명제가 참이 되려면, 내 면역력에서 구체적으로 무엇이 어떻게 강해져야 할까. 좋은 면역 상태란 과연 어떤 상태일까. 나의 면역체계라는 것조차 이제는 내 것이 맞기는 한지 헷갈리지만 말이다. 이런 상상을 한번 해보자.

1. 더 공격적이고 힘이 센 큰 포식세포나 호중구가 생긴다면 면역력이 강해진 걸까? 하지만 그러면 아주 사소한 감염만 생겨도 강력하고 심한 염증이 유발되어 열도 더 많이 나고, 쉽게 지치고, 더 많이 앓게 될 수도 있다.

2. 엄청나게 강력한 NK세포가 감염된 세포나 암세포를 보는 족족 없애버린다면 면역력이 강해진 걸까? 하지만 그러면 주변에 있던 건강한 세포까지 몽땅 없어질 수도 있다!

3. B세포와 T세포만 강화해 항원이 쉽게 활성화되도록 한다면 면역력이 강해진 걸까? 하지만 그러면 이 세포들이 자가면역질환을 일으킬 수도 있다. 활성화된 항체와 T세포가 일단 심장이나 간세포를 공격하기 시작한다면 끝장을 볼 때까지 절대 멈추지 않을 것이다.[14]

정리하자면, '좋은 면역 상태'란 어떤 면역기능이 강화된 상태가 아니라 항상성을 유지하는 상태다. 면역체계는 우리의 몸을 외적으로부터 지켜주는, 충직한 데다 강하고 유능한 한 명의 장군이 아니라 엄청나게 작고 다양한 부품으로 만들어져서 복잡한 작용을 통해 비로소 작동하는 자동인형에 가깝기 때문이다. 사람의 몸에는 '내 세포'라고 부를 만한 것이 아닌 세균, 곰팡이, 바이러스, 미생물과 같은 것들이 정말 많이 있다. 가령 우리 몸에는 '내 세포' 보다

1.3배에서 2배가량 더 많은 세균이 있다고 알려져 있다.[15] 이것들 또한 면역이라는 자동인형의 구성 요소다. 나와 나 아닌 것들은 내 몸을 터전 삼아 시큰둥하게, 혹은 서로 의존하면서, 또는 긴장하고 충돌하고 먹어 없애면서 몸의 기능이 원활하게 작동하게 한다.

"네게는 무한한 잠재력이 있어"라는 어머니의 말씀은 어쩌면 사실일지 모른다. 현재까지 면역에 대해 알려진 과학적 사실들은 우리 자신에게 문제를 해결할 힘이 내재되어 있음을 알려준다. 비록 '면역력을 높이면 암을 무찌를 수 있다'라는 언설처럼 쉬운 일은 아니지만, 암 치료에 있어서 면역계를 활용하려는 시도는 활발히 이루어지고 있다.

살해T세포는 여러 화학적인 신호들을 통해서 세포가 어떤 바이러스에 감염되었는지를 알아차린다. 활성화된 살해T세포는 삽시간에 불어나서 감염이 일어난 현장으로 간다. 그리고 감염된 세포에 작은 구멍을 뚫고 '자멸하라'라는 명령을 집어넣는다. 그러면 세포는 바이러스를 품은 채 스스로 죽는다. 이를 세포자멸사라고 한다. 이렇게 죽은 세포 사체와 그 안에 들어 있는 바이러스 입자는 이물질을 먹어치우는 대식세포가 깔끔하게 먹어서 없앤다.

자연살해세포는 NK세포라는 약어로도 잘 알려져 있다.

바이러스에 감염된 세포와 암세포 둘 모두를 표적으로 활동한다. NK세포는 바이러스에 감염되었는지 감염되지 않았는지를 일절 알려주지 않는 세포를 찾아다닌다. 자신의 정보를 알려주는 세포는 괜찮지만, 알려주지 않는 세포는 자멸하게 한다.[16] 암세포로 변하면서 정상적으로 작동하지 않는 세포에도 마찬가지다. 항암 효능이 있다고 유명한 버섯들의 광고에서도 'NK세포 활성화'라는 문구를 어렵지 않게 찾아볼 수 있다.

항암제의 역사에서 '특정 면역세포가 적을 인식하는 방법을 활용하여 암세포를 죽이게끔 하겠다'라는 아이디어는, 1세대 세포독성항암제(모든 세포에 무차별적으로 독성을 일으킨다)와 2세대 표적항암제(암세포의 특정 단백질을 판별해서 암세포에만 선택적으로 독성을 일으킨다)에 이어서 3세대 면역항암제의 시대를 열어젖혔다. 그중 카티(CAR-T)라고 부르는 면역세포 항암제들은 환자의 혈액에 있는 T세포에 암세포를 공격하는 유전자를 삽입해서 몸에 도로 주입하는 환자 맞춤형 치료제로 제작된다. 새롭게 개조된 T세포가 암세포를 찾아가 파괴하는 원리다.

스위스 제약사 노바티스가 이러한 원리로 만든 '킴리아'는 기존의 항암치료와 조혈모세포 이식이 통하지 않는 백혈병 환자들에게는 마지막 방법이다. 그러나 킴리아는 1회 투여 비용이 수억 원에 이르는 초고가 치료제다. 다른 카티 치료제와 마찬가지로 환자의 면역계가 치료제에 반응하지 않아 전혀 효과가 없거나, 예상치 못한 부작용만 일으키는 경우도 있다. 부작용의 정도는 예측할 수 없다.

2006년에 같은 아이디어로 개발된 면역항암제의 임상시험이 있었다. 백혈병 및 만성 염증성 질환에 적용하기 위해 개발된 TGN1412다. TGN1412는 T세포의 CD28이라는 분자에 결합하는 인공항체다. T세포에 백혈병세포를 찾아서 살해 명령을 내리는 능력을 새롭게 부여했다. 독일 제약사 테제네로는 사람과 유전적으로 가까운 마카크원숭이를 대상으로 한 실험에 성공한 뒤, 6명의 지원자를 대상으로 임상시험을 실시한다. 지원자들에게는 동물실험에서 사용한 용량의 500분의 1에 해당하는 양이 주입되었다.

그런데 불과 몇 분 만에 임상시험 대상자 6명 전원이 강력한 사이토카인 폭풍을 경험했다. T세포가 벌떼처럼 불어나며 시험 대상자들의 면역계를 지나치게 활성화시켰다. 이 면역반응으로 염증이 일어났고, 염증이 전달하는 위험 신호가 다시 면역계를 자극하며 더 심한 염증을 유발했다. 대상자들의 장기가 동시다발적으로 망가져 버렸다. 목숨을 잃은 사람은 없었지만, 이후 시험 대상자들의 손가락과 발가락이 괴사했고, 면역 이상으로 인한 자가면역질환과 암이 발병했다. 제약사는 문을 닫아야 했다.

10년 뒤인 2016년에도 비슷한 일이 일어났다. 미국 제약사 주노 테라퓨틱스에서 개발한 백혈병 치료제

JCA015의 임상 2상에서 3명의 환자가 중증 뇌부종으로 사망한 것이다. 제약사는 환자에게 병용한 다른 항암제가 원인이라고 판단하고 일주일 만에 임상시험을 재개했다. 또 2명의 임상시험 환자가 뇌부종을 일으켜 사망했다. 이듬해에도 카티 치료제로 개발 중인 다른 약물의 임상시험 참여자가 뇌부종, 사이토카인증후군 등으로 사망하는 일이 발생했다. 면역계의 어느 부분을 북돋고 보조하려고 한 개입이 전혀 예상치 못한 결과로 나타나 버린 것이다.[17]

테제네로의 인간 대상 임상시험이 비극적인 결말을 맞은 이유는 인공항체 TGN1412에 반응하는 CD28의 숫자가 원숭이보다 사람에게 더 많기 때문이었다. 그에 따라 면역반응은 인간의 몸에서 훨씬 증폭될 수밖에 없었다. 미세한 면역체계의 차이가 나비효과처럼 예측할 수 없는 결과를 불러오기에, 면역반응을 이용하는 치료는 무척 조심스럽게 접근해야 한다. 특정 물질이 면역력을 높여준다거나 특정 면역기능을 활성화해서 몸을 건강하게 만들 수 있다는 주장은 대체로 정확하지 않을 가능성이 높다.

보호하려는 충동이 조절되지 않을 경우
그것은 꼭 필요한 것만큼이나 아주 위험하다.[18]

●

면역계가 간단한 생태계가 아니란 사실은 자가면역질환을

통해서도 알 수 있다. 알레르기, 아토피부터 1형 당뇨, 쇼그렌증후군, 크론병, 베체트병 등의 만성 자가면역질환은 '나를 보호하는' 면역세포가 내 피부를, 췌장을, 침샘과 눈물샘을 강력하게 공격해서 나타난다. 자가면역질환은 대표적으로 생활 습관에 기인한 질병으로 여겨지며, 환자가 어린이인 경우에는 양육자의 돌봄 방식을 문제시하기도 한다. 그러나 최근 일부 학계에서는 조금 다른 각도로 이 현상을 바라본다. 인류의 수명은 비누로 손을 씻고 깨끗한 손으로 의료적 처치를 받으면서 연장된 한편, 위생 관리를 하면서 삶의 질이 높아지는 동안 평균적인 미생물 숫자와 다양성이 감소되면서 자가면역질환이 늘어났다는 주장이다. 이를 '오랜 친구 가설(old friends' hypothesis)'이라고 한다.[19]

면역에 대한 진화론적 가설은 '좀 더러워야 면역력이 높아진다'라며 '요즘 양육자(주로 엄마)'의 극성맞은 위생 관념을 타박하는 오지랖이나, '자연스러운 과거로 돌아가야 건강해진다'라는 낭만적인 주장을 모두 기각하고, 면역력과 건강의 문제가 '세균 감염으로 토사곽란을 하다 죽는 것이 나은가, 아니면 평생 자가면역질환을 앓는 것이 나은가'의 난감한 밸런스 게임이라는 걸 알려준다.

나와 나 아닌 것, 나를 보호하는 것과 나를 공격하는 것은 똑떨어져 나뉘지 않는다. 조혈모세포 이식 후 몇 달간 온몸, 특히 눈두덩이가 가렵고 따가워지면서 벌겋게 얼룩졌다. 무심코 손바닥으로 마른세수를 하면 싸라기눈처럼 각질이 날렸다. 없던 꽃가루 알레르기가 생겨 눈물, 콧물을 뺐다.
갑자기 배가 아프거나 설사를 하기도 하고, 손가락 관절이
아파서 수세미 한 장도 제대로 못 들고 쩔쩔맸다. 가뜩이나
얇아지고 따가운 코 밑을 연신 훔쳐대고 눈을 비볐다.

그때 가장 많이 도와준 이들은 아토피 환자인 이웃들과
아기 엄마들이었다. 아토피가 있는 이웃은 면역 저하자도
안심하고 쓸 수 있는 가열식 가습기를 추천해 주기도 했다.
그는 20퍼센트를 겨우 넘는 내 집의 습도계를 보며 혀를
끌끌 찼다.

"도미는 태도가 글러먹었어요. 암만 건조한 게 좋아도,
이제는 이렇게 건조하게 살면 안 돼."

아토피는 원인불명인 경우가 많지만, 생활 습관과
환경이 원인으로 거론되는 대표적인 질환이다. "면역력이
높아지도록 생활 습관을 바로잡으면 다 나을 수 있다"라며
입을 대는 사람들도 많다. 암환자인 나는 염려라도 받지만
아토피 환자인 이웃은 자신을 이해해 주는 사람은 없고,
성가신 잔소리나 듣는 처지에 신물이 나 있었다. 우리는
"이렇게 된 이상 같은 동네에 사는 골골쟁이들끼리 모여보면
좋겠다"라고 이야기하며 반짝 눈을 빛냈다.

다 처음 해보는 일이었다. 피부에 맞는 로션을 찾느라고
매일 로션을 새로 사들이며 생활비를 바닥내고 있을 때,
같은 전철을 밟아가며 아픈 몸을 돌본 그들은 자기가
써본 제품들을 꼼꼼하게 리뷰해 주었다. 고보습 로션은

처음 써보는 꾸덕한 감촉이었고, 맑은 꿀 색깔의 오일은 불투명하고 예쁜 병에 들어 있었다.

　오일은 엄마가 된 지인이 나의 하소연을 듣고 택배로 부쳐준 거였다. 내가 항암치료를 하는 동안 출산을 한 그는 아기에게 태열로 인한 피부트러블이 있을 때 그 오일로 마사지를 해준다고 했다. 내 이식일보다 조금 앞서 태어난 그의 아기를 나는 '면역 선배님'이라고 불렀다. 아기의 면역계가 나의 새 면역계보다 더 일찍 세상과 만났다는 점에서 하는 우스개였다. 이 자그마한 면역 선배님의 양육자 덕분에 나는 비로소 통잠을 잘 수 있었다.

　마음을 놓고 조금 편하게 지내기 시작한 지 반년쯤 지나, 나는 또다시 만성질환자의 대열 근처에 쭈뼛대며 서성이고 있다. 눈에서 실같이 가느다랗고 끈적한 분비물들이 계속 나오고 가려워졌기 때문이다. "이제부터 오는 건 만성인데… 흔하게 나타나는 증상이에요." 혈액내과 의사는 숙주반응을 의심하며 진료 스케줄에 안과 협진을 추가했다. 흔한 숙주반응 중 하나인 안구숙주와 구강숙주는 공여자의 림프구가 눈물샘과 침샘에 손상을 주면서 발생한다. 눈이나 입이 마르면서 다른 질환을 동반하기도 한다. 이 자가면역질환은 쇼그렌증후군이라는 이름으로 잘 알려져 있다. 국내 환자 수는 2021년 기준 1876명으로 집계되지만, 증상이 경미한 경우에는 안구건조증이나 다른 약물의 흔한 부작용으로 여겨지기도 하니 실제의 전체 환자 수는 더 많을

수도 있다.[20]

난데없이 내 몸에 이사 와서 낯설고 당황스러웠을 새 림프구에게도 어떤 신호를 받고 엉뚱한 곳에 가게 된 나름의 사정이 있었을 것이다. 스스로를 돌보고 남을 돌본 사람들이 알려준 대로 온몸에 로션을 잘 바르고 인공눈물을 잘 넣는 것이 내가 할 일의 전부다. 눈에서 분비물이 언제 얼마나 나오는지를 유심히 살펴보며 안과 진료일을 기다린다. 나와 나 아닌 것들, 내가 될 것들이 몸속의 혈관과 림프절을 따라 흐르면서 나를 지금 이리로 데려왔다.

별짓 없이 가만히 있는데도 면역계가 불쑥불쑥 존재감을 드러낼 때, 나는 면역계의 수많은 구성 요소가 자아가 비대하고 아주 엉망진창으로 제멋대로인 친구 같다고 생각한다. 그럼에도 여전히 우리는 면역에 희망을 건다. 면역에 대한 이야기들은 우리 스스로에게 답이 있다는 말을 건네는 것 같다. 나는 병원에서 진료를 기다리며 대화를 나눈 한 환자에게 흥미로운 이야기를 들은 적이 있다. 그는 말했다.

"암도 결국에는 대사질환이에요. 잘 먹고 잘 자고 스트레스를 안 받도록 하면 다시 면역력이 생겨서 암을 무찌를 수 있대요. 생활 습관을 고치면 다 나을 수 있어요."

잘 먹고 잘 자고 스트레스를 줄이는 것은 몸과 마음의

건강에 필수적이다. 암세포가 몸에서 만들어졌다가도, 면역세포가 일을 제대로 하면 사라지는 것도 맞다. 하지만 암을 아예 대사질환이라고 해버리는 것에는 너무 많은 문제가 있다. 암도 대사질환이라는 말은 당뇨, 고혈압, 비만 등으로 대표되는 대사질환이 있는 사람 전체를 스스로 건강 악화를 초래한 사람, 게으르거나 비도덕적인 생활 습관이 있는 사람으로 치부하는 논리의 연장선에 있다.

즉, 암도 대사질환이라는 말을 하는 사람은 "암은 사실 '당뇨처럼 별것 아닌' 병이다", "비만처럼 '생활 습관으로 조절'할 수 있다"라는 말을 하고 싶은 것이다. 또 암의 경우에는 주변 사람들과 합심해서 물리쳐야 할 재앙으로 해석되는 여지가 있는 반면, 세간에서 난치성 만성질환의 원인으로 생활 습관을 호명하는 방식은 조금 더 가혹하고 냉정하다.

"1형 당뇨? 그건 뭐 다른 건가?"

"여주 좋대. 여주 먹어 봐."

"왜 현미밥을 먹지 않아?"

"운동을 좀 해야 혈당이 낮아지지."

"그렇게 게으르게 사니 벌써부터 병에 걸리지."

2부 암 치유 문화 표류기

면역항암제 킴리아는 복잡한 심경을 불러일으킨다. 정확하게는 환자 맞춤형 면역항암제의 천문학적 비용이 그렇다. 급여 적용을 받는다면 약 600만 원 정도로 환자의 자기부담금이 줄어들지만, 공공재원에는 한계가 있다. 아무리 분배정의를 실현하고 국민건강보험의 재정을 크게 확대한다고 한들, 약가 자체가 인하되지 않는 이상 면역항암제 치료를 시도하고자 하는 모든 환자에게 제공할 수는 없을 것이다. 고도의 과학기술로 발명되고 있는 최신의 의약품들은 막대한 자본력과 시장 규모로 일개 개인인 나를 압도한다. 한편으로는 '언제까지고 장수해야 하나' 하는 질문마저 불러일으킨다.

제약사 실험실의 반대편에는 다양한 면역요법이 있다. 몸을 북돋우고 보호한다는 의미로 면역 메커니즘을 차용하거나 면역학적 지식을 보탠 건강 정보와 완치 사례가 서점의 의학 코너와 생활 정보 프로그램과 유튜브를 가득 채운다. 당장 면역과 암을 동시에 인터넷 서점 검색어로 넣으면 70여 권의 책이 검색되며, 그 가운데 적지 않은 도서가 '면역력을 높여 암을 스스로 치유할 수 있다'라는 음식과 생활 습관에 대한 책들이다. 내 몸을 지키는 면역력. 내가 노력하면 끌어올릴 수 있는 면역력. 이런 언설은 영성적인 속삭임과 비슷한 데가 있다.

면역에 대한 이야기들은 자꾸만 내 안에 진짜 힘,

완전한 하나의 덩어리로 존재하는 힘, 오롯하고 순수한 힘이 내재되어 있다는 희망을 준다. 내가 듣고 싶던 바로 그 이야기, 밑바닥에 일렁이는 불안감을 잠재워 주는 한마디. 이런 말이라면 거짓말이라도 몇 번이고 홀딱 속아 넘어가고 싶다. 그러나 거듭 짚어본 대로 면역의 세계에서 '착한 나'와 '나쁜 놈'은 그리 선명하지 않다.

면역력을 강화하면 암이 사라질 수 있다는 말은 일부 사실이기는 하지만 아주 정확하지는 않고, 우리가 듣고 싶어 하는 말이라든가, 관성적으로 휩쓸려 가는 보신주의의 연장선에 있는 것 같다. 면역에 대한 이야기들은 꽤 자주 면역계가 커다란 개미 군집이나 인간 사회처럼 복잡하게 상호작용하는 시스템이라는 사실을 무시한다. 그러니 '면역력을 강화하면 암을 무찌를 수 있다'는 이야기는 '나'와 '침입자'를 가르는 익숙한 이분법을 통해 만들어진, 다소 신화적인 설정이지 않을까. 혹은 '우리 모두에게는 저마다 숨겨진 힘과 가치가 있고, 우리에게는 그걸 꺼내어 빛내야 하는 과제가 있다'라는 정신에서 유래된 우화는 아닐까.

가끔 사는 일이 힘에 부칠 때 꺼내어 보고 싶은 말이기는 하지만, 어느 쪽도 아주 진실은 아닌 것 같다. 면역력이 꼭 나를 지켜주기만 하는 건 아닐 수도 있다. 다만 면역체계의 여러 구성 요소가 저마다 자기 앞에 놓인 과제를 성실하게 해낼 뿐이다. 면역체계는 출렁거리는 거미줄에 얹힌 이슬방울처럼 연결되어서 각자의 역할을 나누어 가진다.

모두가 연루되어 있으며, 서로의 존재에 약간의 긴장을 유지하며 공존한다. 면역이 인간에게 주는 교훈이라면 차라리 이런 것 아니겠나 싶어졌다.

(2023. 10. 4.)

돌봄의 소신

나의 할줌마들

언니들과의 적당한 동침

입원 첫날 받은 환자복이 너무 컸다. 가슴 아래까지 한껏 추켜올려서 허리춤을 말았다. 그래도 허리가 커서 줄줄 내려온 바짓단이 바닥에 닿았다. 병실 개수대 앞에서 마주친 옆 침상의 골수종 환자가 "질질 끌리니까 나처럼 바지를 좀 접어서 입어" 했다. "네에" 하고 착한 척 대충 대답하고 내 침상에 들어가 커튼을 쳤다. 좁은 침대칸 안에서 짐 정리를 하느라 몇 발짝 움직이다 허리춤을 올리고 또 몇 발짝에 허리춤을 올렸다. 서랍에 티슈와 속옷 뭉치를 정리하고 있는데, 손이 불쑥 들어왔다.

세상이 주책이라고 하는 행동.

세상이 오지랖이라고 하는 행동.

세상이 지들밖에 모르고 제멋대로 구는 여자들이나 한다고 하는 행동.

그는 커튼 너머에 쪼그리고 앉아 손만 쭉 빼서 내 바지를 둥둥 걷어 올렸다.

"이렇게 걷어야 바닥에 안 끌려."

말 안 듣는 내가 오죽 보기 답답했던 모양. 그건 그의 사정이고, 내 공간과 옷을 마음대로 침범하고 만지는 그에게 순간 기분이 팍 나빠졌다. 하지만 간사하게도 바지를 걷어 접고 났더니, 정말로 움직이기 편해져서 마음이 스르르 풀렸다. 원치 않는 이 공동생활에서 불필요하게 감정을 쓰지 않기 위해서, 완전한 타인으로 지내기 위해서 굵게 그어놓았던 선이 그렇게 1시간도 되지 않아 얼렁뚱땅 지워졌다.

※

50~60대, 그러니까 내 어머니 연배의 여자들. 그런 사람들은 대체로 아줌마라고 불렸다. 아줌마라는 단어는 중년 여성이나 기혼 여성을 이르는 말인 듯하면서도 분명한 멸시를 담고 있다. 다툼이 생길 때 "아줌마!"라고 고함을 지르는 것은 기선제압의 의미가 다분하다.

'여자 같지도 않은 여자'인 아줌마, 여기에는 나이 많은 여성이라든가, 외모가 빼어나지 않은 여성, 살이 찐 여성, 자동차 운전대를 쥐는 것보다 다 늘어난 티셔츠를 입고 '밥통 운전'이나 하는 게 어울리는 여성, '여성성'으로 서열을 매겼을 때 하위 계급을 형성하는 여성, 따라서 무시받아도 될 만한 여성이라는 의미가 몽땅 들어 있다. '아줌마'라는

말은 중년 여성 혹은 기혼 여성의 기를 죽이거나
다툼의 주제와 무관하게 심기를 긁어놓는 데에 효과가
있다("뭐라고? 아줌마아?"). 아줌마로 호명된 이가 화를
낸다면 "아줌마니까 아줌마라고 하지"라고 하면 그만이다.

연령에 대한 말인 듯, 그러나 분명한 멸시였던 이 호칭은
더 촘촘하게 구획을 나누고 배치하고 이름 붙이는 혐오의
원리에 따라 '아줌마'에 '할머니'를 더한 '할줌마'라는 또 다른
구분을 낳았다. 아줌마는 때로 '가난한 살림을 도맡아 하는
억척스럽고 정 많은 중년 여성'의 이미지로 낭만화되기라도
하는 이름이지만, 할줌마는 '시대에 뒤떨어진 데다
우악스러우며 시들어 빠진 중늙은이 여자'라는 아주 선명한
멸시의 이름이다.

나도 도통 저이들이 왜 그러는지 모르겠는 때가 있었다.
그들의 문제는 근본적으로 경계가 없기 때문이라고,
'예쁘고', '민폐 끼치지 않는', '개념 있는', '젊은 여자'였던
과거의 나는 그렇게 생각했다. 선을 넘나들 수도 있고,
규칙을 어길 수도 있고, '기분 좋은 날 잠깐 좀 시끄럽게
구는 게 뭐 어때?' 하는 거, 남의 물건을 함부로 만지고,
아무에게나 말을 붙이고, 자기들끼리만 쓰는 공간도
아닌데 왁자하게 웃고 떠드는 거, 그런 건 너무나 진상이고
개인성을 중요시하는 이 시대에 명백한 문화지체라고
그들을 내심 무시하고 경멸했다.

하지만 '진상'이고 '지체'된 사람들이 중년 여성뿐이었나.

조금만 고개를 돌려보면 청년들이 전철에서 소리를 켜놓고 게임을 하거나 영상을 시청하고, 중년 남성들은 카페에서 얼음 담긴 음료를 바닥에 와장창 쏟아놓고 점원에게 닦아달라는 요청도 않은 채 그대로 자리를 떠났다. 산 밑에서, 공원에서 막걸리를 마시며 떠들다 셔츠를 가슴 아래까지 걷어 올리고 배를 내밀면서 싸우는 게 '할줌마'들의 소행인가? 내 눈이 도덕 경찰을 자처하면서 집요하게 그들만 쫓아다닌 이유가 사실은 '할줌마'들 때문에 나까지 개념 없는 여자들이라고 도매금으로 팔려나가기 싫은 마음 때문이었단 걸, 다들 돌을 던지니까 만만해서였다는 걸, 정의감을 채우는 손쉬운 방법이라서 그랬다는 걸 깨달으면서 내 속에 얌전하게 똬리 틀고 있는 비열함을 알아보았다. 날 섰던 시선이 조금씩 둥글어졌다.

하지만 그건 여전히 그들이 나와 타인으로 존재할 때, 가령 그들이 게스트하우스의 떠들썩한 옆방 팀으로 있을 때, 나에게 잠깐 사진을 부탁하며 카메라를 건넬 때, 그러니까 '중년 여성들이 있는 장면'이라는 화폭에 담겨 있을 때나 의미 있는 시선이었다. 아프기 전까지는 일이나 활동, 취미 생활 어떤 것으로든 접점 없이 맞닥뜨린, 나를 그저 '딸뻘 여자'로 볼 중년 여성과 어떤 모양새로 같은 공간에서 살게 될지 생각해 보지 않았다.

3부 돌봄의 조건

혈액병동에 처음 입원했을 때 만나서 한 달을 함께 보낸 그 여자들을 나는 언니들이라고 불렀다. 각자 어디에서 왔는지를 통성명처럼 이야기하면서 내 옆자리 언니는 충청도 언니, 앞 침상의 언니는 경기도 언니, 대각선 자리의 언니는 강원도 언니가 되었다. 조금씩 알아가면서 경기도 언니는 오이지 언니, 강원도 언니는 사자머리 언니가 되었다. 나이는 급성골수성백혈병이 호발하는 60대 즈음, 나만 한 자식들이 있는 사람들이었다.

나는 그때 병동에서 젊기로 다섯 손가락 안에 들었던 것 같다. 언니들은 저들도 암환자이면서 젊은 나이에 암에 걸린 내게 안타깝다고 했다. 할 일 많고 창창하고 싱싱한 시절이 무기한으로 표백되어 버린 것에 대해 그들은 제 새끼를 바라보듯 나를 연민해 주었다. 그들이 내 젊음을 아까워하는 이유를 이해 못 할 건 아니어서 대체로 웃으며 넘겼다.

아픈 사람은 저마다의 이유로 딱하다. 어린이는 세상에 나온 지 얼마 안 되어서, 험한 일을 겪기는 너무나 연약한 존재라서 안되었다. 과장을 조금 보태 제 몸통 길이쯤 되는 카테터를 삽입한 채로 배밀이를 시작한 아기를 보면서, 내 또래의 양육자를 보면서 마음이 저리는 건 어쩔 수 없었다. 반대로 고생은 고생대로 하고 살아온 늙은이라면 이제 편안히 쉬면서 빛 볼 날만 남아 있어야 하지 않나 싶어서, 그들의 보호자가 되어서 휴게실에 대기 중인 내 또래의 자녀들을 보면서도 속이 시큰했다.

내가 불쌍해요? 언니들은 왜 자식들 다 키우고 자유로워진 지금에 와서 아프고 그래요.

쉬이 비틀어지곤 하는 마음을 언니들에게 내보인 적은 없었다. 내가 내 또래의 양육자나 보호자를 마주칠 때마다 마음이 데이는 것처럼, 언니들이 내게 내비치는 마음도 자기 자식의 양육자로 살면서 생긴 맥락이 있지 않겠나 싶었다. 이를테면 내 앞 침상에 있었던 오이지 언니는 책 읽는 나를(내가 이제 책을 읽는다고 칭찬받을 나이는 아닌데도) 무척 기특해했다.

미묘한 분위기가 형성되기도 했다. 병든 젊은이인 나와 '일을 하고 있는', '결혼한', '건강한', '연애를 하는' 자녀들의 나이가 비슷해서 생기는 긴장이었다. 그들이 장성한 자녀들 이야기를 나누다가도 자식 자랑 타임이 되면 조금은 내 눈치를 본다는 걸 느낄 수 있었다. 자식 불평 타임이 되면 오이지 언니는 아들이 결혼을 안 한다고 투덜거리면서 "코로나가 터지고 나서 사람들이 이상해졌어…"라고 말했다. 비혼을 고수하고, 언니의 아들을 두둔하는 내가 이상하다고도 했다. 피차 아프고 기운 없는 사람들이라 언성을 높여 오래 다투지는 않았다. 적당히 기분이 상해서 대화가 중단되고, 그러다가 또 슬그머니 날씨 이야기나 하며 풀어지기도 했다.

이유, 논리, 타당이라는 원칙으로 똑똑 나뉘는 대화

패턴이 아니라 눈치껏 이야기하고, 안 맞는 건 눙치고
넘어가는 적당함. 그들의 '적당함'이 사자머리 언니나 나의
코골이도 견디게 해주었을 것이다. 사자머리 언니에게서는
은근한 쉰내가 났다. 옆 침대를 쓰던 오이지 언니는
냄새가 나서 힘들다며, 샤워를 하라고 어떻게 말해야 하나
고민했다. 부은 기관지 때문에 평소보다 코를 크게 고는 나
때문에 언니들은 사자머리 언니에게 그랬듯 내가 보지 않는
곳에서 머리를 맞대고 궁리했을지 모른다.

　　살다 보면 민폐도, 침해도 있을 수 있다는 것. 어느
선까지는 용인하며 이해하고, 어느 선을 넘어가면
'잘', '적당히' 말하는 것. 그건 인간관계에 대한 절륜한
기술이었다. 눈치와 분위기와 서로의 상태, 관계를 모두
생각하고 꿰맞추는 기술.

골수검사를 하는 날, 골수를 뽑아내는 희한한 통증에
별안간 오열했다. 의료진은 당황해서 많이 아픈지 물었다.
"그렇게까지 아프지는 않아요." 그렇게 말해놓고도 울음이
그치지 않았다. 하필 뼈조직을 긁어 내는 마지막 단계가
수월하게 마무리되지 않았다. 의료진이 장골에 꽂힌
골수천자를 힘주어 누르는 동안, 그에 맞춰서 몸뚱이가
조금씩 좌우로 흔들렸다. 처치 대상일 뿐 내가 어쩌지
못하는 내 몸. 화물처럼 취급되는 내 몸. "억, 억" 하고 목

끝을 치받는 비명이 울음으로 자꾸 비어져 나왔다. 검사를
마치고 모래주머니를 엉덩이 뒤에 대고 누웠다. 눈물이
그치지 않았다. 숨넘어가게 울고 있는 내 침상 커튼 밑에,
귀여운 지비츠들이 붙은 크록스가 와서 섰다.

"도미이, 괜찮아?"

오이지 언니가 커튼을 슬쩍 걷었다. 눈만 내놓고는 나를
살폈다. 조혈모세포 이식을 한 뒤로 쭉 길러서 숱 많고
새까만 까치집 머리에, 깊고 땡그란 두 눈. "많이 아팠지이."
그 순간은 내가 여태까지 목격한 가장 사랑스럽고 다정한
장면일 것이다. 언니가 너무 귀엽고 고맙고 웃겨서,
괜찮다고 해놓고 또 오래 울었다.

그리고 나니 후련하기는 한데, 언니들에게 미안하고
민망해 몸 둘 바를 모르게 되었다. 울 일까지는 아니었는데
왜 그렇게 울었을까. 다들 쉬어야 하는데 소란스럽게.
지혈을 마치고 심란한 마음에 복도를 휘적휘적 걷는데,
사자머리 언니가 나를 붙들어 세웠다. 나를 보는 두 눈이
순식간에 빨개지고 눈물이 그렁그렁하게 들어찼다.

"아파서 우는 게 아니드만. 너가 우는 소리 들으니까 나도
눈물이 나데."

힘내라느니, 나을 거라느니 하는 불필요한 응원 없이
그는 다시 말끝을 흐렸다. "서러워서 울드만…." 잘도 눈물을
떨어뜨리지 않으면서.

소음을 내지 않는 것은 보통의 매너다. 소음을 견딜

　　　　　　　　　3부 돌봄의 조건

수 있다면, 소음의 주인공과 내가 친분이 있다거나 그
사람이 소리를 내는 이유를 납득할 수 있기 때문이다. 예를
들어, 아이가 빽 소리를 내는 건 신나는 기분을 표현하기
위해서다. 시간이 흐르고 나면 아기의 돌고래 소리는
"신난다!"라는 언어가 된다. 그래서(노키즈존에 찬성하는
사람이라면 모를까) 어른은 기다린다.

　　그들은 오래도록 이어진 내 울음을 '내 딸뻘의 젊은
여자'가 골수검사를 받으며 겪었을 서러움으로 받아들였고,
비교적 긴 시간 동안 병실을 채운 소음이 저절로 잦아들
때까지 기다려 주었다. 콜센터 대기음에 "상담사는 누군가의
사랑하는 가족입니다"라는 멘트를 삽입해야 할 정도로
가족을 경유해야 깊은 공감이 가능한 이 사회의 가족주의에
진저리가 쳐지지만, 내 고통을 함께 앓아준 사자머리 언니의
눈물이 거짓인 건 아니다. 나는 그 정도로 '적당히' 이해했고,
위로받았다.

오이지 언니는 나와 같은 급성골수성백혈병 환자로,
조혈모세포 이식을 한 뒤 1년 만에 병이 재발하여 이곳에
왔다. 조혈모세포 이식을 한 이후로도 코로나19에 걸리거나
엄한 세균이나 곰팡이에 감염이 될까 봐 밖에는 나가지도
않고 집에서만 살았다고 했다. 언니는 모든 치료를 마치고
집에 돌아가서는 오이를 한 망 사다가 오이지를 담갔다. 그

오이지는 면역억제제를 끊고 일반식을 먹을 수 있게 되는 날 개봉할 예정이었다. 하지만 오이지 뚜껑을 여는 날이 되도록 언니는 자기가 만든 그걸 먹을 수 없었다. 언니는 재발 판정을 받고 입원을 하던 날, 아침 일찍 오이지를 짜서 가족들의 식탁에 차려주고 나왔다. 입도 못 대본 오이지 맛이 궁금하고 아까워서, 언니는 종종 오이지를 무치고 나오던 날을 이야기했다.

요식업을 했다는 오이지 언니는 장사 수완이 무척 좋았던 것 같다. 지내보면 안다. 다정하게 늘어뜨린 음절로 말을 걸었다. 사람을 살피는 걸 좋아했다. 이전에 그를 만났던 간호사들도 병원으로 돌아온 그를 더러 '분위기 메이커'라고 불렀다. 좌중을 압도하고 쩌렁쩌렁하게 웃긴 말을 늘어놓는 스타일은 아니었고, 적당한 오지랖과 무관심을 발휘했다.

오이지 언니는 가장으로서 생계를 부양한 중년 여성이라는 점에서 인생 경로가 비슷한 경상도 언니와 죽이 잘 맞았다. 경상도 언니는 사자머리 언니가 퇴원하고 나서 들어왔는데 처음부터 어딘가 통달한 듯, 체념한 듯 힘이 풀린 느낌이 드는 사람이었다. 그는 침상에 누워서 오이지 언니와 이야기를 나누다가, 또 휴게실에 나와서 앉아 있다가 살아온 이야기를 조용조용 늘어놓곤 했다. 어쩜 다들 이렇게 똑같이 무척 억울하고 화가 나는 사연을 바람에 날아갈 것같이 기운 없는 목소리로 이야기하는지.

3부 돌봄의 조건

"내가 살림하고 일도 더 하는데, 나한테 '내가 언제
너한테 일하라고 했냐' 이러니까 내가 할 말이 없어. 내가
남편 길을 그리 들였다고 남편도, 우리 엄마도, 시엄마도
말하는데 또 할 말이 없데…. 그렇게 참으면서 애들 클
때까지 이혼을 기다렸는데 몸이 탁 터진 거지."

몸이 말을 하는 거지.

질병을 어디까지 고된 삶의 후과로 받아들여야 할까.
고되게 살다가 병을 얻은 주변 사람들이 아픈 몸을 해석하는
방식은 이 중년 여성의 그것과 찍어 낸 것처럼 닮아 있었다.
열심히 사는 동안 공부도 여행도 하고 싶은 건 다 해봐서
여한이 없다는 이 언니가 이 병 덕에 꼴 보기 싫은 남편
안 볼 수 있었으면 좋겠다고, 그 덕에 자기만 생각하면서
이기적으로 살 수 있었으면 좋겠다고 생각했다.

역경을 딛고 새 삶을 살기란 그리 쉽지 않다. 오히려
그렇기 때문에 고난을 통해 삶을 되돌아보고 다른 삶을
살아보는 기회로 읽어내는 주인공은 매력적이다. 경상도
언니는 그런 사람이었다. 병실 밖에서 무언가를 떠받치며
살다가 여기에 온 중년 여성들이, 아픈 몸으로 또 아픈 나를
떠받쳐 주었다.

그들의 이야기가 마찬가지로 중년 여성들인
청소노동자들과 공명하는 순간, 매일 아침 청소노동자들이
대걸레를 슥슥 밀어대며 언니들과 주거니 받거니 자기들의
인생론을 한바탕 늘어놓는 시간을 나는 제일 좋아했다.

오이지 언니가 세상을 떠났다. 병실 생활을 반복하면서
더러 겪는 일이다. 3개월 전 나는 그 병실에서 "언니 우리 잘
퇴원해서, 다음에는 생김치도 먹고 오이지도 먹어요"라는
말을 인사로 하고 나왔다. 매일 볶고 지져서 나온
볶음김치에 물린 오이지 언니와 나는 매 끼니 나오는 김치
뚜껑을 열지도 않았기 때문이다. 오이지 언니와 나는 비교적
식이 제한이 덜한 골수종 언니들에게 우리의 볶음김치를
간호사 몰래 넘겨주곤 했다. 그러다 내가 퇴원 날짜를 받은
무렵 오이지 언니의 병세가 갑자기 악화되었다.

　간호조무사가 언니의 커튼 안에 이동식 변기를 들여놓아
주었지만, 언니는 사용하지 않았다. 기어이 화장실에
걸어가려고 했다. 간호조무사들은 그 모습을 발견하면
뛰어와서 언니를 부축해 화장실에 데려갔다. 감염 예방을
위해 늘 닫혀 있던 커튼들 중 언니 침상의 커튼만 열려
있는 날이 늘어갔고, 언제나 곁을 향해 관심을 빛내던 짙은
눈동자가 조금씩 사위어 가는 걸 느낄 수 있었다.

　진통제로도 해결되지 않는 통증으로 끙끙대는 언니의
신음 소리가 잦아졌다. 악다문 어금니 사이로 짓이겨져서
나오는 흐느낌이 어떤 건지 나도 모르지 않아서, 언니가
신음 소리를 내면 나도 모르게 같이 배에 힘이 들어갔다.
언니들이 내가 혼자 처량하게 울다 그치기를 기다려 주었던
것처럼, 오이지 언니에게 새로 달린 진통제가 이번에는

듣기를 숨죽여 기다렸다. 어느 누구도 그 지경으로 화장실에 걸어가려는 오이지 언니를 다그치지 않았다.

오이지 언니는 오이지를 유품으로 남겼다. 다른 가족들은 싫어하지만, 자신이 가장 좋아하는 음식을 만들어 놓고 떠났다. 때늦은 부고를 듣고서, 사라진 미각을 돌아오게 해주지 않을지 기대감에 부풀어 소금물에 오이를 담그는 언니의 모습을 상상했다. 미처 꺼내지 못한 질문들이 떠올랐다.

언니도 오이지에 돌을 눌렀어요? 누름돌은 한 번 삶는 거예요? 나는 매실청에 들깨가루를 듬뿍 넣고 무친 친구 엄마네 오이지를 좋아하는데, 언니는 어떻게 무쳤어요? 크록스에 지비츠가 너무 많아서 무겁지는 않아요? 아이, 물론 예쁘죠. M, O, M, 하트 지비츠는 아드님이 사준 거예요? 센스 좋네. 환자복밖에 못 봤지만 옷도 잘 입으실 것 같아.

적당하게 눙치고, 적당하게 이해하는 법을 배우고 반복하는 동안 나는 그를 무척 좋아하게 되었던 것 같다. 더 많이 이야기하고 더 살갑게 굴걸 그랬다. 고맙고 사랑스러운 것들이 느닷없이 사라지기도 한다는 걸, 이제 알았다.

(2022. 10. 9.)

질병 이야기도
모험기가 될 수 있을까

무릅쓰고 건디며 지켜보는 일

　　　　　　　　모험을 하고 있는 것 같다는
생각이 불쑥 들었다. 낡아빠져 부서지기 일보 직전인 뗏목에
정강이를 붙이고 앉아서 동트는 하늘을 올려다보는 한 사람.
단지 아침밥을 다 먹고 서 있었을 뿐이었던 내가 그림책의
삽화 주인공 같다는 느낌이 들었던 그 순간은, 일주일가량의
금식이 끝나고 두 번째로 식사를 마친 직후였다. 금식 전엔
감염 탓에 항생제와 진통제를 수액걸이에 가득 걸고 누워
지냈다. 깨끗한 병동과 거무칙칙해지고 열띤 얼굴, 땀으로
축축한 침상과 식판 위의 잔반 모두에 볕이 내렸다. 중천에
오르기 전의 노란 해와 그림자가 사뭇 장엄했다.

　　모험가는 자신이 발견한 것을 열심히 편지에 쓰고
견문록으로 남긴다. 개중에 몇몇은 위인전의 핵심 내용이
되어서 늘 진취적으로 살아야 한다는 교훈을 주었다.

비범한 젊음이 해시태그가 되고 아웃도어 라이프스타일이 고프코어룩이라는 이름의 옷차림으로 유통되는 시대라지만, 여전히 누군가는 의미 있는 무언가를 찾아 떠나서 죽기도 하고 겨우 살아 돌아오기도 한다.

하지만 내가 아침나절 느낀 감정은 족적을 남길 만한 깨달음이나 감사함이 섞인 경이와는 또 달랐고, 모험이라는 행위에 으레 따라붙는 싱싱한 호기심이나 영광과도 거리가 있었다. 모험가들은 미지의 세계를 경험하는 대가로 굵은 구슬땀을 흘리지만, 침상을 푹 적신 식은땀은 자아실현이라든가 앎에 대한 의지 같은 근사한 단어와는 관련이 없다. 어째서 모험이라는 단어가 생각난 걸까.

암병동에서 일어나는 행위들은 아기가 다음 발달단계로 넘어가기 위해서 하는 배밀이나, 뻘밭에 빠지지 않고 조개를 줍기 위해 널을 타는 것과 오히려 비슷해 보인다. 빛나는 자리는 아니지만, 하루하루의 일과를 온몸으로 밀어내는 열심과 고단함과 나름의 평범함이 있다. 다만 위험하고 앞일을 알 수 없다는 점이 모험과 닮았기 때문인지, 어떤 친구들은 내가 마치 다른 대륙을 향해 떠나기라도 하는 양 열심히 장문의 편지를 써주었다.

끝내 도착하게 될 곳은 몰라도 무엇을 거쳐 어떻게 꼬꾸라질 것인지에 대해서는 치료 전 교육을 받아서 알고

있었다. 낯선 세균들이 내 몸에 자유롭게 드나들고 한
몸처럼 붙어살던 균들까지 내 몸을 해치는 동안에 동생의
휴대폰에는 병원에서 보내는 내 건강 상태와 처치 내용이
쌓여갔다. 어떤 내용인지 궁금해하자 동생이 문자메시지를
캡처해서 보내주었다.

> 금일 환자분 상태 관련하여 간단한 안내 드립니다. 환자분은
> 복부 통증 지속되어 진통제 수액 연결되었으며, 수액 연결
> 후에는 통증이 조금 호전되었다고 표현하셨습니다. 식사가
> 어려워 물 먹는 금식을 하며 영양제를 연결하였습니다. 발열
> 관련하여 항생제 투여를 유지하고 있으며, 해열제로 발열
> 조절 중입니다. 치료 도중에 급격한 상태 변화가 있을 수
> 있음을 미리 알려드리며, 환자분께서 빨리 치료될 수 있도록
> 노력하겠습니다.

간호사는 이중의 과업을 수행해야 한다. 신경이 곤두선
보호자의 염려를 줄일 수 있도록 친절한 화법을 구사해야
하며, 동시에 환자의 의학적인 상태에 대해 자세히 보고해야
한다. 서로 어울리지 않는 단어들과 말끝들 사이에서
뻐덕뻐덕한 긴장감이 느껴졌다.
　다른 세상에서 온 생존 신호 같네.
　트위터에서는 45년간 우주를 떠돌던 보이저 1호가
지구와의 교신을 중단할 예정이라는 (잘못된) 정보가

활발하게 공유되고 있었다. 전 지구적인 작별 의례의 대열에 기웃대면서 그동안 몰랐던 많은 사실을 알 수 있었다. 보이저 1호의 발사가 당초 계획의 10배를 뛰어넘는 장기 프로젝트가 되어 현재에 이르렀다는 것, 그 유명한 〈창백한 푸른 점〉이 보이저 1호가 태양계를 떠나서 카메라를 끄기 불과 수십 분 전에 가까스로 남긴 지구의 모습이라는 것 등등.

마지막 하나 남은 관측 장비가 꺼지고 나면, 보이저 1호의 신호가 인류에 닿을 길은 영영 사라진다. 그래도 그 쇳덩어리의 우주탐사가 끝난 것은 아니다. 보이저 1호에는 우연히 만날지도 모를 외계 생명체에게 지구의 존재를 알려줄 골든 레코드가 실려 있다. 그 외로운 여정이 수많은 시인의 영감을 건드렸을 것이다.

친구들과 이야기를 나누고 싶어지면 편지들을 꺼내 읽어보곤 했다. 짧은 시간 동안 편지를 두 번이나 적어서 준 은화 언니는 "남편에게 연애할 때도 잘 안 써줬던 편지가 네게는 너무 잘 써진다"라며 퍽 성찰적인 고백을 했다.

녹록지 않은 시간을 보내는 건 아픈 사람만이 아니다. 곁을 지키는 사람들도 아픈 사람만큼 삶에 대해 다시 고민하고, 자신의 역할을 다하기 위해서 노력한다. 아픈 사람이 씩씩하게 버티는 모습을 주변 사람들에게 보여주려고 하는 것만큼이나, 곁을 지키는 사람들도 자신이 든든한 버팀목임을 환자에게 증명하기 위해서 애를 쓴다.

일상과 관계가 질병을 기점으로 재편되면서 깨달은 것들, 다짐하고 약속하고 싶은 것들을 소중한 이에게 전하고 싶어 한다. 그 '전하고 싶은 마음'이 너무 큰 나머지 제 감상에 빠져서 환자를 성가시게 하는 것 아닐까. 언니가 겁을 덜컥 집어먹은 건 그런 생각이 들었을 때였다고 했다.

반대로 입원 전에 친구 여럿이 모여서 나와 식사를 했던 어진이는 너무나 슬퍼서 편지를 쓸 수 없었다고 했다. 그 말조차 본인의 입이 아니라 다른 친구를 통해 전해 들었다. 우리는 "다른 사람들은 다 썼는데 왜 너만 혼자 안 썼냐"라고 놀렸다. 그렇지만 사실은 지금도 그가 말한 이유가 떠오르면 혼자 조금 웃고, 고개를 끄덕이곤 한다. 자칫 잘못해서 눈물이 나버리면 그대로 펑펑 울기만 하고 아무것도 못 한 채로 무너져 버릴까 봐 삼키는 말과 생각이 있다. 이제 나는 편지를 너무나 쓰고 싶고 잘 써지는 마음과 눈물이 날까 봐 한 글자도 쓸 수 없는 마음이 편지지의 앞뒷면과 같다는 것을 충분히 이해한다.

곁에 늘 있는 것들보다 알 수 없는 길을 떠난 것들에 더 말을 걸고 인사를 하고 싶어지는 마음. 그런 마음은 다른 세계에 서 있는 상대편에게도 마찬가지라서, 낯선 곳에서 어떻게 시간을 보내고 있으며 어떤 생각이 드는지 전하고 싶어지는 것 같다. 활자를 읽는 동안 상상으로나마 같은 시공간에 머물고 싶은 다정한 의지. 그래서 모험가는 물론이고 옥살이나 은둔 생활을 했던 사람들도 먼 곳의 누군가를 향해 부지런히 무언가를 써댔던 것 아닐까.

이렇게 떠나와 내 얼굴을 보니 무척 생소한데, 내가 기억하는 네 얼굴은 어떤지 문득 그리워졌다고.

하지만 아무래도 이렇게 어쭙잖은 걸 모험이라고 하긴 좀 그렇지. 잠깐의 퇴원을 하고 다른 사람들의 일상을 몰아 들으면서도 응원하는 마음이 마구 들어서 주접을 떨다가, 코끝이 매워져서 고개를 젖히곤 했다. 친구 하나는 행정기관의 일방적인 행정에 반발하는 주민들을 도왔다. 또 다른 친구는 한평생 남편 집에 헌신하며 살아온 어머니가 삶의 주도권을 가져오려는 시도에 함께했다. 그가 지켜본 것은 씩씩한 중년 여성의 모습만은 아니었고, 회한과 분노가 시도 때도 없이 치밀어 올라서 고통스러운 해석의 과정에 가까웠다.

사전을 찾아보니 모험이라는 한자어는 무릅쓸 모(冒)에 험할 험(險)을 썼다. 모(冒)는 복면을 쓴 얼굴에 눈을 내놓고 있는 모양이라고 한다. "사람은 얼굴만 가리면 어떤 일이든지 감행할 수 있다는 의미"라는 해설이 붙어 있었지만, 나는 유일하게 감추지 않고 열려 있는 눈 목(目) 자를 오래 보았다. 어떤 사람들은 위험을 무릅쓰며 길을 나선다. 늘 용맹할 수는 없고 두려움과 자기 자신에 대한 의심을 마주하며 흔들리기 일쑤지만, 곁에서 지켜보는 사람들이 있으면 더 오래 견딜 수 있다. 한편 모든 사람이 부조리에 맞서야 하는 것은 아니며, 삶은 그 원인이 어디에 있는지 안팎을 따질 수 없는 일들로 험난해지기도 한다.
그럴 때도 견디고 다만 눈앞을 응시할 뿐이다.

당사자이자 목격자로, 주변인이자 목격자로 존재하고자
하는 사람들은 원래 있던 곳으로부터 멀리, 또 멀리 갈
수 있다. 자신이 마주한 장면을 시간 속에 흘려보내지
않고 붙들어 두기 위해서는 타인에 대한 책임감과 많은
노력이 필요하며, 그렇게 남게 된 장면을 우리는 더러
증언이라고 부른다. 나 같은 사람의 증언도 모험기가 될
수 있을까. 매일매일이 종래와 다른 성격의 험난함과 예측
불가능성으로 채워지면서 나를 비롯한 사람들의 무릅씀이
새롭게 보이기 시작했다. 저절로 안부가 묻고 싶어졌다.
아무도 모험이라고 불러주지 않을 저마다의 일상을 향해,
서간문의 형식을 빌려서.

여기는 잠시 구름이 갰습니다. 저는 고단하지만 그 역시
평범한 하루를 보내고 있습니다. 여러분은 무엇을 무릅쓰며
오늘을 살고 있나요.

(2022. 8. 7.)

간호, 그 모호하며
전문적인 중노동

병원이라는 계급사회에서

병동의 회진 시간은 아침
8시에서 10시 사이. 침대 발치에 있는 보드에는 〈환자
참여 안내문〉이라는 인쇄물이 붙어 있다. 매일의 컴컴한
새벽 시간, 채혈하러 온 간호사에게 카테터 끄트머리를
내어주고 비몽사몽 간을 헤매다가, 간호조무사의 지시에
따라 몸무게를 재고 돌아와 다시 잠들었다. 잠에서 깨어나
엉덩이는 침대에 그대로 붙인 채 물을 마시고 있으면
배식원이 침대 식탁에 식판을 올려준다. 나는 밥을
우물거리면서 〈환자 참여 안내문〉을 읽고, 이를 닦고 와서
의사를 기다리는 동안 또 안내문을 읽는다.

— 지병이 있거나 체내 삽입물이 있다면 의료진에게
미리 말씀해 주세요.

— 궁금한 점이 있으면 회진 전에 미리 메모를 준비해서
　질문해 주세요.

　치료를 마치면 조기폐경이 된다는 사실을 입원한
뒤에 알게 되었다. 그 사실을 듣고 가장 궁금했던 건 '난소
보호 주사'라는 약물의 효과였다. 치료의 대가로 월경의
종결을 순순히 받아들이는 것 말고 방법이 없는지, 난소
보호 주사라는 걸 맞으면 난소의 기능을 유지할 수 있는지
질문하고 싶었다. 그렇지만 의사가 먼저 알려주지 않은
데에는 이유가 있을 것 같고, 갈 길이 구만리인 주제에 내
궁금증은 하찮고 철없어 보였다.
　메모를 준비해 보기도 했다. 그런데 이런 것도 질문이
될까 싶은 마음에 입 밖으로 꺼내지 못한 적도, 질문을 해도
제대로 답변을 듣지 못한 적도 많았다. "환자 참여"라는
멋지고 민주적인 단어를 몇 날 며칠 곱씹어 읽고, 새로운
주치의가 열몇 번째 날의 회진을 왔을 때가 되고서야 나는
겨우 작심을 했다.
　"난소 보호 주사를 맞으면 조기폐경을 막을 수 있는
확률이 얼마나 되나요?"
　"5퍼센트요."
　"그걸 맞는 건 어떤가요?"
　"맞고 싶으면 맞으면 돼요."
　질문을 하기 위해 했던 숱한 고민이 무색하게, 그는 이미

병실 문을 향해 몸통을 돌리고 있었다. 의사의 말에 따르면 난소 보호 주사를 맞을지 말지는 내게 몇 안 되는 자유로 주어진 것인데, 정작 나는 드넓은 과학과 기호의 대륙에 벌거숭이로 던져진 기분이었다.

입·퇴원을 반복하던 치료 과정이 외래진료로 전환되면서부터는 일주일에 한 번씩 병원에 방문해 채혈실에서 피를 뽑기 시작했다. 입원실에서는 카테터를 통해 아무 느낌도 없이 슥슥 피를 뽑아 갔는데, 이제 양팔 오금에 바늘을 찔러서 적게는 5~6개, 많게는 15개 남짓한 검체통을 채워야 하니 부담스럽기도 했다. 왜 채혈실에서는 카테터를 활용하지 않고 팔뚝 정맥을 잡는지 궁금해서 항암주사실의 낯익은 간호사에게 이유를 물었다.

"제가 대답을 못 하는 질문일까 봐 걱정했는데 다행이에요. 교수님이 대답해 주셔야 하는 걸 물어보시는 환자분들이 많거든요. 교수님한테 묻기는 어려우시니까…. 그럼 저는 막 당황하고."

간호사는 약간의 농담을 섞어가며 항암주사실과 병동에 있는 간호사, 그리고 채혈실에 있는 임상병리사의 업무 범위를 설명해 주었다. 그의 말처럼 의사가 할 일을 간호사가 대신 할 수도 없고, 대신 해서도 안 된다. 임상병리사가 간호사의 직무를 대신 할 수도 없다.

교수(전문의)와 전공의, 간호사와 임상병리사, 간호조무사, 원무 직원, 청소노동자, 임상영양사, 조리원 등 병원에서 일하는 사람들은 각각 직업 수행의 법적 근거가 되는 자격이나 면허가 있다. 하지만 그 사실은 '질병 치료가 곧 의료'이며, '의료가 곧 질병 치료'라는 착시현상으로 인해 곧잘 무시되곤 한다.

환자의 시선에서 병원이라는 사회는 교수, 전공의, 수산호사, 간호사, 간호조무사, 간병인과 같이 몇 단계의 카스트로 나뉘어 있고, 의사를 제외한 모든 보건의료 노동자들은 의사에게 종속된 하위 계급으로 보인다. 의사를 향해야 할 질문은 짧은 회진 시간이 끝난 다음 '만만한' 간호사에게 꽂히기 일쑤였다. 게다가 간호사와 간호조무사는 병동에 내내 상주하며 환자와 부대낀다. 병원 곳곳에 비치된 '고객의 소리' 함에 누구를 향한 성토가 제일 많을지 늘 궁금했다. 적어도 '의사 선생님'은 아닐 거였다.

입원실에는 간호사에게 간식 따위의 심부름을 시키면 안 된다거나 반말하면 안 된다거나 '아가씨'라고 부르지 말라는 만화 벽보가 붙어 있었다. 공용 세면대 거울 바로 옆에 붙어 있어 매일 몇 번씩 볼 수 있는 내용이지만, 간호사는 여전히 시시때때로 '아가씨'라고 불렸고, 아파서 예민해진 환자들에게서는 작은 실수에도 울분이 날아들었다.

"누구는 가만히 있으랬다가, 누구는 짐 싸랬다가. 어쩌란 말이야!"

업무 소통이 제대로 되지 않은 것인지, 어느 간호사의 지시에 따라 병실을 옮길 채비를 하던 환자 하나가 울부짖었다. 한참 항암의 부작용을 겪느라 침상 옆에 간이 변기를 두고 커튼 밖을 나오지 못한 환자였다. 힘들고 서러울 만도 했다. 다른 간호사들은 그를 격앙시킨 간호사를 물리고, 오열과 함께 뭉개져서 튀어나오는 거친 말들을 견뎠다.

병원 생활이 길어지면서, 이따금 그들이 오래 상처받아 온 것 같은 흔적을 발견했다. 상처는 종종 '거리두기'의 모양으로 굳은살이 된 것 같았다. 나도 한 번, 간호사와 부딪힌 적이 있었다.

커피를 줄여볼 심산이었다. 마침 임신부들이 애용하는 커피 대용품이 시중에 있었다. 입원과 동시에 간호사에게 고지받은 생활 지침대로 "공장에서 나온", "개별 포장되어 있으며", "봉인이 톱니바퀴 모양으로 잘린" 가루, 그것도 보리를 로스팅해서 추출한 가루니까 커피믹스와 다를 바 없겠지 싶었다. 별생각 없이 친구들이 보내준 사탕 박스와 함께 커피 대용품 박스를 침상 옆에 나란히 두었다. 이것이 문제의 발단이 되었다. 노련한 간호사의 레이더망에 제법 생소한 패키지의 커피 대용품이 걸려들었다.

"환자분, 이게 뭐예요? 티백을 왜 들고 오셨어요?"

"티백 아니고 가루예요. 개별 포장되어 있는 거예요."

"교수님에게 확인받아야 돼요."

"임신부들이 커피 대용품으로 마시는 가루라고 해서 받은 건데요. 확인이 필요해 보이면 알려주세요."

"드시지 마세요."

"알겠어요."

"나는 임신했을 때 이런 거 안 먹었는데."

항암제를 투여받는 시간을 몰라서 내가 휴게실에 앉아 있었을 때도 그 간호사는 "시간에 맞춰 투여받지 못한 건 환자분 때문"이라며 화를 냈다. 간호사가 투여 시간을 미리 안내하지 않았거나, 최소한 의사소통 오류에 불과한 문제에 대해 '네 잘못'이라며 굳이 책임 소재를 강조하는 그의 화법에 당황스러워하고 있던 차였다. 한편 업무와 책임이 과중한 그의 입장이 상상되기도 했다. 그래도 너무해. 한참 속을 끓이다가, 그가 바이털 체크를 하러 왔을 때 입을 열었다. 최대한 심기를 거스르지 않도록, 당신의 입장을 충분히 이해한다는 뉘앙스의 쿠션어를 깔아서.

"선생님, 아까 말인데요. 제가 이걸 꼭 먹어야겠다고 한 게 아니었잖아요. 제가 선생님 지시를 안 따를 이유도 없고요. 그냥 말씀하셨어도 충분히 이해했을 텐데, 선생님 임신 이야기까지 들고나오시는 건 좀 감정적이라고 느껴졌어요."

내 말에 그는 얼른 손사래를 쳤다.

"알았어요, 알았어요. 교수님에게 직접 들으세요.
알았어요."

그 말 중에서도 "교수님에게 직접 들으세요"라는 말에는
묘하게 힘이 실려 있어서, 나는 한참 그의 어조를 곱씹었다.

병동에 있는 누구든 간호사에게 맡겨놓은 듯 대답을
구했다. 의사에게는 간호사 대하듯 하지 않았다. 의사나
간호사나 각각의 역할이 있는 의료인임에도, 의사에게만
아픈 사람의 생살여탈권이 있는 것처럼 굴었다. 그러면서도
환자의 일탈행동이 잘못된 결과에 이르면 그건 결국 간호를
제대로 하지 못한 간호사의 책임이 될 거였다.

그 간호사는 수많은 실습생과 신입 간호사를 가르치랴,
본인을 직업인으로 존중하지 않는 사람들을 상대하랴 안
그래도 힘든데, 게다가 나처럼 무균실에 들고 오지 말라는
걸 환자들이 하도 들고 오는 통에 지친 게 아니었을까.
환자의 잘잘못을 가리며 책임 소재를 명확하게 하려는
그의 습관은 너무 자주, 부당한 탓을 받아온 직업인이
택한 최소한의 자기방어 아니었을까. 그의 태도 전부를
이해할 수는 없지만, 그의 행동은 무척 상처받은 사람의
그것이었다고 나는 읽었다. 그는 이후로 커피 대용품을
가지고 일절 가타부타하지 않았다.

그러나 그는 마음을 써서 일하는 사람이기도 했다.
조혈모세포 이식 후 1년 만에 재발이 되어 입원한 앞 침상의
언니가 불안에 떨고 있을 때, 그는 몸을 기울여 언니에게

말했다.

"○○○ 교수님은 전에 계시던 병원에서 명의셨어요. 불안해하지 마세요. 잘할 수 있어요."

나는 이런 식의 말하기를 구사하는 의사를 만나본 적이 없다. 암 진단과 치료에 대한 의사의 말은 때와 장소에 따라 다르다. TV에 나오는 의사들은 생존율을 근거로 '이제 더 이상 암은 불치병이 아니며, 치료를 잘 받으면 살 수 있다'고 격려한다. 그러나 그것은 집단으로서의 환자에게 발신하는 희망의 메시지다. 진료실의 의사는 TV에 출연해서 말했던 것처럼 '나을 수 있는 질병'이라고 확언해 주지 않는다.

나의 생존율은 사실상 급성백혈병 생존율 통계 바깥에 있었다. 따라서 진료가 거듭되어도 급성골수성백혈병이라는 질병은 여전히 추상적인 개념으로만 머물렀다. 백혈병 진단 후에 겪었던 빈혈, 발열, 멍, 염증 모두 질병이 아니라 항암제가 면역력을 떨어뜨려 놓은 결과였다. 이 질병은 그저 골수와 말초 혈액의 악성 백혈구 수치로, 즉 질병의 당사자인 나에게조차 현실감이 떨어지는 의학적 소견으로 존재할 뿐이다. 의사는 이렇게 나타나는 증상이나 검사 결과를 유형화해서 특정한 질병 상태로 이름 붙이는 사람이었다.

간호사는 혈액 검체를 뽑았고, 항생제를 놓았고, 환자를 다독였고, 바이털 체크를 했고, 정치적으로 예민한 답변을 요구하는 환자의 질문을 노련하게 빠져나갔고, 혈액팩과

링거가 들어 있는 바트를 들고 왔고, '아가씨'라는 호명을
완곡하게 정정했고, 개인위생 관리가 잘되고 있는지
확인했고, 짜증이 늘어난 환자와 보호자의 항의에 응대했다.
간호사의 노동은 무엇일까.

●

대학병원 중환자실 간호사였던 김수련은 "짜증이 새어
나간 날이면 퇴근하고 집에 누워 내가 사람 새끼인지
금수인지 고민한다". 병원이라는 공간은 그 또한 한 명의
섬세한 인간인 간호사가 "존엄과 공감을 잃지 않기 위해
매일 투쟁해야 하는 장소"일 뿐이어서, 그는 "희망이 보이지
않는 순간에도 의연해야" 하는 간호사의 역할에 질식할 것
같다. 암환자에게 짜증을 낸 자신을 반성하고 착취하기를
반복하며 소진되어 가면서도, 그는 "지금이 지나가면 기회가
없을 거라는 감이 올 때"면 가족에게 유언조차 따스하게
남길 줄 모르는 병든 아비들의 귀에 재빨리 전화기를 가져다
댄다. 정서적 교류에 미숙한 아비들의 마지막 말을 간호사인
그가 챙긴다.

> "그 두 번째 서랍에 인감도장이랑 위임장 있는데 그거
> 가지고 은행 좀 갈 수 있겠냐?"
> 뭐 대략 이런 내용이다. 그게 아버지의 마지막
> 유언이 된다. 그래서 어쩔 수 없이, 환자나 보호자가

겁먹을지도 모른다는 사실을 알더라도, 윽박질러야 한다. 좀 급하게 한다. 영 못 미더우면 통화가 연결된 후 바꿔주기 직전까지 한다.

"사랑한다고 하세요. 아버님 지금 말씀하세요."[1]

　의사로부터 난소 보호 주사의 효과에 대한 답변 ("5퍼센트요")을 들은 지 보름 뒤쯤 속옷에 어두운 분홍색의 점액질이 묻어 나왔다. 항암을 하면 어련히 겪는 부정출혈이니 하고 넘겼다. 그런데 색이 점점 짙어지고 가슴 아래가 둥글어졌다. 긴가민가 싶던 어느 날, 새빨간 피가 기어이 몸을 밀고 나왔다. 월경이 맞았다. 월경을 계속하고 싶었다.

　혈소판 감소에 대비해 매일 먹던 피임약 복용을 중단하고 싶다고 간호사에게 말했다. 경험상 피가 이만큼 나왔으면 이번 월경은 피임약을 먹더라도 이렇게 그냥 하게 되어버린 거다. 이제 혈소판 수치도 정상범위로 돌아오고 있으니까 약 복용을 중단하는 게 어떻겠냐. 흥정이나 애걸처럼 들리기도 했을 내 말을 간호사는 끝까지 들었다. 잠시 기다리라는 말과 함께 간호스테이션에 다녀왔다. "내일 교수님 오시면 이거 보여주시고 이야기를 해보면 어떨까요?" 그가 가지고 온 것은 며칠 치의 혈소판 수치를 정리한 차트 한 장이었다. 피가 나오도록 내버려두어도 안전하다는 근거가 필요하지 않겠냐는 말과 함께였다.

간호학에서는 간호사의 돌봄을 감정노동과 대별되는 의도적인 돌봄으로, 의료 대상자의 욕구와 목표에 맞추어 정서 역량을 발휘하는 '치료적 돌봄'으로 개념화한다.[2] 의료적 영역의 간호(처치, 관찰, 관리) 외에 시간과 마음을 기울이는 간호사의 돌봄을 무어라고 이름 붙이건 간에 그것은 여전히 의료와 도덕, 감정의 영역에 경계 없이 걸쳐 있다.

차트 한 장을 만드는 일이 어려운 일은 아닐지 모르겠지만, 무척 바쁜 간호사가 굳이 하지 않아도 되는 일일 수도 있었다. 그가 짬을 내어 들인 품 덕분에 나는 병명과 나이, 성별로 분류된 환자이면서도 '출혈 위험이 큰 시기를 지나 월경을 하고 싶은' 사람으로도 존재할 수 있었다. 코드화되었지만 여전히 사람이라는 사실, 하찮은 고민거리도 우스운 감상도 아닌 그 단순한 진실을 깨닫기에 병원은 좋은 곳이 아니었지만, 그는 숙련된 간호사의 방식으로 내 고민을 함께하고 있다고 응답했다.

이튿날 의사에게 차트를 건넸다. 내가 원하는 것과 내가 궁금한 것을 이야기하는 데에 자격지심을 가지지 않을 수 있었다. 곧 월경량 확인을 위해 생리대를 모아둘 주황색 비닐봉투가 협탁에 걸렸다. 도합 스무 해를 함께 뒹굴었으며 곧 사라질 월경을 마지막으로 그렇게 무사히 마쳤다.

병동에는 '사원님'이라고 불리는 여성 노동자들도 있었다.
교수의 회진 시간에 맞추느라 매일 새벽마다 간호사가
채혈을 마치고 나면, 사원님은 체중을 측정해야 한다고
환자들을 깨웠다. 밤새 앓고 지친 환자들이 마음처럼 제때
일어나 체중계 앞에 설 리가 만무했다. 사원님은 체중계
앞에서 환자들을 기다렸고, 오지 않으면 다시 가서 깨웠다.
매일 병원복을 갈아주고, 침상 정돈을 챙기고, 밀폐 용기에
들어 있는 항암제와 마약류 진통제를 약제실에서 병동으로
날랐다. 로비나 휴게실에서 보호자가 전달해 주는 물품을
받아 병실로 옮겼다. 반입금지 물품이 있는지 확인하고,
생수병 묶음 하나조차 포장을 까서 한 병, 한 병 소독제로
닦아서 건넸다. 식사 때마다 환자들이 병원앱으로 신청한
식사 대용 음료와 과일 음료를 일일이 나누어 주거나 환자용
냉장고에 채워주었다.

그들에게 간호조무사이신 거냐고 묻지 못했다.
간호조무사는 보건복지부에서 보건의료인 자격을 인정하는
직업이다. 보건의료인은 의료인보다 넓은 의미로서,
의료법상 의료행위를 할 수 있는 '면허'가 있는 의료인(의사,
치과의사, 한의사, 간호사, 조산사) 외에도 보건복지부에서
'자격'을 인정하는 의료기사(임상병리사, 방사선사,
물리치료사 등), 약사법에 근거해 면허를 발급받은 약사,
그리고 간호조무사 등이 포함된다. 의료법에 따르면,

간호조무사는 간호사를 보조하여 간호 업무를 수행하고,
의사의 진료 보조를 수행하며, 예외적으로 의사의 지도하에
간호 보조 및 진료 보조를 수행하게 되어 있다.

　　역할과 지위에 대한 명확한 근거가 있는 직업임에도
그들에게 간호조무사인지 직접 묻지 못한 것은,
간호조무사라는 직업이 불명예스러운 이름으로 통하는
분위기를 감지하고 있었기 때문이다. 병원에서 그들의
호칭이 '조무사님'이 아니라 '사원님'인 이유가 간호조무사에
덧씌워진 비하의 뉘앙스와 관련이 있지 않을지 추측했다.

　　한국 사회에서 간호조무사는 병원의 비숙련
의료노동자를 일컫는 대명사가 되어버렸다. 특히 의원급
병원에서 만나는 간호조무사가 그렇다. 나 또한 어느
정형외과에서 정맥주사를 제대로 찌르지 못해 팔이 퉁퉁
붓도록 만들어 버린 사람이 간호조무사라서 그런 것이
아닐지 의심했다. 또 다른 병원에서 간호조무사는 손등이
퍼렇게 되도록 혈관을 잡지 못하자 무척 미안해하며
"병원에서 돈 아끼느라 이렇게 됐다"라고 말끝을 흐렸다.
이유야 어떻든, 미숙한 주사 실력은 간호조무사의 능력에
대한 불만과 조롱으로 쉽게 이어지곤 한다. 의료인인
간호사가 간호 업무를 하면 환자들의 불만은 줄겠지만,
비용을 절감하려는 병원들의 의지 덕분에 '간호사 또는
간호조무사'를 쓰게 되어 있는 자리는 주로 임금이 더 낮은
간호조무사로 채워졌다.

그 결과 간호조무사는 '간호사도 아니면서 간호사인 척하는 사람', '샘과 허영심이 많은 여성'이라는 비하의 대상이 된다. 간호조무사라는 직업명은 간호조무사 스스로에게도 낙인감이 짙은 이름이다. 2023년 대한간호조무사협회는 보도자료를 통해 "조무사라는 명칭의 원래 의미는 '업무를 보조하는 사람'이 맞지만 '어떤 일에 서툴거나, 제 역할을 못 한다'는 부정적인 의미로 사용되고 있다"라며 간호조무사를 '조무사', '간조사', '간조' 등의 기존 표현 대신 '간무사'로 지칭해 달라고 요청했다.[3]

무슨 일이든 충분히 숙련되지 않은 사람은 티가 난다. 소독솜을 문지르고 내 팔을 만지는 압력과 바늘로 찌르는 미묘한 동선은 물론, 주렁주렁한 링거줄을 동그랗게 말아 정리하는 품새에서도 간호사가 일을 얼마나 오래 했는지 가늠할 수 있었다. 골수검사를 시행하는 의사도 마찬가지였다. 환자들 사이에서는 '월초에는 초보 의사가 골수검사를 해서 무척 아프고, 월말로 갈수록(골수검사를 능숙하게 할 줄 알게 되어서) 덜 아프다'라는 정보가 기정사실로 통한다.

사람의 몸을 다루는 직업군에 정식 면허가 없거나 경력이 충분하지 못한 사람들이 늘어나는 현실은 작게는 아픈 사람을 불안하게 하고, 크게는 죽음에 이르게 할 수 있다. 이 문제는 간호사의 노동권과 의료 시스템 내에서의 위치에 대한 문제와 맞닿는다. 2023년 보건의료노조의 정기실태조사에 따르면, 간호사의 약 74퍼센트가 최근 3개월간 이직을 고민한다고 답변했다.[4] 간호사는 식사도 규칙적인 생활도 존엄도 반납하며 과중한 노동에 시달린다. 그동안 자신을 '태우고' 동료 간호사를 '태운다'. 그리고 현장을 떠난다. 간호사의 역할과 처우를 명확하게 하는 법률은 그래서 중요하다.

간호사와 간호조무사, 각각 간호와 간호 보조라는 역할이 있는 이들의 관계는 노노 갈등이자 시기심 많은, (남성으로 대표되는) 의사 집단의 하수인 여성끼리의 갈등처럼 보인다. 대한간호조무사협회는 간호법이 제정되면 간호조무사가 간호사의 종속적인 보조 인력이 되고 간호조무사의 일자리가 위협받는다는 주장과 함께 자격증 반납을 내세우면서까지 간호법을 극력으로 반대하는 보건의료인 단체 중 하나가 되었다. 간호간병시민행동 강주성 대표는 이에 대해 "처음부터 간호사의 보조업무를 위해 의료현장에 투입된 인력이라는 것을 다시 한번 상기해야 한다"라며, "의사(치과의사, 한의사)의 지도하에 간호 보조와 및 진료 보조를 예외적으로 수행"하는 것을 두고 "간호조무사가 의사의 지도를 받는다고 주장하는 것은 간호사가 예외적으로 진료업무를 수행하니 의사라고 주장하는 것과 같"다고 지적한다.[5]

한편 간호법 제정 필요성에 목소리를 높인 간호사들 또한 '의사 조수 역할이기는 매한가지인', '밥그릇 뺏기기 싫은' 이기적인 여성들로 매도되곤 한다. 이 갈등의 근본적인 원인은 진료와 간호가 중첩되지만 구별되기도 하는 전문적인 의료행위라는 점을 간과하고 단순히 종속적인 관계로 이해하는 관점, 그리고 간호조무사에게 예외적으로 허용된 간호 및 진료 보조 업무가 '인건비 절감'이라는 명목으로 만연해진 데에 있다.

항암을 하며 이사할 집을 보러 다닐 때였다. 부동산 중개인은 내가 보러던 집에서 나이 든 독거 남성이 숨졌고, 곧 별거 중이던 아내가 와서 집을 정리할 거라고 했다. 몇몇 지인은 내심 재수 없다고 생각하는 것도 같았지만, 누군가가 집에서 사망하는 것이 이상한 일도 아니고(내 미래가 될 수도 있는 일이다), 일을 하지 못해 대출도 받을 수 없는 내가 찬밥, 더운밥 가릴 처지는 아니었다.

집은 더러웠다. 이와 대조적으로 현관의 코르크 보드에는 청소 순서를 적은 메모가 붙어 있었다. 부엌에는 500밀리리터 생수병이 두어 묶음 쌓여 있었고, 박스에 각종 레토르트 식품과 조미김이 가득 담겨 있었다. 여기까지는 살림에 썩 재주가 없는 홀아비의 집이었다. 식탁 위에 있는 소책자, 내가 다니는 병원에서 제작한 〈급성 골수성 백혈병〉,

〈동종조혈모세포 이식 후 관리〉 안내서를 보기 전까지는.

그제야 이 집이 백혈병 환자가 살기에 적합하지 않은 곳이었음을 알아차렸다. 베란다의 낡은 배관에는 젖고 마르기를 반복한 것으로 보이는 걸레가 둘려 있었다. 악취와 날파리를 막기 위한 나름의 노력이었을 거다. 그의 사인은 알 수 없지만, 다 닦이지 않은 베란다 구석의 곰팡이와 먼지, 쾨쾨하고 눅눅한 공기 모두 이식을 갓 마친 백혈병 환자가 머무르기에 적합하지 않았다.

만약에 이 세입자가 지역사회에 기반한 방문 간호를 받을 수 있었다면 어땠을까. 무리해서 병원에 가지 않고 집에서 채혈할 수도 있을 것이다. 의료인의 시선으로 보기에 주거환경이 면역 저하자에게 적합하지 않고 위생을 스스로 갖출 여력이 되지 않는 것으로 파악된다면 지역의 사회복지 시스템과 연계해 그가 좀 더 안심할 수 있는 환경에서 치료할 수 있도록 도울 수 있었을 것이다. 간호사가 지역사회에 스며들어 간호 업무가 확대된다면 간호조무사의 입지도 넓어지면 넓어졌지 좁아질 리 없다.

가끔은 첫 입원을 했던 병동 유리창 앞에서 신입 간호사와 신입 사원님, 그리고 갓 입원해 까까머리를 하고 앉은 내 얼굴에 공평하게 물들었던 노을과 그날의 경이를 떠올린다. 노을 반 상기된 표정 반으로 붉어졌던 두 사람의 얼굴을 오래오래 기억하고 싶어진 까닭은, 그런 순간이 많지 않을 것 같다는 쓸쓸한 예감 때문이다. 그들이 자신의 고유한 역할 그대로 존중받으며 지역에 뿌리내린 사회에서 아프고 싶다. 낙인을 가리기 위해 대체어를 굳이 만들어 내지 않아도 그들의 직업명이 그 자체로 자긍심의 이름이 되면 좋겠다. 자긍심에는 전염성이 있으니까, 그들의 긍지는 나의 안녕이 되기도 하지 않을까.

(2022. 9. 19.)

이웃들을 초대합니다

돌보는 몸과 마음과
시간에 대하여

　　　　　　　돌봄에 대한 강의들은 꼭 한
번은 'care'라는 영어 명사의 어원과 의미를 짚었다. care는
"보살핌, 관심, 걱정, 슬픔, 애통, 곤경을 의미하는 고대 영어
단어 caru에서 유래했다".[6] 한국어의 '돌봄'과 '돌보다'는
'돌아보다'에서 왔다고 한다. 누군가를 돌보는 일이란 취약한
누군가에게로 끊임없이 흐르는 동사다. 어원적으로 돌봄은
'정상 인간'에 견주어 낙오되는 사람이 염려되어 자꾸만
돌아가고 살펴보는 인지와 실천의 연속 그 자체다.
　　진단명을 얻자마자 들어선 길은 돌아갈 곳 없이 두
갈래의 결말만 있었다. 의학적 지식에 순응할 것인가,
불응할 것인가. 죽을 것인가, 살 것인가. 회색지대라고는
허용하지 않는 이분법의 구획, 알아듣기 어려운 용어와
임상 결과, 답은 정해져 있으며 병자는 그저 따르기만 하면
된다는 첨단의 지식 앞에서 자주 주눅 들었다. 그러면서도

의학이라는 고집불통의 권위가 선사하는 안정감이
있었다. 치료 과정은 암을 죽이기 위해 초가삼간도 태우는
방식이었으므로 당연하게도 손상이 예견되었다. 나를
해하면서 살리겠다는 모순적인 과정에 대해 미리 배운
사람답게 호들갑 떨지 않으면서 감수하면 그만이었다. 그게
'현명한' 환자 역할이었다.

　'한창 일할 때'라고 하는 30대 중반의 나이. 나와 달리
친구들은 죽죽 나아가는 것만 같아 조바심이 나는 건 어쩔
수 없었는데, 회오리를 그리는 시간의 어떤 곡절마다 그들이
내가 있는 자리로 되돌아와 나를 돌보았다. 그들도 대체로
초행이었지만, 능숙하게 이 나선형의 길목마다 함께했다.

　한 발 앞으로 나갔다가, 두어 발 크게 파도에 떠밀린다.
그리고 다시 한 발 앞으로. 아픈 몸으로 보낸 시간이
으깨져서 손톱에 희고 불룩한 무늬를 그렸다. 손톱은
용케 떨어지지는 않았다. 손톱이 들리거나 떨어져 나가
고통스러워하는 환자들도 있었지만, 내 손톱은 경미한
신경통과 함께 손끝에 달라붙어 있었다. 이웃들에게 도움을
요청할 수 있도록, 하지만 도움을 매일 받지는 않고 살아갈
수 있을 딱 그만큼의 요철을 지니고서.

어떤 사람들은 종종 부모님이 돌봐주시지 않느냐고 묻곤
했다. 그 질문에는 '딸을 돌보지 않는 무심한 부모'라는

상상과 질책 같은 것이 조금씩 섞여 있었다. 그러나 세상의 모든 병자에게 병원에 동행할 부모가 있지는 않고, 부모가 있다고 해도 모두가 부모와 원만하게 관계를 유지하지도 않는다. 또 모든 부모가 다 큰 자식을 돌볼 수 있는 것도 아니다. 그럼에도 한국 사회에서 병자를 돌보는 책임은 가족에게 너무나 자연스럽게 일임되어 있어서, 아무리 자신을 진보적이라고 생각하는 사람도 나의 생활에 의문을 품게 했다.

병원에서는 무조건 가족을 요구했다. 이식 과정과 예후를 설명하는 자리에 지인을 보내겠다고 했더니 간호사는 난색을 보였다. "여태 부모님이 아니라 지인들이 병원에 왔는데요? (…) 의료법상 꼭 가족이 이런 설명을 듣거나 사인을 해야 하는 건 아니라고 알고 있는데요? (…) 가족이 못 올 수도 있잖아요?" 내 질문들에 간호사는 아직 "혈연가족이 아닌 사람이 교수 면담 자리에 온 경우는 '고아'인 경우밖에 없었다"라고 답했다. 가족이 없는 사람, 가족을 가족으로 인정받지 못하는 사람은 검문소 앞에서 쫓겨나기 십상이다. 가족이 간병을 할 수 있다면 그나마 다행인 일일까. '정상가족'의 담장 안에서는 혈연가족이 보호자라는 명찰을 달고 있지만, 한국 사회의 돌봄 현실에서 그것의 의미는 권리가 아니라 독박이다.

가족 구성과 인구 구조가 변화하고, 늙음과 질병이 대다수 가정의 중대한 위협 요소로 떠오르면서 공론장에서

연금제도 개편이 불가피하다는 점이 거론되고 있지만, 그럼에도 '가족이 도리를 다해야 한다'는 문화적 관성은 여전히 강력하다. 보건의료노조의 조사에 따르면, 개인 또는 가족이 부담하는 간병비의 건강보험 지원에 대한 동의 여부를 묻는 질문에 동의한다고 응답한 비율은 75.5퍼센트에 달한다. 하지만 정작 간병 문제에 대한 제도적 해결 방안인 간병 국가책임제에 대해 간병은 국가가 해결해야 할 문제이므로 찬성한다고 응답한 비율은 그보다 낮은 57.6퍼센트다.[7] 그만큼 아픈 사람을 돌보는 일은 여전히 사적인 일이자 사랑의 영역으로 인식된다. 한국 사회에서 가족은 건강 악화로 인한 위기를 가장 먼저 돌보아야 하는 당사자이자 최후의 보루다.

나조차 때로는 의심스러웠다. 대부분의 아픈 사람을 가족이 돌보거나 간병비를 부담하는 데에는 이유가 있는 것 아닌지, 잘못된 판단으로 가족도 아닌 사람들을 번거롭게 하는 건 아닌지. 그럼에도 가족 대신 이웃들에게 손 벌려보겠다는 심산은 동네 이웃인 혜영이 있었기에 가능했다. 혜영은 아주 친하지는 않지만 가끔 근황을 확인하는 사이였고, 먼저 희귀암을 경험한 암 선배이기도 했다. 내가 입원해서 항암치료를 시작한 지 얼마 되지 않았을 때, 그는 언제든 도움을 청하라는 문자메시지를 보내주었다.

"돌보는 사이가 가능해지려면 아픈 사람의 용기도

필요해요."

돌아보니 그의 말은 내가 여태 돌봄에 대해 들어본 가장
아름다운 문장이었다. 돌봄을 받는 사람은 으레 객체로
인식되기 쉽다. 그러나 속수무책의 불가항력으로 떠밀려
돌봄을 받는 자리에 도착했다고 하더라도, 돌봄을 받으려면
타인에게 자리를 내어주어야 한다. 타인이 내게 손 내밀
용기를 내는 것만큼이나 나에게도 용기가 필요했다.

그때까지 나에게 돌봄받을 용기란 "의존은 인간의
조건"이라는 문장이 옳다고 느껴지는 딱 그만큼의 의미였다.
정당하면서도 막연하고 모호했다. 사람은 다른 동물과 달리
긴 시간 돌봄을 받아야만 하는 특성이 있으며, 그러고도
임금노동으로 자기 자신을 부양할 수 있는 기간보다 노쇠한
몸이 되어 다시 누군가의 돌봄이 필요한 기간이 길다.
그 정도의 의미만으로도 요즘 들어 특히 주목받고 있는
돌봄이라는 주제가 사회정의의 토대라는 점을 이해하기에
부족함이 없었다. 그러나 이런 문장들은 당장 도움을 받게
될 나나 도움을 주어야 할 주변 사람들이 겪을 하루하루에
대해서는 한없이 멋지고 좋은 말에 불과했다. 나에게
돌봄이란 거동이 불가능해졌을 때 죽을 떠먹이고 씻기는
것처럼 앙상한 상상으로 머물러 있었다.

나에게 어떤 도움이 필요하지? 내 생각보다 먼저
군량미와 군자금이 도착했다. 그건 마치 질병을 적군에
비유하는 오랜 군사적 비유처럼, 대(對)질병 전쟁에

대비하여 친족들에게 내려진 총동원령 같은 구석이 있었다.
외가 친척들이 돈을 모아 잘 먹는 데에 쓰라며 보내주었다.
이어 머리가 굵어진 뒤로 연락하지 않고 지내온 고모들까지
용돈을 모아 보내주었다. 울먹거리는 고모와 10여 년 만의
전화 통화를 마치면서 나는 무척 감사해하면서도 조금은
진이 빠졌다. 가족들에게 나의 질병은 합심해서 물리쳐야
할 재앙으로 다가와서 해묵은 갈등을 스리슬쩍 봉합하려고
했다.

부모님과 절연하지도 않았고 부모님이 나를 돌볼 능력이
없는 것도 아니었지만, 그들의 간병은 받지 않았다. 가족
간병이라는 익숙한 방식을 거부한 이유는 매우 긴 부연
설명을 해야 한다. 간단히 말하자면, 습관이었다.

습관과 간병은 자주 충돌했다. 첫 번째 항암을 마치고 퇴원을
준비하는 순간부터 녹록지 않았다. 다른 고양이보다도
털과 모래를 유달리 더 많이 퍼뜨리는 고양이와 함께,
그것도 온갖 소품과 묵은 책을 쌓아두고 어두컴컴한 조명
아래에서 살았던 집이 깨끗할 리가 없었다. 입원하기 전에
고양이를 부모님 집에 보냈을 뿐이고, 집 상태는 그대로였다.
낭만적인 사람이 좋게 표현해서 영화 〈조제, 호랑이 그리고
물고기들〉(2003) 주인공 '조제'의 집이지, 까마귀처럼 내
눈에만 빛나는 것들을 가져다 모아서 나만 알아볼 수 있는

질서로 쌓아 올린 잡동사니들의 집, 심지어 한 달가량을
방치된 채로 있었던 집이었다. 거의 모든 것이 치워지고, 모든
것이 소독되어야 했다.

블로그에서 찾아본 다른 환자들의 가족들은 집 안을
락스로 박박 닦아내고, 그리고도 염려가 되면 실내 소독을
전문으로 하는 업체를 불렀다. 나 같은 환자들을 위해
비교적 저렴하게 소독을 해주는 업체가 있었다. 그조차 내가
편하게 지출할 수 있는 액수는 아니었다. 짐을 옮겨줄 용달
이사 업체와 특수청소 업체를 동시에 불러야 할지 고민했다.
답이 없었다. 정말로 도움을 청할 용기를 내야 했다.

착잡한 마음으로 목록을 써 내려갔다. 이불과 커튼,
식탁보는 모두 빨래하고 건조해서 침대 위에 개켜놓기.
매트리스는 소독 티슈로 닦기. 스탠드 갓에 있는 고양이
털을 제거하기. 3단 책장 두 개에 걸쳐 놓여 있는 돌멩이와
라디오, 카세트테이프, 마크라메, 서예 붓과 벽면에 걸려
있는 태피스트리, 천장에 걸려 있는 이자카야 조명을 박스에
보관하기. 책장 상단에 있는 이면지는 모두 파쇄하고 책은
전부 지인의 사무실로 옮기기. 냉장고와 싱크대, 화장실과
세탁실을 청소하고 곰팡이를 제거하기. 흙먼지 묻은
장비들이 바깥에 나와 있지 않도록 하기.

체력과 인지기능 저하의 문제였는지, 나로서도 이해가
되지 않을 만치 구구절절 적어 메신저로 보낸 워드 파일을
멀끔하게 표로 정리해서 공유해 준 건 혜원이었다. 그는 내

집의 공간을 나누고, 공간에 있는 물건을 다시 나누었고, 각각을 청소하고 관리할 수 있도록 세부 항목을 만들었다. 들여쓰기와 행갈이나 겨우 되었을 뿐 내 머릿속에만 있는 집안일의 흐름을 적은 수십 줄의 텍스트는 그제야 대청소에 참여한 모두가 쉽게 확인할 수 있는 공유 스프레드시트 한 장짜리 표가 되었다. 마지막 행에는 "전부 소독 티슈로 닦아낼 것"이라고 적혀 있었다. 문서의 제목은 〈도미의 화려한 복귀〉.

가사노동은 논리력과 감각이 필요하다. 날카로운 관찰력을 가진 분류학자처럼 집 안의 꼴을 훑고, 작업마다 경중을 나누어 체력과 시간을 안배한다. 청소가 끝난 집은 위생은 당연하고 생활하는 데에 걸림이 없도록 동선을 최적화시키는 정돈으로 마무리된다. 그날의 청소는 하루 안에 이루어져야 했고, 따라서 특별히 더 많은 집중력과 힘이 필요할 터였다. 구석구석 굴러다녔을 고양이 털은 물론이고, 책이 가득 들어 두 사람이 맞들어도 버거운 이사 박스 열두 개가 있었다.

청소가 시작된 오전 10시경부터 오후 5시까지 나는 무균실에서 표에 적힌 그날의 과업들 위에 취소선이 차근차근 쌓이는 것을 지켜보았다. 친구들이 무리하다 다칠까 봐 걱정되었을 뿐 청소가 제대로 이루어질지 걱정할 필요는 없었다. 단출하고 깔끔하게 사는 세영과 상희, 나만큼 세간살이가 많지만 요목조목 살림살이를 하며 요리도 잘하는 혜원의 집을 떠올리면서 나는 무척 안도했다.

상희는 화장실 선반에 방치된 세면도구와 칫솔꽂이 같은 것들을 거의 쓸어내리다시피 쓰레기봉투에 담았다. 순전히 일을 맡은 남이었다면 쉽지 않았을 거였다. 이사할 때 집 안 정리를 미리 해두지 않으면 기억에서조차 사라졌던 별 희한한 쓰레기도 함께 이사하게 되는 것처럼. 이 과감한 결단은 상희가 자의적으로 한 것이었고, 청소를 함께 한 모두가 그게 맞겠다고 판단한 결과였다. 친구들이 내게 별 질문 없이 버릴 것과 쓰일 것을 판단할 수 있었던 건 그들이 살림을 한 지 오래된 사람들이었기 때문이다. 서로의 집을 왕래하고 밥과 술을 나누어 먹으며 내 집에 있는 기물들이 웬만큼 눈에 익은 덕분이기도 했다.

누군가를 돌보는 일은 자신을 돌볼 줄 알아야 잘할 수 있다. 그러나 엄연히 나는 나이고 너는 너일 뿐, 돌봄 대상자와 제공자가 서로 개별적인 결핍과 욕망이 있는 사람이라는 점에서 돌봄은 관계적이고 까다로운 노동이다. 출판편집자 김희진의 말처럼, "누군가를 돌본 이후에야 내 둘레에 명확히 경계선을 그을 수 있게" 되고 "다른 존재들의 둘레에 있는 경계선도 명확히 볼 수 있게" 된다.[8] 영유아, 아픈 사람, 늙은 사람과 같이 취약한데 까다롭기까지 한, 한 인간을 살피는 과정이 있어야만 타인과의 관계에서 적절한 거리감각을 익힐 수 있고, 자신의 돌봄 역량을 가늠하며 돌봄 대상자를 존중하는 돌봄이 가능해진다.

요컨대, 내 친구들은 자신을 돌볼 줄 알고 남을 살필 줄 아는 사람들이었다.

자기 몸을 깨끗하게 하고 옷을 입히며 때 되면 밥을 먹이는 일. 그것은 개인적인 수준에서 자신을 돌보는 가장 기초적인 행위다. 자기돌봄과 자기계발이 헷갈리는 시대에 살고 있지만, 사회적·경제적 여건이 충분하지 않으면 이러한 자기돌봄을 하기 어렵다. 수도시설과 난방시설, 식비, 몸이 불편한 사람을 위한 제도적·기술적 보조 같은 것들 말이다. 여건이 되는데도 자기돌봄을 하지 않는 경우가 있다면, 그건 그 사람이 자기돌봄을 덜 해도 된다고 문화적으로 용인받은 경우다. 용변을 본 뒤 대충 닦고 속옷을 올린다거나, 싱크대의 수전과 바닥에 아무렇게나 물을 튀기고, 젖은 빨래를 묵혀 곰팡이가 피게 하는 등의 행동 말이다.

입원해 있는 동안 간호사들은 항문 농양을 예방하려면 좌욕을 수시로 해야 한다는 경고를 여러 차례 했다. 매일의 소변과 대변, 구토의 양과 횟수를 적는 표에 없어서 그렇지, 당당하게 한 칸 차지했어도 이상하지 않을 만큼 내 좌욕 횟수는 간호사에 의해 관리되었다. 간호사도 가글과 좌욕을 끊임없이 강조하는 일이 머쓱해 보였다.

"호중구가 없는데 항문 농양이 생기면 터트리지도 못해요. 항생제를 쓰면서 말려야 해요. 듣기 지겨워도 정말 중요해서 그런 거니까 이해해 주세요."

어려울 건 없었다. 여성의 아랫도리가 수치스럽고 더러운데 소중하기까지 한 부위라는 점을 끊임없이 교육받아 왔다. 이 모순적인 편견은 여성이 생식기 위생에 신경 쓰도록 만든다. '여성의 생식기는 요도가 짧고, 질은 요도·항문과 가까우므로 생식기 감염 예방을 위해 용변을 본 다음에는 앞에서 뒤로 닦아야 한다'라고 학습할 만큼 그 내용도 상세하다. 여성의 아랫도리 단속에는 연령 차가 없고, '뒷물'로 청결하게 관리하는 방법을 어릴 때부터 배운다. 이제 성기마저 에스테틱의 영역으로 들어가 소음순 성형과 각종 향기 나는 'Y존' 전용 오일은 물론이고, 특수한 파장의 광선을 쏘아주어야 한다는 광고까지 나오는 시대가 되었다는 게 문제지만.

그에 비하면 남성의 아랫도리 돌봄은 가히 태초의 그것과 같다. 대변을 본 뒤 제대로 닦지 않아서 팬티의 엉덩이 부위에 오물 자국을 묻히는 남편과, 그로 인한 고통을 공감하는 기혼 여성의 이야기를 적잖이 찾아볼 수 있다. 원래도 깔끔한 성정이라거나 어릴 때부터 집안일을 한 남성, 혹은 군대와 같은 동성 집단끼리의 단체생활을 하면서 자기돌봄을 익히는 남성도 있지만, 아주 당연한 생활 관리조차 타인에게 떠맡기는 남성이 있다는 것은 분명한 경향성으로 관찰된다.

관련 연구에 따르면, 암 경험자의 삶의 질은 운동능력,

일상 활동, 통증과 불편감, 불안과 우울의 측면에서 남성의
삶의 질이 여성보다 높은 것으로 나타난다. 단 하나
'자기관리' 항목에서 남성보다 여성의 삶의 질이 높다.
자기관리 항목의 문항은 목욕하는 데에 어려움이 있는지,
옷을 입는 데에 지장이 있는지 하는 항목으로 이루어져
있다. 다시 말해, 남성 암 경험자는 일을 하고 여가를 누리는
등의 일상 활동에서의 어려움, 후유증과 정신건강 문제를
여성에 비해 크게 느끼지 않지만, 살림살이나 개인위생과
같은 자기돌봄은 어렵다고 느낀다.[9]

이웃이 내 부모 대신 참석한 보호자 교육 시간, 이식 후
면역이 현저하게 저하된 환자를 위해 깨끗하게 청소하고
깨끗하게 먹이는 방법을 설명하는 담당 간호사에게 맨 뒤에
앉은 한 남성 보호자는 당당하게 "나는 그런 거 못 한다"라고
말했다. 이웃은 교육장에 모인 여성 보호자들이 그 말을
듣고 일제히 고개를 돌리며 "이제는 해야 해요!"라고 소리를
질렀다면서 당시의 소소한 통쾌함을 전했다. 아랫도리
돌봄의 성차와 그것의 효과에 나는 '똥팬티의 성정치'라는
이름을 붙였다.

돌봄이 모든 이들에게 적극적이고 평등하게 자신의 일로
고려되지는 않는다. 가족이 아닌 사람들에게 부탁한다면
더 그렇다. 보건의료노조의 조사에 따르면, 적정한 간병비

수준에 대해 간병인을 통한 간병을 경험한 사람 가운데
절반에 가까운 49.3퍼센트가 하루 5만 원 미만이라고
응답했다.[10] 지나치게 가벼운 지폐 한 장의 무게에
당황스럽다가도, 시간도 돈도 부족한 것이 대부분 가구의
현실이기도 하다는 점에서 '5만 원 미만'에 체크했을 마음이
서글프게 짐작됐다.

　간병인이나 요양보호사 중개업체는 으레 "가족을 대하는
마음으로 모십니다"라며 광고한다. 돌봄노동자를 연결해
주는 업체나 요양병원의 이름에는 으레 '사랑'이 붙는다.
가족사랑, 효사랑, 큰사랑, 빛사랑, 참사랑…. 그러나 돌봄을
'사랑'이라고 부르는 건 받는 사람의 입장일 뿐이고, 이
무임금 노동의 제공자는 대체로 엄마다. 여기에서 말하는
가족이란 아버지도 아들도 아니다. 돌봄은 가족, 이웃사촌,
그 어떤 단어로 표현되든 어머니의 얼굴이어야만 숭고한
사랑, 무한한 정성이라는 의미를 획득한다.

　동시에 반찬을 만들고, 청소하고, 어린이나 노인을
돌보는 일은 여성의 일이기에 평가절하되며 저임금
노동으로 남는다. 서비스로서의 간병은 아픈 사람을 돌보고
돌봄받는 일의 입체적인 성격을 고객만족 평가 항목들
가운데 하나로, 가성비 좋은 저임금 노동으로 머무르게
한다. 그래서 간병은 주로 나이 든 여성과 이주 노동자의
노동이 되었지만, 이들은 되레 나이 든 여성 노동자라거나
'조선족'이라는 이유로 능력을 의심받는다. 돌보는 사람이

돌봄에 의존하는 사람에 의해 생산성을 감시받는다. 의사나 환자를 이송하는 직원 이외에는 병동에서 일하는 사람도 대개 여성이다. 각자가 수행하는 돌봄의 성격이 서로 다르기는 해도, 돌보는 일은 대개 여성이 한다.

남편이나 아들, 손자가 간병하러 온 침상은 가끔가다 만날 수 있었다. 여성 암환자의 별거 또는 이혼율이 남성 암환자의 약 4배에 달한다는 연구 결과라든가, 아프면서도 가사노동을 계속하는 여성들의 사례를 보며 분노와 슬픔을 널뛰었던 마음은, 아픈 사람을 지극히 돌보는 남성들을 보는 동안 평온하게 가라앉곤 했다. 역시 누구의 마음속에나 약한 사람을 보살피는 마음의 씨앗이 잠재해 있는 것 아닐까.

그러나 시시때때로 사뭇 촉촉해진 마음을 방해하는 장면들이 나타났다. 손자가 부모와 교대하여 할머니를 돌보러 온 옆 침상의 경우가 특히 그랬다. 커튼을 넘어 두런두런 들리는 대화로 유추하건대, 할머니는 평생을 닭을 치고 밭을 일구며 살았던 양반. 근골격계질환은 남성에게 흔하리라 여겨지지만, 단순 반복 작업과 세밀한 움직임을 요하는 노동을 주로 하는 여성들에게도 흔하게 나타난다. 그는 백혈병이 아니더라도 여기저기가 아팠다. "나는 살 만큼 살았다"라는 그의 입버릇은 빈말처럼 들리지 않았다.

"밥은 먹었어? 나는 입맛 없다. 이거 너 먹어라."

그는 덩치 커다란 20대 초반의 손자가 병원의 좁은 커튼 안에서도 더 좁은 보호자용 간이 침상에 쪼그려 누워 자는

것을 크게 안타까워했다. 할머니는 손자에게 환자식을
들이밀고, 손자는 먼저 밥을 먹고 왔다며 할머니의 적은
식사량을 염려했다. 누구도 물러서지 않는 실랑이가 삼시
세끼, 밥이 다 식도록 이어졌다.

　돌봄받는 사람과 돌보는 사람은 무 썰듯이 나뉘지
않는다. 예를 들어, 여성 장애인은 가족에게 자신을
의탁하지 않고서 살아갈 수 없는 무력한 존재로 여겨지곤
하지만, 사실은 집에서 가사노동과 감정노동을 수행한다.[11]
경제활동을 하거나 장애인 연금 수령을 통해 원가족의
생계를 지탱하기도 한다. 그럼에도 아픈 몸, 이상한
몸이라는 이유로 수동성을 부여받은 이들이 이에 저항하며
인간성을 증명하려는 노력은 대개 실패한다.

　헌신. 말 그대로 몸을 바쳐 돌보고 살았던 인간은 더러
타인의 헌신을 받을 줄 모른다. 별일 아니라며, 또는 당연히
해야 하는 일이라며 돌봄을 자기 일로 수행해 왔던 사람들은
정작 자신이 돌봄을 받을 때가 되면 몸 바쳐서 하는 일의
곤욕을 깨닫고 송구해한다. 손자의 간호에 손사래를 치는
할머니의 내리사랑도 그랬다. 물론 아끼는 타인을 내 삶에
끌어들이는 것은 어려운 문제다. 삶이 질병과 잘 구분되지
않을 때는 더더욱.

무급의 헌신을 벗어난 삶은 누가 술래인지 모를 술래잡기

같다. 빨래와 청소, 쇼핑, 심지어는 쓰레기를 분리배출하는 일처럼 일상을 영위하는 데에 필요한 노동이 삶으로부터 외주화되었다. 앱 하나로 간단히 가사노동을 '주문'할 수 있는 신사업들은 '긱 이코노미(gig economy)'라는 참신한 이름을 달고 있지만, 스스로를 건사할 수 없는 수준으로 일해야 먹고살 수 있는 자본주의적 삶의 양식을 그대로 투영한 소외의 현장이기도 하다.

그렇게 일상으로부터 떨어져 나간 재생산노동 혹은 자기돌봄은 누군가의 저임금·불안정 노동으로 이어진다. 청소노동자를 연결해 주는 앱을 이용해 집 청소를 맡겼던 날, 빨래를 하지 말아달라고 메모에 썼음에도 빨래 널 곳 없는 집 안 여기저기에 기어코 빨래를 널어놓고 간 청소노동자를 나는 다시는 찾지 않았다. 이제 소비자는 종래의 '센스'나 '융통성'은 없지만 안내문에 적힌 그대로의 서비스를 제공받고, 마음의 부담 없이 못마땅한 청소노동자를 교체할 수 있다. 표준화된 플랫폼 기반의 긱 이코노미에서 노동자는 "이제 '얼굴'을 잃어가고 있다".[12] 내가 기상하기도 전에 물건이나 음식을 집 앞에 놓고 가는 쇼핑앱과 배달앱의 간편함은 유통업에 종사하는 노동자의 야간노동이 된다. 친구들에게 덜 의존하면서 나를 돌보기 위해 누린 상품 대개가 이 문제에서 자유롭지 않았다. 이러한 노동의 취약한 지위는 또한 전 지구적인 돌봄노동의 사슬 속에서 외국인 노동자에게 최저임금을 지급하는 근거가 된다.

나를 주시하며 도움을 주었던 사람들은 일을 쉬고 있거나 일하는 시간을 비교적 자유롭게 쓸 수 있는 편이었다. 상희는 대한혈액학회에서 나온 백혈병 관련 정보 파일을 읽기 쉽게 출력해 스프링철까지 해서 어머니에게 건넸다. 혜원은 입원하기 전날 최후의 만찬처럼 도토리묵을 쑤고 수육과 숙회를 만들어서 집에 찾아왔다. 동생의 파트너는 나와 어머니, 동생을 차에 태워 병원에 데려다주었다. 항암치료를 시작한다는 소식을 듣고 통원 도우미를 자처하는 이웃들은 그 말고도 많았다. 코로나19로 병원 출입이 엄격히 제한되면서, 내가 입은 속옷을 모아두고 간호사에게 건네면 이웃들이 유리문을 사이에 두고 내게 인사하고 거두어 갔다. 그나마 유리문 너머로 안부를 추측하기는커녕 이웃들이 로비에 간식이나 화장품, 세탁한 속옷, 생수병 따위의 물건을 놓고 가야 할 때도 있었다. 아쉽기는 하지만, 이런 메모를 남기는 유머를 잃지 않으면서.

[구산동 자전거 택배_배송완료]
김세영 님이 김도미 님에게 보낸 상품이
배송완료되었습니다.
— 상품명: 쑥차 1개, 오르조 4개
— 인수자(위탁장소): G층 로비

※ 고객센터: 010-0000-0000

나의 퇴원 후 이웃들은 외래진료일에 병원까지 동행해
주기도 하고, 집 청소를 돕고, 집에 찾아와 나의 고충을
들어주고, 같이 수다를 떨었다. 거꾸로 내게 고민을
털어놓거나 내가 차린 밥상 앞에 마주 앉기도 했다. "아픈
사람한테 이런 이야기 해도 되냐", "암환자에게 음식을
해줘야 하는데 얻어먹어도 되냐" 하며 면구스러워하기도
했지만, 이들은 내가 차린 음식을 먹으며 자기 고민을
내어놓는 것이 나를 병자 아닌 다른 자리에도 앉혀주는
행동이라는 걸 이해했다.

만약 다들 회사에서 9시부터 6시까지(야근을 한다면
10시까지) 휴가도 제대로 쓸 수 없을 만큼 빡빡한 시간표로
일을 하는 임금노동자였다면 나는 선뜻 이들에게 손을
빌릴 수도, 놀아달라고 할 수도 없었을 것이다. 돌봄은
일반적인 노동과는 다른 종류의 정성과 인내를 요구하기
때문이다. 당장 돌봄에 드는 시간과 노력을 타협할 수
없다는 점이 그렇다. 돌보는 사람이 아픈 사람에게 몇
시부터 몇 시까지만 나를 불러달라고, 언제만 거동이
불편해지라고 할 수는 없는 노릇이다. 돌보는 시간 속에서는
돌봄받는 사람이 주도권을 지니며, 그들을 시계로 하여 모든
일이 돌아간다.[13] 이에 정치철학자 낸시 프레이저(Nancy
Fraser)는 임금노동자를 포함한 모든 사람이 돌봄의 주체가

되는 '보편적 돌봄제공자 모델(universal caregiver model)'을
제안한다. 보편적 돌봄제공자 모델 안에서는 내가 받았던
것과 같은 이웃들의 조력이 전혀 특별한 일이 아니게 된다.

내가 이웃들에게 받은 것이 지금 한국 사회의
시장경제와 복지제도에서 찾을 수 없는 종류의 노동임을
알기에, 미안한 나는 계속 의심하곤 했다. 내가 너무
큰 민폐를 끼치는 건 아닐까. 내가 돈을 기왕에 많이
모아두었더라면 청소업체와 용달업체에 집을 맡길 수
있지 않았을까. 가사노동자에게 멸균식을 부탁할 수 있지
않았을까. 혈연관계에서 발휘된다고 믿는 무조건적인
헌신에 기댔어야 하는 건 아닐까.

"돌보는 사이가 가능해지려면 아픈 사람의 용기도
필요해요"라는 혜영의 말은 자신의 경험에서 길어 올린
지혜였을 것이다. 수많은 의문과 자책을 밀어 올리며
손발톱이 잘도 자라났다. 죽은 손톱이 한 번씩 무늬를
그린다는 건 손톱 아래가 그만치 살아 있다는 의미. 나는
물결 하나만큼씩 살고 있었다. 가장 높이 솟은 부분이
포말처럼 하얗게 터졌다. 이웃들과 나는 함께 염려하는 대신
함께 흥미로워했다.

시간이 흘러 이식 100일째 되는 날, 이사 온 동네의
이웃인 쪼꼬와 이응, 코리와 백일잔치를 했다. 곧 100일이

된다는 내 말을 여사로 흘려듣지 않은 이응 덕분이었다.
나는 그들을 위해 포도주를 넣은 찜 요리를 만들었고,
그들은 '돌잡이' 아닌 '백일잡이'를 준비했다. 식사를 마친 뒤
망치, 실, 거울, 바디로션을 출력한 A4용지 넉 장을 테이블
위에 늘어놓고 나서 우리는 깔깔대고 웃었다. 각 종이의
뒷면에는 이렇게 적혀 있었다.

> 망치: 이식편대숙주반응에 뿅망치가 떨어집니다.
> 　T림프구가 표적기관 공격을 중단합니다.
> 실: 이건 그거 그 뭐 알죠?
> 거울: 빳은 말들에게 거울반사를 드립니다.
> 　내면의 평화가 찾아옵니다.
> 바디로션: 피부의 근질거림이 점차 사그라듭니다.
> 　편안함이 찾아옵니다.

　이식 1년 차가 되던 날에는 발병 후 나를 안팎으로
꾸준히 돌보아 준 친구들과 집에서 잔치를 했다. 정기
모임이었을 뿐 나로서는 뜻하지 않은 돌잔치였다.
친구들은 "김도미 뼛속까지"라고 적힌 갈랜드와
"면역쟁취투쟁"이라고 적힌 피켓을 만들어 왔다. 주먹을
불끈 쥐고 "투쟁!"을 외친 뒤, 입원 전 친구들이 차려주었던
최후의 만찬 때처럼 둥그렇게 둘러앉아 밥을 먹었다.
여태 면역 저하 문제로 먹지 못한 딸기 케이크와 대만

파인애플 과자도 함께였다. 나의 상태에 대해 궁금한 것을 묻고 이야기를 나누며, 서로의 근황을 확인하고 응원했다. 우리의 관계가 형태를 바꾸어 가면서도 여전히 일상적으로 흘러가고 있음을 확인했다.

앞서 〈병자를 위한 올바른 대화 매뉴얼〉 같은 것을 만들지는 못할 거라고 했다. 그 생각은 지금도 변함없다. 이웃들은 나를 살피고 돌보는 과정을 통해 항암 정보가 난무하는 건강 중심 사회에서 혈액암 병자가 사는 법을 배우고 함께 수다 떠는 법을 익혀갔다. 나는 1센티미터도 채 되지 않는 손톱 마디를 길러내는 동안 폐를 끼치고 뻔뻔해지기도 하면서 내 방식대로 이들에게 갚을 방법을 배웠다. 숨길 것도 없었고, 과장할 것도 없었다. 엉망으로 나온 손톱처럼 불규칙적으로 도착하는 사건 앞에서 신기해할 일과 심각하게 여길 일을 미세하게 조율했다. 좌절을 꺼내어 놓고, 유머의 주파수를 맞추어 가고, 몸과 시간을 부대끼며 흐른 대화의 결과물이다. 질병이 단지 아픈 몸에 감금되는 경험에 머무르지 않는다면, 고통이 부정적인 감각임을 넘어서 어떤 의미를 부여받을 수 있다면 그것은 전적으로 부대낀 경험 덕분일 것이다.

아픈 몸이 모든 사람에게 예견되는 삶의 조건이라는 사실을 받아들이며, 조금이라도 더 노련한 병자와 조력자 되기를 고민하는 것은 질병이라는 사건이 다른 세계로 확장되는 경험일 수 있다는 가능성을 보여준다. 이제는

의존이 망설여져 주춤거렸던 시간이 순전한 미련으로
남지는 않는다. 끄트머리에 남은 의문과 자책을, 고맙고
애틋한 마음과 새로운 확신을 말끔히 잘린 손톱과 함께
거실의 초록색 단지 아래에 넣어두었다.

(2023. 3. 20.)

밥벌이라는 큰 문제

병원비 감면은
너무나 감사하지만

      함께 일했던 동료들이 후원금을 모으고 있다는 소식을 알음알음 전해 들었다. 아픈 사람을 위한 후원금 조직은 비영리단체에서 익숙한 방식이다. 대개의 활동가는 최저임금에 수렴하는 활동비를 받으며 생계를 꾸린다. 당연히 미래를 설계하기 어렵다. 몸과 마음을 다해서, 소진되어 가는 줄 모르고 열심히 일하며 살다 보면 병에 걸리기 쉽다. 그래서인지 활동가들은 자주 아픈 것 같다. 미리 보험을 들어놓을 만도 하건만, 활동가들 가운데에는 공적인 의료 시스템을 강화해야 한다는 신념에서든 당장의 생계가 바빠서든 간에 민간보험에 가입하지 않은 사람들이 많다. 누가 크게 아프면 후원금을 모금하는 웹자보나 연락이 한 번씩 돈다. 이번에는 내 차례가 되었다.

    참 상냥한 사람들. 세상만사가 아쉬운 병자 처지에

이렇게 마음 써주는 사람들이 있다는 것이 엄청난 복인 걸
안다. 하지만 내키지 않았다. 카테터를 다는 시술을 한 지
얼마 되지 않아 안면근육을 조금만 써도 턱 전체와 쇄골이
당기고 아팠는데, 그래도 오만상을 찌푸리며 눈물, 콧물을
짰다. 다 울고 나서 후원금 조직을 담당한다고 들었던
분에게 전화를 걸었다.

  "나중에 굿즈 만들면 그거 후원해 주세요."

  그는 난처해했고, 나는 완강했다. 내가 왜 그랬을까.

배짱의 근거에는 민간보험이 있었다. 내게는 약 2년 전에
들어놓은 암보험과 꽤 오래 유지하고 있는 실손보험이
있었다. 사람들은 보험이 있어서 참 다행이라고 말했다.
주변에 있는 내 또래 중에서 민간보험에 가입되어 있는
경우는 대개 양육자가 어릴 때부터 보험을 들어놓았거나,
주변 사람이 보험설계사로 일해서 보험 가입을 권유받은
경우였다. 나는 전자에 속했다. 매달 몇만 원 정도 되는 돈을
붓기나 했지 제대로 타본 적이 없었기에, 사람들 말마따나
다행인가 싶었다.

  지금 와서 보험이 있어 다행이냐 묻는다면 대답하기
어려울 것 같다. 보험금을 받는 과정은 꽤 까다롭고 대체로
모욕적이었다. 보험사는 진단금을 받기에는 내 납입
기간이 짧다는 이유로 적지 않은 민감정보를 요구했다.

내가 최근 다녔던 모든 병원과 내원 사유, 치료 기간을
적어서 제출하면 보험사 직원이 병원으로부터 사실관계를
확인한다고 했다. 나의 소득과 건강보험 월 납부액을 묻기도
했다. 보험사기꾼으로 의심을 받는 기분이 유쾌할 리
없었다. 앉아 있을 때보다 누워 있는 날이 더 많은 가운데,
흐린 기억을 부여잡고 병원 이용 내역을 찾는 동안 전화기
건너편에 있던 직원의 멱살이라도 잡고 싶은 심정이었다.
그렇다고 진단금 청구를 뒤로 미룰 수는 없었다. 버는 것
없이 숨만 쉬어도 돈이 나갔다. 가까스로 진단금을 받아 그
시기를 지났다.

　실손보험을 신청할 때는 또 다른 문제가 있었다. 보상팀
담당자가 전화로 나의 건강보험 가입 여부와 월 납부액을
물었다. 건강보험공단에서 본인부담금 상한제에 의거해
내게 돌려준 의료비를 보험사 측에서 미리 제하고 보험금을
지급하거나, 내가 그 돈을 받아서 보험사에 주거나 해야
한다고 했다. 처음으로 펼쳐본 보험상품 약관에는 그런
내용이 없었다.

　그제야 본인부담금 상한제가 무엇인지 찾아보기
시작했다. 실손보험금 지급 과정에서 건강보험공단의
환급금을 '뱉어내'라고 하는 문제는 이미 보험사와 보험
소비자 사이의 오랜 갈등이 되어 있었다. 그러니까 보험사
직원은 아직 첨예한 갈등으로 남아 있는 문제가 마치 당연한
절차이자 소비자의 편의를 위한 조처인 것처럼 거짓되게

설명한 것이었다. 보험 소비자의 사기는 보험사기라고
부르지만, 보험사의 기망행위에는 이름이 없다. 이것도
기업의 '정당한' 이윤추구이자 자본주의 사회의 원리일까.

본인부담금 상한제는 소득수준에 비해 의료비를 일정 금액
이상으로 크게 지출한 경우, 건강보험관리공단에서 그
초과분을 부담해 주는 제도로서 아픈 사람의 생계 부담을
줄여주는 효과가 있다. 2009년 9월 제정된 실손의료보험
표준약관에는 "본인부담금 상한제에 의해 환급을 받을 수
있는 금액은 보상하지 않는다"라는 내용이 명시되어 있지만,
표준약관 제정 이전까지는 약관에 관련 내용이 없었다.

　환급금 공제에 대한 보험사와 소비자 간의 분쟁은
계속 진행되는 중이다. 아주 일관되지는 않지만, 법원은
본인부담금 상한제의 취지를 실손보험과 달리 '취약계층에
대한 건강보험 보장성 강화를 위한 제도'로 해석하는 경향이
있다.* 일례로 2021년 부산지방법원은 보험사가 실손보험
소비자의 환급금을 환수하기 위해 제기한 부당이익금
소송 2심에서 원고의 청구를 기각했다. 소비자원
또한 해당 내용이 약관에 없는 소비자에게 2009년

＊　그러나 2024년 1월 25일 대법원에서는 본인부담금 상한액을 초과하여
국민건강보험공단으로부터 환급받은 부분은 보상 대상이라고 할 수 없다고
판시했다(2023다283913).

9월 이후의 실손의료보험 표준약관을 소급 적용하는 것은 문제라고 판단했다.[14] 보험사가 원래 지출해야 할 보험금을 공적제도를 이용해 절약하고 있다는 시각이다. 반면 금융감독원은 본인부담금 환급금을 공제하지 않고 실손보험금을 수령하는 것은 이중 수령이라고 보고 있다. 보험업계는 이제 소비자의 실손보험 가입 시점이나 약관의 관련 내용 명시 여부와 관계없이 본인부담금 상한제 환급금을 공제해야 한다는 태도를 고수했다.

보험사 보상팀과의 소통은 할 때마다 화가 나고 어려웠다. 민간보험이 없었더라면 내가 이용할 만한 복지제도가 있는지 병원과 주민센터에 있는 사회복지사에게 상담이라도 해볼 수 있었겠다는 마음이 들 정도였다. 거기에서도 나의 어려움을 늘어놓고 읍소해야 했겠지만, 적어도 보험사처럼 약관을 뒤집으면서까지 진을 빼놓지는 않았을 것이다. 보험사와의 갈등이 어머니 탓도 아닌데, 급기야 나는 나와의 상의 없이 실손보험을 든 어머니를 원망하기에 이르렀다. 어머니는 당신이 곧잘 아파서 병원에 자주 가는 사람이고, 자주 아파본 경험으로 자식이 아플 때를 염려했을 뿐인데.

어머니가 오래전 실손보험을 들어놓은 것은 건강보험제도의 보장성이 지금보다 좋지 않았던 과거에는 실손보험이 가족의 건강과 재산을 지켜줄 수 있는 최소한의 안전망이었기 때문이다. 보험사가 운영하는 각종 손해보험과 생명보험 상품들은 국민건강보험과 국민연금제도가 충분히 포괄하지 못하고 있는 소비자의 불안감을 먹고 자라면서 사실상 '안전한 투자'라고 할 만큼의 위상이 되었다. 그리고 미래에 대한 대비책을 민간기업에 위탁한 결과, 나를 비롯한 보험 소비자들은 전화통을 붙들고 시간을 보내거나 보험사로부터 소장을 받는다.

강화되어야 하는 것은 다종다양한 민간보험 상품이 아니라 국민건강보험과 국민연금이다. 암환자가 되었을 때 국민건강보험과 국민연금을 통해 받을 수 있는 제도적 지원은 앞서 이야기한 본인부담금 상한제 외에는 산정특례, 장애연금, 상병수당 정도가 있다.

산정특례제도는 2005년 도입되어 중증질환자의 의료비 본인부담금을 10퍼센트로 낮추었다. 현재와 같이 암환자 등 중증질환자의 본인부담금이 5퍼센트로 더 낮아지게 된 것은 2009년부터다. 과거 중증질환은 소설 『가시고기』에서처럼 백혈병에 걸린 자녀를 둔 아버지가 장기 매매를 고민할 정도로 '집안 기둥 뽑아먹는 병'이었지만 지금은 사정이 달라졌다. 지난 20여 년 동안 국민건강보험 제도는 상급종합병원, 중증질환, 입원처럼 한꺼번에 큰돈이 들어가는 의료비 지출에 대한 보장률을 크게 높였다. 이러한 추이에 대해 내가만드는복지국가 김종명 공동대표는 "중증,

고액질환 보장이 높아야 제대로 된 의료보장이라고 할 수 있다"라고 말하며 부족하나마 현재의 "고액중증질환의 보장성 확대는 그간 정부의 보장성 강화 정책의 효과"라고 평가한다.[15] 산정특례제도 덕분에 나는 병원에서 영수증을 받을 때마다 전체 병원비에서 본인부담금 영역을 확인하며 가슴을 쓸어내렸다.

장애연금은 보건복지부 예산에 포함되는 장애인연금과 달리, 국민연금공단에서 국민연금 가입 기간 중 생긴 질병이나 부상 후 후유장애에 대해 연금을 지급하는 제도다. 난치성질환자나 암 경험자 등 중증질환자 중에서 수급 요건을 충족하는 이들에게 지급된다. 백혈병 환자가 조혈모세포 이식 후에도 혈액을 잘 만들어 내지 못하거나 면역억제 상태로 지내야 하는 경우, 흔히 이식편대숙주반응을 겪으며 사회 복귀가 무한정 유예되기 때문에 장애연금은 생계를 유지하는 데 도움이 된다. 내가 납부해 온 국민연금과 건강보험료가 내가 어려울 때 이렇게 돌아온다는 것을 몸소 배웠다. 하지만 나의 발병 당시 막 시범시험을 시작했던 상병수당은 내가 이미 퇴직을 한 상태인 데다 시범사업 지역의 거주자도 아니어서 해당 사항이 없었다.

분명 제도적 한계가 있다. 아무리 산정특례를 통해 본인부담금 5퍼센트를 적용받아 의료비를 보장받을 수 있다고 하더라도, 일을 하지 못하는 상태에서 의료비를

지출하는 것은 여전히 부담이 된다. 본인부담금 상한제는
환자가 직접 신청해야 하고, 공단에서 소득수준을 파악해
나중에 환급을 해주는 시스템이기 때문에 의료비 지출과
환급 사이에 몇 개월가량의 시차가 발생한다. 장애연금은
질병의 후유증 정도에 따라 차등 지급되므로 몇 급으로
분류되는지, 그간 국민연금 납입액이 얼마나 되는지에 따라
생계 보장에 큰 의미가 없는 수준으로 지급되기도 한다.

간병과 같은 일상적인 돌봄 문제에 대한 제도는 거의
공백에 가깝다. 숨만 쉬어도 돈이 새어 나가는 것이 대다수
아픈 사람의 현실이지만, 절대빈곤의 상황에 처했음을
증명할 수 없다면 일상적인 돌봄에 대한 제도적 지원을 받기
어렵다. 당장 간병비에 지출할 돈이 없다면, 지인들에게
돈을 빌리거나 정말 돈이 없다는(기초생활수급자라는)
사실을 증빙해야 한다.

예전처럼 백혈병이 집안 뿌리 뽑아먹는 병이 아니라고
하더라도, 조혈모세포 이식은 800만 원 정도의 비용이
통으로 들어갔다. 소소하게 들어놓았던 적금을 해지하면서
내 나름대로 시간을 들여 둘러놓은 안전망을 내 손으로
하나씩 걷어 내는 느낌이었다. 오랜 기간 소득이 없어
국민연금 납부제외자에 해당한다는 고지서를 받은 날
마지막으로 주택청약 통장을 해지했다. 아파트에서 살고
싶지 않다는 마음을 명확하게 한 뒤 결정한 일이었지만,
슬며시 드는 불안한 마음은 어쩔 수 없었다. 살고 싶은 주거

형태에서 사는 것이 아예 사치가 되는 순간이 온다면 이
결정을 몹시 후회하게 될지 모른다.

●

아프면 포기해야 할 것들이 생긴다. 하지만 너무 많은 것을
포기하지는 않고서 아프면 안 되는 걸까. 인터뷰로 만난
지영 씨는 나와 같은 30대 중반의 나이로, 같은 시기에 같은
병원에서 조혈모세포 이식을 받았다. 그에게도 '다행히'
암보험 진단금이 있었다. 산정특례제도 덕분에 의료비
지출이 아주 부담스럽지는 않았고, 진단금으로 생계비를
충당할 수 있었다. 그러나 진단금은 언젠가 바닥난다.
　"아이가 둘 있는 가정에서는 지출을 줄인다고 하더라도
획기적으로 줄지는 않거든요."
　맞벌이 가정이었던 지영 씨의 집에서 생계노동은 아내가
일임하게 되었다. 마이너스 통장을 꺼내 쓰는 데에도 한계가
있다. 다시 일을 시작하게 된다고 하더라도 예전처럼 야근을
밥 먹듯이 할 수 있을까. 혹시라도 재취업을 한 뒤 병이
재발한다면 새 직장에 양해를 구하는 마음이 쉽지는 않을
듯싶다.
　몸을 움직이는 데에 어려움이 없는 나의 경우는
국민연금공단의 장애연금 지급 기준에 따르면 "생활의
어려움이 적다"라고 판단된다. 하지만 나는 여전히 보통
사람의 절반에 불과한 호중구 수치를 유지하고 있다.

면접관에게 "사무실은 위생적입니까?"라고 물을 수는 없는 노릇이다. 지영 씨와 나는 같은 고민을 한다. 한창 일해야 하는 나이, 한창 경력을 쌓고 능력을 증명해야 하는 나이. 그러나 예전 같지 않은 몸으로 어떻게 밥벌이를 할 수 있을까. 마침 주 5일을 꼬박 일하지 않아도 되는 일터의 공고가 뜬 날, 한참 만지작거리던 이력서를 냈다. 면접을 보고 돌아오는 길이 멀었다. 왕복 3시간이 넘는 거리에 녹초가 되어 집으로 돌아왔다. 이 출퇴근길과 노동량을 감당할 수 있을지 한참을 고민했다. 이튿날 계시처럼 눈두덩이가 벌겋게 얼룩졌다. 지금 상태로는 앞으로 계속 좋은 동료가 되겠다고 약속할 수 없겠어. 일할 수 없는 사유로 다른 핑계를 들기는 했지만, 속마음은 그랬다.

지영 씨는 여전히 "살얼음판을 걷는 것 같다"라고 말했다. 하지만 사람들이 언제까지고 우는 소리를 듣고 싶어 하지는 않을 거라는 사실을 안다. 무엇보다 일상으로 복귀해서 생계를 이어나가야 한다. 나는 나를 홀로 건사해야 하고, 그는 아내와 함께 4인 가족을 꾸려나가야 한다. 생계의 방편을 찾는 일이 시급하지만, 이런 몸으로는 사회에 마땅한 나의 자리가 없을 수도 있다. 이 불안이 개인과 가족의 몫으로 남는 한 질병은 영영 재앙이 된다. 질병을 완치하고 극복하는 서사가 힘을 얻는 이유 또한 질병이 그저 나와 가족의 일상이 부서지는 비극으로만 머물러 있기 때문일 것이다.

3부 돌봄의 조건

조혈모세포 이식 후 3개월쯤 되었을 때 암 경험자인 친구 희진이 물었다.

"퇴원하고, 치료 다 끝나고 나서부터가 진짜 문제이지 않아?"

밥벌이의 어려움에 대해서 희진은 일찍이 절감하고 있었다. 치료는 다 마쳤지만, 구직 활동을 하기는 버거운 시기에 나의 친구인 죄로 그의 코가 꿰었다. 서두에 이야기했던("나중에 굿즈 만들면 그거 후원해 주세요") 바로 그 굿즈 말이다. 암 경험자로 사는 동안 할 말이 많았다. 암환자의 주변에는 저도 모르는 사이 청순하게 무례를 저지르는 이들이 많았고, 나는 이렇게 암환자에게 입을 대는 방식을 열두 가지 유형으로 분류했다. 십이지신에서 따와 '십이진상'이라고 이름 붙인, 각 유형에 해당하는 캐릭터를 만들었다. 내가 쓰고 그린 것에 희진이 디자인을 입혔다. 그렇게 포스터와 열두 장의 캐릭터 카드, 양말, 뉴스레터라는 기이한 조합의 굿즈가 만들어졌다.

굿즈의 꽃말은 사랑. 나를 사랑한다면, 훈수하지 말고 후원하시오.

사람들이 주고 싶어 했던 그 후원금을 진짜 필요할 때 받아보겠다고 시작한 짓이 시간을 청소기처럼 빨아들였다. 피로해서, 배가 아파서, 가려워서, 따가워서, 자주 쉬고 자주 잤다. 무슨 일을 시작한 건가, 후회도 했다. 내가 파는 건 양말인가 암환자의 불만인가. 내가 그들에게 보낼 메시지에 무슨 의미가 있나. "다른 병자들에게 희망이 되고 싶다"라거나, "아픈 사람들끼리의 공감대를 형성하고 싶다"라거나, "젊은 암환자를 위한다는 이유로 아무 말이나 주워다가 하는 사람들에게 경고장을 날린다"라며 거창하게 포장하는 것도 맞지 않았다. 나는 그저 말이 많고 불만이 많은 사람일 뿐이었다.

그렇다고 의미 없이 동동거리기만 한 시간은 아니었다. 희진과 굿즈 시안을 확인하고 뉴스레터를 쓰는 시간이 있어서 앓는 시간을 그저 흘려보내고만 있다는 자괴감을 견딜 수 있었다. 박스에 가득 들어 있는 굿즈 재고가 나의 현실감각을 완전히 새로운 방향으로 틀어줬다. 무엇보다, 재미있었다. 예전의 나였다면 하지 못했을 일들이었다. 그리고 이 일은 새로운 사람들과 새로운 집단들로 나를 이끌었다.

하지만 모든 중증질환자가 나처럼 할 수는 없고, 그래서도 안 된다. 뭘 더 만드는 게 지구에는 실례다. 치료를 모두 마쳤지만 여전히 아픈 사람들, 적지 않은 암 경험자들에게 필요한 것은 자신의 역량에 맞게 사회 활동을 할 권리다. 몸이 불편한 정도에 급을 매겨서 지원하는 이런 방식은 장애등급제에 대한 문화인류학 연구자 안희제의 비판과 마찬가지로 당사자의 "사회적인 삶을 전혀 상상하지 않으면서, 의료적 기준만으로 몸을 꿰뚫어 완전히 이해할 수 있다는 오만에 근거한다".[16] 굳이 나와 같은 푸닥거리를

벌이지 않더라도 아픈 사람들이 사회와 연결되며 생계를
이어나갈 수 있어야 한다.

젊고 건강한 사람만을 노동자로 상정하는 사회에서
'잘 아플 권리(질병권)'와 '아픈 몸 노동권'을 이야기하는
것은 그래서 중요하다. 조한진희 다른몸들 대표는 "남성
실업률도 높은데 여성 실업률은 나중에 챙기자거나, 건강한
사람의 실업률도 높은데 아픈 몸의 실업률까지 챙겨야
하냐는 사고(思考)가 사고(事故)를 만든다"라며, "우리의
몸을 끊임없이 선별하고 서열화하는 차별적 사고와 제도가
개인의 몸을 병들게 하고, 아픈 몸을 더욱 사회적 통증에
가둔다"라고 말한다.[17]

야근하지 않아도 되는 환경, 눈치 보지 않고 병원에 갈
수 있는 노동환경은 아픈 사람뿐만 아니라 '현재 건강한'
사람에게도 절실하다. 장애인 이동권 투쟁의 결과로
아프거나 노쇠해서 힘든 사람, 유아차를 끄는 사람도
지하철역에 설치된 엘리베이터를 사용할 수 있게 되었다.
아픈 사람이 하고 싶은 일을 계속할 수 있는 환경을 만드는
건 단지 아픈 사람의 생계를 해결하는 문제에 그치지
않으며, 아픈 사람이 하고 싶은 일을 할 권리란 '일하느라
병에 걸리지 않을 권리'와 '병에 걸려서도 일터에서 내몰리지
않을 권리' 모두를 포함하는 것일 테다.

(2023. 5. 10.)

쓰레기를 만들며 살아간다

내 몸만 생각하면
정말 건강해지나

전세난까지 닥쳐서 어렵게
구한 집 창문으로는 북한산이 멀끔하게 보인다. 전망을
포기했더라면 조금 더 넓은 집을 구할 수도 있었겠지만,
산을 바라볼 수 있는 창문 하나 때문에 이 집을 선택했다.
조혈모세포 이식 후에 얼마나 아플지, 언제 어떻게
회복할지, 그래서 언제 안심하고 집 밖을 돌아다닐 수
있을지 미리 알 수 없었던 것이 큰 이유가 됐다.

비좁지만 전망 좋은 이 집에서 나는 매일 쓰레기를
만들며 살아간다. 500밀리리터 생수병, 청소 마무리용 소독
티슈, 먼지 제거를 위한 청소용 부직포, 카테터를 소독하고
물이 닿지 않게 하는 드레싱 용품, 이제 완전히 한 몸이 된
일회용 마스크. 종류도 다양한 로션과 오일 들은 예민해진
피부에 맞지 않아 미처 다 쓰지도 못한 채로 쓰레기통에
처박혔다. 청명한 하늘과 바위 봉우리가 빛나는 집 한구석에

폐기물이 쌓여가는 모순 속에서 집에 방문한 사람들은 내게 말했다. 드디어 김도미에게도 칭찬할 거리를 찾았다는 듯이.

"암환자는 공기 좋은 곳에서 살아야 돼. 이사 잘 왔다."

암환자는 취향도 없냐. 역시 이번에도 볼멘소리가 자꾸 목 끝에 걸린다.

"암에 걸렸다고 하니까 아는 사람이 연락해 와서 가장 먼저 한 말이 '산에 들어가지 마라'였어요."

이 말인즉, 산에 찾아 들어가 자연치유를 도모하는 암환자들이 있다는 의미다. 암환자는 '항암식단'을 먹으며 '절대안정'을 해야 한다는 믿음이 마치 기복신앙을 믿는 것과 같은 무한한 정성을 요구한다면, 산은 소모적이고 자기착취적인 자본주의적 삶에 대한 관점의 변화를 촉구한다.

산은 인간 사회의 반대항, 순수하고 신성한 자연 그 자체를 상징한다. 한국의 국토 면적에서 산지의 비율은 약 70퍼센트 이상이라고 알려져 있는 만큼, 자연환경을 떠올릴 때 가장 먼저 생각나는 이미지도 광활한 초원이나 울창한 숲보다는 산에 더 가깝다. 산에는 〈나는 자연인이다〉 같은 TV 프로그램에 등장하는 주인공들처럼 속세의 미련을 떨쳐야 할 인생사가 있었거나 기도와 수양을 하려고 하는 은자들이 깃든다. 산은 치유와 회개의 장소, 병든 인간의 비틀린 생체리듬을 되돌려 놓는 영적인 에너지를 가진 이상향이다(게다가 산에는 온갖 약초와 버섯이 자란다!).

그러나 현실의 산은 그곳에 깃든 상징에 비해 형편없이 푸대접받는다. 내가 살게 된 동네는 개발제한구역으로 묶여 있다. 하지만 지역 토박이들의 주요 관심 이슈는 소규모 주택 재개발 사업이고, 실제로 고도제한 해제를 논의하는 공청회가 열리기도 했다. 한 국회의원 후보의 공약은 케이블카 유치였다. 명색이 국립공원인데도 북한산은 재산권 행사를 방해하는 천덕꾸러기 노릇을 담당하고 있다.

산을 인간에게 이롭게 개발하고 경영해야 한다는 철학은 땅 주인이나 사기업의 이윤추구에 그치지 않는다. 자연과 멀어진 도시 생활자들의 불균형한 삶을 벌충하기 위한 정부 사업들에는 '산림복지', '치유', '문화진흥'이라는 명목이 붙어 있다. 자연휴양림 이용자 수와 국립공원 탐방객 수는 꾸준히 증가하는 추세이며, 산림청이나 국립공원관리공단과 같은 정부 기관에도 이용객의 민원을 수용해 재래식이었던 화장실을 개선하고 탐방로를 걷기 편하게 정비하는 등의 서비스 질 향상이 중요한 과제가 되었다. 품질 향상의 논리에 지역민과 정치권력의 이해관계가 덧대어지고, 국립공원에 케이블카나 공항을 짓는 일까지도 허용되는 동안 산양과 두루미는 서식처를 잃게 될 것이다.

사정을 모르는 주변 사람들은 내가 공기 좋은 곳에서 살게 되었음을 다행으로 여긴다. 산이 정말로 나를 치유하고

있는지는 알 수 없지만, 확실한 변화는 늘 어디론가 떠나고
싶던 욕구가 줄어들었다는 점이다. 서울살이 10여 년 만에야
내가 살고 싶은 곳이 어떤 곳인지를 깨닫게 되어 마음이
흡족하다. 다만 노인이 많이 사는 이 동네에서 쓰레기를
가장 많이 배출하는 젊은이가 된 것이 면구스럽다. 매주
쓰레기 배출일마다 지정된 쓰레기 배출 장소에 인근 노인
가구들이 배출한 총합과 거의 같은 양의 쓰레기를 나 혼자
내놓는다. 적당한 의존과 적당한 독립을 누리기 위해서
어쩔 수 없었다고 자위하기에는, 나는 한정된 자연 자원에
지나치게 의존하고 있다. 주변 사람들은 말한다.

"너는 네가 건강할 것만 생각해."
"네 몸만 생각 하면서 살아."

　하지만 그것의 결과는 현관 앞에서 쓰레기 배출일을
기다리고 있는 커다란 봉투들이다. 아픈 사람으로 일상을
살아가기 위해서 선택할 수 있는 다른 방법은 없었을까.

쓰레기가 생산되는 이유는 뻔했다. 병원의 위생 관리 교육은
"물은 팔팔 끓여서 마시거나 생수병을 사서 종이컵에 따라
마셔야 한다"라고 가르쳤다. 정수기는 필터와 출수구의
위생 관리가 어렵다는 이유로 금지되었다. 생수 뚜껑을

열면 4시간 안에 마셔야 했다. 지나치게 엄격하다는 생각도 들었지만, 감염 위험을 최소화해야 한다는 대전제에 동의했다. 다양한 위생 관념을 가진 사람들이 병자가 되므로 교육은 모두가 따라 할 수 있고, 오차범위를 줄일 수 있는 내용으로 구성되어야 했을 것이다.

여태 직수형 정수기를 직접 설치해서 써왔기 때문에 내가 하루에 얼마나 많은 양의 물을 마시는지 모르고 살았다. 차와 커피를 달고 살았던 습관 탓에, 페트병 생수로 바꾸고 나서 보니 하루에 물 3~4리터는 너끈히 마셔대고 있었다. 생수 묶음 하나를 들고 입원했더니 3일째에 동이 났다. 당황해서 마시는 물의 양을 줄였다. 500밀리리터 생수 한 묶음을 그나마 얇고 가벼운 11그램짜리 플라스틱 페트병으로 고른다고 해도 닷새 만에 20병, 그렇게 한 달에 여섯 묶음을 사다 마시면 120병이 되었다. 환산하면 물을 마시느라 생긴 플라스틱 쓰레기만 매달 1킬로그램을 훌쩍 넘어버렸다. 종이컵은 생수 한 병에 한두 잔을 썼으니 대충 1.5배로 셈을 해보면 한 달에 180개를 썼다.

교육 내용 중에는 청소기를 사용하면 바람이 일어나 병균이 도리어 퍼지는 꼴이 될 수 있으니 손걸레나 막대걸레로 가만가만 쓸어야 한다는 지침도 있었다. 먼지를 달라붙게 하는 부직포 막대걸레를 처음으로 사보았다. 청소할 때마다 바닥에 서너 장, 집 안의 온갖 기물에도 두어 장의 부직포를 썼다. 마무리로는 병원의 청소노동자들이 쓰던 소독 티슈를 눈여겨보았다가 쟁여놓고 썼다. '이게 다 플라스틱인데'라는 생각이 들지 않았던 건 아니다. 하지만 일회용 부직포를 사용하지 않으려면 먼지를 훔치고 마무리로 락스 청소까지 한 뒤에 일일이 걸레를 빨래해야 했다. 이건 제아무리 나를 위해 시간을 내어주고 싶어 하는 이웃들도, 관절이 약해진 나도 감당할 수 있는 노동량이 아니었다. 그런 식으로 위생 관리를 하려면 나를 위해 상주하는 청소노동자가 필요했다. 그래서 한 달에 최소 100장 이상의 청소용 부직포와 소독 티슈를 쓰고 버렸다.

한 달 간격으로 입원한 병동에서 새벽마다 몇 개씩 사용되는 혈액 검체통이나 주사기, 링거줄, 링거팩 같은 의료용품들도 빼놓을 수 없다. 병실의 쓰레기통 두 개에 넘치도록 담겨 있는 5인분의 링거줄과 빈 생수병들을 보고서 실감이 났다. 내가 자연에서 이만큼 비켜서 있다는 것과, 내가 이 임시적인 삶을 유지하기 위해 치르는 대가가 저 쓰레기 더미라는 것. 그건 '옛날 같았으면 금방 죽었을 목숨'이라는 말의 진짜 의미이기도 했다. 가끔은 집에 찾아온 친구들에게 농반진반으로 이렇게 이야기하며 머쓱해했다.

"동년배들은 다 '플라스틱 어택' 하는데, 나만 플라스틱 쓰레기를 만들고 있어."

음식 사정은 좀 더 복잡했다. 매 끼니를 팔팔 끓인 채로 새로 차려야 했다. 면역 저하자에게 요구되는 생활 지침을 따르느라 하루가 더 촘촘하고 분주해졌다. 한 달의 입원을 마치고 한 달여간 주어진 '항암 휴가' 동안, 온종일 밥을 해 먹고 청소를 하면 손에 물이 마를 시간도 없이 밤이 됐다. 그러나 가사노동은 늘 그렇듯 현상 유지일 뿐 손대지 않은 티는 나도 손댄 티는 나지 않는다. 그럭저럭 살림의 재미를 느끼면서 살던 내가 미국의 페미니스트이자 사회심리학자 베티 프리단(Betty Freidan)이 "이름 붙일 수 없는 문제(problem that has no name)"라고 했다던 주부의 우울을 사무치게 깨닫게 될 참이었다.[18] 명색이 휴가라는데 하루하루가 피로하고 무의미해졌다.

200년도 더 전에 발명되어 양차 대전에서 빛을 발한 멸균팩과 깡통이 그런 나를 가사노동의 수렁에서 건져주었다. 집밥에 대한 집착을 버렸다. 하루에 한두 끼는 간편식을 먹거나 간편식에 재료를 보태는 식으로 나름의 방침을 정했다. '항암식품'의 자리는 공장제 멸균 음식이 차지했다. 깡통에 들어 있는 복숭아나 파인애플은 물론, 간편식 시장이 확대된 덕분에 쉽게 먹을 수 있는 음식이 한식과 양식, 중식을 가리지 않고 이미 다양해져 있었다. 과거의 백혈병 환자와 보호자라면 상상도 하지 못했을 편의를 누렸다.

식사를 공산품에 외주했더니 하루에 확보할 수 있는 시간이 생겼다. 음식을 준비하는 시간뿐만 아니라 양념을 만들거나 재료를 손질하면서 생기는 설거지 양도 확연히

줄어들었기 때문이다. 아침마다 비닐 포장된 통밀 비스킷과
포션 버터를 뜯으면서, 전쟁에서 비롯한 과학기술이 나 같은
사람을 살려주고 있다는 사실에 가끔은 소름이 돋았다.

무언가를 '외주했다'고 말할 수 있는 사람은 대개 갑의
지위에 있겠지만, 냉동식품, 도시락, 레토르트 식품이나
밀키트를 이용하는 사람을 갑이라고 할 수는 없을 것이다.
농촌경제연구원에 따르면, 2023년 간편식 시장 규모는 6조
5300억 원으로 추정된다. 이는 2017년과 비교해 2배에
가깝게 성장한 것이다. 간편식 시장의 성장 원인으로는
대표적으로 1인 가구와 맞벌이 부부의 증가가 꼽힌다.
2019년 코로나19로 '사회적 거리두기'가 강화되고 외식이
줄어들면서 늘어난 간편식 소비가 코로나19의 풍토병화
이후에도 계속해서 이어지는 것으로 보는 시각도 있다.

　　1인 가구가 늘며 간편식 소비층이 확대되었다는 논리는
일견 타당해 보인다. 그러나 이 해석은 마치 1인 가구가
요리를 비롯한 가사노동을 직접 하길 꺼리는 신인류처럼
보이게 한다. 요리를 즐기지 않는 사람도 쉽게 요리해 먹을
수 있게끔 해주는 측면도 있겠지만, 간편식은 직접 요리를
하기에는 부엌이 비좁거나 시간이 빠듯한 사람들에게
더 절실하다. 장을 보러 가기 어려울 정도로 바쁘고 지친
사람들에게 '새벽배송' 서비스는 식재료와 생필품을 사는

시간을 절약하게 해준다. 1인 가구는 다른 누군가와 가사를 분담할 수 없고, 맞벌이를 하는 부부는 가사와 육아를 병행하기가 버겁다. 일을 하는 대부분의 도시 생활자가 여기에 해당한다.

아픈 몸이 된다는 건 운신할 수 있는 시간과 공간의 폭이 좁아지고 얇던 지갑이 더 얇아진다는 걸 의미했다. 내게 필요한 건 5만 원 수준에서 가끔 청소노동을 부탁할 수 있는 중개앱과, 돌아서면 사라지는 일회용품을 사다 날라줄 배송 서비스였다. 쿠팡은 이런 사정의 도시 생활자들에게 편의를 제공하며 유통 공룡이 되었고, 쿠팡 물류센터에서 일하던 노동자들이 세상을 떠났다.

죄책감을 느끼면서도 해지했던 쿠팡 멤버십을 다시 살렸다. 고작 몇천 원의 멤버십에 가입하면 자정 전에 급히 주문한 청소용 부직포와 레토르트 식품이 다음 날 새벽에 도착했다. 주문한 물건 하나에 하나 이상의 비닐 쓰레기가 나왔다. 좁은 집에서 잦은 이불 빨래를 감당할 수 없어서 세탁 서비스를 이용했다. 이불은 내가 현관문 밖에 내어놓으면 이튿날 재생 비닐에 둘둘 포장되어서 향기롭게 돌아왔다. 재생 비닐이라고 한들 결국은 일반쓰레기 봉투행이 확정된 새 쓰레기다. 그린피스의 보고서에 따르면, 2020년 기준 한국에서 연간 소비되는 비닐봉투는 276억 개로 서울시 전체를 열세 번 이상 덮을 수 있는 양이다.[19]

개인이 원하든 원치 않든 지금의 체제는 자연 생태계를
인간의 삶에, 타인의 삶을 자신의 삶에, 자신의 삶을 시장에
갈아 넣는다. 그렇기에 양육자, 간병인, 교육노동자와
필수노동자의 서비스는 물론이고, 협동과 연대경제를
조직하는 활동가들의 일, 주거권을 보장하고 화석연료
산업을 축소하고 녹색 공간을 확대하려는 활동 또한 돌봄일
수밖에 없다.[20] 돌봄은 사회적이며 동시에 지구적이고
생태적이다. 이러한 시각에 따르면, 불평등의 해소란
그저 사회적·경제적 빈곤을 해소하는 일에 그치지 않으며
불필요하게 자연을 착취하지 않고도 충분히 생존할 수
있도록 개인과 사회의 역량을 키워야 하는 일이 된다.
건강과 질병의 문제도 마찬가지다. 환경과 인간 모두를
상호돌봄의 주인공으로 만드는 전환 속에서 비로소 질병의
치유가 가능할 것이다.

　'내 몸만 생각하는' 생존의 대가를 때아닌 태풍으로,
폭설로 얼마간은 치르고 있을 것이다. 병원에서 보낸 봄에는
러브버그 떼가 고층 병실의 창문을 새까맣게 뒤덮었다.
여름에는 물바다가 된 도로를 내려다보았다. 집에 돌아온
겨울에는 먹이활동을 하지 못해 민가로 내려온 야생동물의
행방이 툭하면 재난안전문자로 전해졌다. 빈 플라스틱
생수병과 알루미늄 깡통이 가득 든 비닐봉투 앞에서
부끄러움이 쌓여만 간다. 소독 티슈와 청소용 부직포

대신 걸레와 행주로 청소하고, 플라스틱에 담긴 밀키트와 레토르트 식품 대신 지역 농산물을 사다가 끓여 살균식을 만들 수 있으려면 얼마만큼의 여력이 되어야 할지를 생각한다. 현재로서는 아주 요원해 보이는 지구적 돌봄, 그 생활의 조건에 대해서.

(2023. 2. 26.)

4부

문을 닫으며,
문을 열며

속죄하는 병자

징벌로서의 질병

이식병동 입원 3일째가 되던 날, 오전 10시부터 전신 방사선 조사를 시작했다. 환자들의 병원 내 이동을 도와주는 이송 직원이 내 휠체어를 밀며 방사선종양학과의 로비 데스크 앞을 가로질러 갔다. 신약성서 요한 복음서 5장의 구절이 적힌 종이가 데스크에 붙어 있었다. "자, 너는 건강하게 되었다. 더 나쁜 일이 너에게 일어나지 않도록 다시는 죄를 짓지 마라."

종이의 위치는 절묘하게 휠체어에 앉은 내 눈높이와 같았다. 죄를. 짓지. 마라. 글자가 코앞에서 점점 커지다가 멀어지며 작아질 때까지 내 눈은 여섯 글자에 붙박이가 되었다. 죄. 를. 짓. 지. 마. 라. 휠체어는 방사선실과 가까운 한쪽 구석에 멈추었다. 벽에는 방사선 치료를 받는 환자 보호자들이 적어놓은 메모가 빼곡하게 붙어 있었다. 환자가 아프지 않게 해달라는 기도이거나 환자가 잘 버텨낼 거라

믿는다는 응원이었다. 이 공간에서 데스크에 붙어 있는
말씀만이 천하태평한 것 같았다. 성서의 원문은 다음과
같다.

> 6 예수님께서 그가 누워 있는 것을 보시고 또 이미
> 오래 그렇게 지낸다는 것을 아시고는, "건강해지고
> 싶으냐?" 하고 그에게 물으셨다. (…) 14 그 뒤에
> 예수님께서 그 사람을 성전에서 다시 만나시자,
> 그에게 이르셨다. "자, 너는 건강하게 되었다. 더 나쁜
> 일이 너에게 일어나지 않도록 다시는 죄를 짓지 마라."

이 구절이 성서에서 어떤 맥락으로 배치되어 있고, 어떤
의도로 쓰였건 간에 아픈 사람이 드나드는 곳에 적합하지
않은 건 명확했다. 처음으로 '고객의 소리' 함에 의견을
적어 넣었다. "질병의 원인을 환자에게 돌리며 질병에 대한
낙인을 강화하는 문구는 적절하지 않습니다." 이의 제기는
금방 수용되었다.

"이만큼 나은 것도 은총인데, 이제 교회(성당)에 다녀야죠?"
　종교인들은 가끔 농담 절반, 진한 진심 절반을 섞어서
내게 전도의 말을 건넸다. 그들은 초월자가 선사하는 용서와
축복, 약속을 믿음으로써 세상을 조금 더 경건하게 대하는

사람들이었다. 비교적 무난하게 회복하고 있는 일상 속에서 신의 의지가 느껴지지는 않는지 묻기도 했다.

여기까지 오는 데에 작용한 운들을 되짚어 보았다. 다행히 병을 발견했고, 다행히 멀쩡한 몸으로 치료를 시작했고, 다행히 항암 부작용이 크지 않았고, 다행히 이식 거부반응이 없었고, 다행히…. 무수한 행운을 헤아리다 보면 종종 '운'을 '신'으로 바꾸어 말해도 괜찮지 않을까 하는 생각이 들곤 했다. 친구들이 알게 되면 웃을 것 같지만, 집 가까운 곳의 성당과 절을 지도에서 찾아본 적도 있다. 하지만 정말로 나의 운들이 신 덕분이라고 고쳐 말하는 순간, 나를 도와준 얼굴들이 '행인 1'과 같은 들러리가 되어 사라지는 듯했다.

내가 죽지 않은 것은 이전의 삶을 반성하고 새롭게 산 결과가 아니었다. 무형의 은총이 아니라 살과 피가 있는 사람들이 퇴원을 앞둔 나를 위해 소독 티슈로 집 안 구석구석을 닦아주었다. 아픈 일상을 떠받쳐 준 구체적인 행위들을 모두 신의 의지라며 뭉뚱그리는 것이 탐탁지 않았다. 나를 지켜보는 친구가 있어 덜 외로운 30대의 이 시절이 신의 축복 때문이라면, 평온한 가정과 친구가 없어 외로웠던 나의 10대 시절은 죄로 말미암은 것이거나 신이 내린 시험이었다는 말일까. 결국은 이번에도 어린양이 되기를 포기했다.

건강 악화의 원인을 죄에서 찾는다면 죄의 범주는

무한정으로 늘어난다. 신을 믿지 않고 무언가를 훔치거나
간음하는 행위도 죄이지만, 나의 몸과 마음을 잘 간수하지
못한 것도 죄가 된다. 내 육체와 정신의 주인으로서
적극적으로 몸과 마음을 단련하고 계발해야 한다는 도덕이
우리 시대의 이념이기 때문이다. 어떤 사람들은 더 나아가
마음속의 어둠을 걷어 내고 영성적인 깨달음을 얻으면
건강을 회복할 수 있다고 주장한다.

기프티콘으로 책을 선물받았다. 표지에 적힌
"임사체험"이라는 단어가 수상했다. 검색을 해보니 나처럼
급성백혈병에 걸려 죽을 고비를 넘기고서 장기 생존에
성공한 사람이 쓴 책이었다. 그는 백혈병을 치료하고
영성가라는 타이틀을 달았다. 그는 병을 통과해 오면서
'내면의 두려움이 암을 만들었다'는 깨달음을 얻었다. 그걸
글로 써서 책도 내고 순회강연도 다녔다. 긍정과 초월의
기운이 가득한 목차와 저자 소개를 읽다가, 암의 원인이
내면의 두려움이라는 대목에서 속이 받쳤다. 일주일 치의
24시간 항암제가 생전 처음 보는 팔뚝만 한 기계들의
도움을 받아 일정한 양으로 카테터를 통해 들어오는
중이었다.

　　세상에 해맑은 사람이 많네.
　　내가 아는 모든 나쁜 말이 목울대를 할퀴며 올라왔다.

아무도 없는 휴게실에서 나지막하게 욕을 뱉었다. 하관이 당기고 아팠지만, 말을 삼키는 것보다는 차라리 속이 시원했다. 기프티콘으로 온 선물이라서 내가 주소를 적지 않으면 받지 않을 수 있다는 게 다행이라면 다행이었다.

죽을 수 있다는 두려움과 절망. 환자와 보호자는 검사 결과의 수치 하나에, 일면식 없는 온라인 카페 회원의 암 재발 소식과 사망 소식 하나하나에 몸을 떤다. 대체로 온라인 카페에는 암병동과 마찬가지로 좋은 소식보다 나쁜 소식을 가지고 오는 사람이 더 많고, 이를 통해 병이 악화된 사례를 더 자주 접하는 환자와 보호자에게는 성공 신화가 절실하게 필요하다. 이 수요는 앞으로도 늘면 늘었지, 줄지 않을 것이다. 평균수명이 늘어난 동시에 암을 일으킬 가능성이 높다고 추정되는 물질에 노출될 일도 점점 더 늘고 있기 때문이다.

그 덕분에 암은 치료에 성공한 누군가에게는 마르지 않는 샘물인 것만 같다. 암이라는 '씬(Scene)'에서 구루가 되고 싶은 암 생존자를 어렵지 않게 볼 수 있다. 임사체험이라는 단어를 검색하자, 임사체험을 하고 온 다른 생존자들이 영성가가 되어서 살고 있는 모습을 볼 수 있었다. 앞서 말한 책의 저자가 '내면의 두려움'이 암의 원인이라고 주장한다면, 다른 임사체험 경험자는 '타인의

고통과 에너지를 그대로 흡수하는 공감적인 기질' 때문에
암에 걸린다고 주장했다.

이 임사체험 경험자들의 언설은 자수성가한 사장님들을
닮았다. 그들의 서사에는 자신을 완치에 도달할 수 있게
한 다른 자원들(발전한 의료기술, 주변 사람들의 돌봄,
의료비를 지불할 수 있는 능력, 건강을 유지할 수 있는 기타
환경적 요인 등)에 대한 이야기는 빠져 있다. 다른 이야기는
깨달음에 이르게 해준 극적인 장치 정도로 배치될 뿐이고,
세상의 이치를 사사해 줄 인간 승리의 주인공만이 우뚝 서
있다. 그들은 스스로 치유된 사람이자 타인을 해방해 줄
치유자가 되어서 세상에 나선다.

임사체험을 '죽을 뻔한 경험'이라는 의미로 확장해 보면
이를 내세우는 '치유자'들은 훨씬 더 많아진다. 그들은 자기
자신을 진정으로 위하는 마음가짐과 행동거지로 살면
완치할 수 있다고 주장한다. 이들의 '마음돌봄'에는 나를
지켜줄 신을 굳건히 믿거나 비로소 속박에서 꺼내어 줄
사상을 습득하고 실천하는 것도 포함된다. 완치에 성공하면
자신의 종교, 자신의 사상, 자신의 마음가짐과 행동거지가
완치의 비법이라는 책을 쓰고 강연 활동을 한다. 치유법을
전수하는 직업을 얻어 인세와 강연비를 벌고 세금을
납부하는 공식적인 경제활동의 한편에는, 암 경험자들이
모인 온라인 카페나 생활 정보 프로그램의 카메라 언저리를
기웃거리며 자신의 치유법을 가르쳐 주고 싶어 하는 구루

지망생들이 있다. 이들에게 암은 단순히 '치료'하는 병이
아니라 '치유'하는 병이다. 그 말의 구체적인 의미는 다음과
같다.

"암과 친구가 되니", "암과 함께 사니" 하며 온갖 아름다운
말로 치장한들, 치유자를 자처하는 사람들에게 암이란
근본적으로 건강의 어떤 상태가 아니라 몰아내야 하는
악, 부덕이 종양이라는 형태로 존재하는 것이다. 암이라는
질병은 아픈 사람으로 하여금 이전의 삶이 글렀다고
실토하게 만든다. 잘못 살았다고 이전의 삶을 부정하게
한다. 이전의 삶을 반성하기를 요구한다. 앞서 말한 요한
복음서의 구절은 질병에 대한 이러한 인식을 정확하게
표현하고 있을 뿐이다. 네 죄가 병을 만들었다. 속죄하고
같은 잘못을 되풀이하지 않으면, 암이라는 고통에서 벗어날
수 있다.

무언가가 암을 유발한다는 말들, 암환자의 이미지가
소비되는 방식들은 손톱 옆에 난 거스러미 같다. 때때로
나타나 병자라는 새 정체성으로 얼기설기 짠 편직물을 긁고,
올을 뜯어낸다.

"인간으로부터 가장 먼 걸 먹어야 한대."
"육식동물의 배를 갈라 보면 암이 가득하대."

육식을 지양하고 가공이 덜 된 식품을 먹어야 한다는 주장에 동의하면서도, 이런 말을 들으면 의문이 든다. 육식동물의 암 발생률이 초식동물보다 높은 것은 사실이다. 고지방과 저섬유질의 식단과 더불어, 잡아먹힌 동물의 몸에 축적된 발암성 환경오염 물질이 그 원인으로 추정된다.[1] '인간이 초래한 환경오염이 인간 스스로를 비롯하여 동물의 몸에 발암물질을 축적시키고 있다'라는 사실에 절로 놀라며, 환경오염을 줄여야겠다고 반성하게 된다. 오염된 물과 공기, 토양은 인간을 비롯한 생명체를 병들게 한다. 코로나19를 비롯한 신종 감염병의 창궐이라든가, 야생동물의 장기에 잔뜩 박혀 있는 플라스틱 조각처럼 그것은 너무나 명확한 진실이다.

그러나 육식동물의 암 발생률이 인간으로부터 가장 먼 걸 먹어야 한다는 주장의 근거로 거론되는 순간, 환경오염의 결과 먹이사슬의 위로 올라갈수록 유해물질이 축적된다는 사실은 탈색되고 '암은 육식을 해서 받는 징벌'이라는 은유적 교훈만 남는다. 그 교훈은 '무엇을 먹지 말아야 한다', '무엇을 피해야 한다' 따위의 개인화된 보신주의로 쉽게 미끄러진다.

더러 암환자의 몸은 건강한 사람들의 반면교사를 위해 존재하는 것 같다. 암환자의 몸은 세상에 큰 죄를 저지른 인류 문명을 대속하는 희생양처럼 놓여진다. 종양이 가득한 몸은 탐욕을 꾸짖는 묵시록으로 존재하며 과도하게 자연을 착취하는 인류 문명이 암 덩어리처럼 곪아서 썩어들어

갈 것이라고 경고한다. 벌 받는 병자 이미지는 계속해서
반복된다.

환경오염을 유발하는 산업이나 정책 들은 직간접적으로
인간의 몸에 악영향을 미친다. 핵발전소 인근 지역의 방사능
오염, 핵 오염수 방류, 유해물질이 가득한 공간에서 일했던
노동자에게 발병하는 각종 암…. 눈에 보이지 않지만,
역사적으로 증명된 위협들에 대해 시민들이 느끼는 우려는
합리적인 감정이자 경험적 상식이다. 그런데 정부와 자본이
시민들의 불안을 불합리하고 비이성적이라고 치부하며
석연치 않은 대답으로 일관할 때, 사회적 갈등은 커질
수밖에 없다.

　더 나아가 '국익'이나 '최선'을 이유로 기존의 안전기준을
완화해 버린다든가, 위험하지 않다는 뉘앙스의 이미지와
용어를 섣불리 개발하면서 정작 시민들의 불안을 해소하고
합리적인 결론을 도출하기 위한 소통을 하지 않을 때,
사회적 신뢰는 회복되기 어려울 정도로 파괴된다. 예를
들어, 핵 오염수 방류의 안전성에 대한 평가와 판단은 주로
원자력 전문가에 의해 내려졌고, 그 과정에서 정작 많은
사람이 우려하고 관심을 기울이는 해양 환경과 생태 분야,
예방의학 분야 전문가의 견해는 충분히 전해지지 않았다.[2]
시민들은 위에서 아래로 '내려오는' 과학 지식을 온전히 믿을

수 없었다.

주류 과학자들은 시민들의 우려를 '비과학적'인 '괴담'이라고 밀어붙이고, 시민들과 그들을 지지하는 과학자들 또한 자신들이 우려하는 위험을 '과학적으로' 증명하기 위해 노력하는 일이 반복된다. 무언가가 인체에 질병을 일으킨다거나 일으키지 않는다는 유해성 논란이 각자의 '과학'을 근거로 팽팽하게 맞붙을 때, 논의되어야 할 다른 쟁점들은 곧잘 흩어진다. 그리고 비틀어진 논의의 장에서 병자는 계속 '명백하게 과학적인 비극'의 증거로 호출된다.

핵발전소 인근 지역 주민들에게 갑상선암이 빈발한다는 사실을 다룬 기사에서 명암을 극적으로 강조한 르포르타주 사진의 주인공이 목에 난 수술 칼자국을 가리킬 때, "칼자국"이라는 단어가 사진의 명도만큼 짙은 헤드라인으로 배치된 것을 읽을 때, 나는 숨이 턱 막히는 것 같다. 칼자국이 익숙해지고 옅어질 때까지 습관처럼 목을 여미곤 했던 한 사람의 모습이 겹친다. 석포 제련소에서 오래 일하던 노동자가 나와 같은 급성골수성백혈병을 얻고 어렵게 산업재해 인정을 받아낸 사건 기사의 제목은 「"발암 수증기 마시며 일한 뒤 백혈병 걸렸다"」였다.[3] 삼성 휴대폰 하청업체에서 일하던 청년이 유해물질에 노출되어 백혈병에 걸린 사건을 다룬 온라인 기사에서 망가진 손톱과 앙상한 손등, 항암치료로 듬성듬성 빠져버린 머리를 촬영한

사진이 대표 이미지로 배치된 것을 볼 때, 나를 비롯한
수많은 '아만자'들을 떠올리지 않을 수 없다. 자본가 혹은
인류 문명이 불러온 재앙으로서의 질병 이미지를 거론하는
방식은, 도처에 있는 병든 존재들도 비극의 주인공으로 함께
불러 세운다.

    침을 흘리며 주저앉는 소. 척추가 굽고 눈알이 튀어나온
물고기. 수술과 암술이 기괴할 정도로 많이 생긴 꽃. 뼈가
툭 튀어나와 해골처럼 생긴 사람. 얼룩덜룩하고 아픈
돌연변이들. 세상에 나오지 말았어야 했던 것들. 쓸모없는
것들.

누군가가 핵발전소가 있는 바다 앞에 카페를 차렸다는
유명인을 거론하며 "가족이 암환자가 됐는데, 아직도 거기에
살더군요"라고 말할 때, 나는 어쩔 수 없이 화가 난다.
핵발전소 앞에 카페를 차리더니 꼴좋다는 뜻일까. 아니면
가족이 암에 걸렸는데 아직도 그곳에 산다니 어리석다는
뜻일까.

    이러한 언설에서 '핵발전소가 암을 초래했다'라는
사실은, 뜻밖에도 방사능으로 오염된 환경을 피하지 않은
개인의 책임으로 쉽게 변형된다. 장애학 연구자 수전
웬델(Susan Wendel)은 산업 오염물질 등 질병의 환경적
요인을 밝혀내려는 노력이 "아픈 사람들과 장애인이 갖고

있는 죄책감의 짐을 덜어줄 수 있다"라며 긍정적인 측면을
인정하면서도, "오히려 그것이 회사나 정부의 착취와 방치가
상습적으로 개인적인 선택과 책임의 측면에서 재해석되는
사회라면, 예방을 위한 노력은 사실상 선택의 폭이 극히
제한되어 있는 개인들에게 더 큰 죄책감과 비난의 짐을
만들어 낼 위험을 안고 있다"라고 지적한다.[4]

　　나쁜 환경으로 인해 병든 사람의 이미지는 당해도
싼 재앙을 당한 희생양, 나아가 자연이 인류에 앙갚음한
본보기로서 전시된다. "가족이 암환자가 됐는데, 아직도
거기에 살더군요"라는 끌끌거림은 비교적 극단적인
사례이기는 하지만, 아주 생소한 방식의 말하기는 아니다.
자신은 그 지역 주민이 아니기 때문에 "선거에서 ○○당을
찍더니 꼴좋다"라고 말할 수 있는 것처럼, 자신은 그 입장이
아니며 앞으로도 아닐 것이라 믿기 때문에 할 수 있는
타자화가 병자를 향해서도 작동한다.

　　시인, 교육자, 활동가이자 백인, 장애인, 젠더퀴어인
일라이 클레어(Eli Clare)는 환경운동단체 시에라클럽(Sierra
Club)의 석탄발전소 반대 광고("천식. 선천적 장애.
암. 이것으로 족합니다")에 대해 "비장애 중심주의를
노골적으로 이용하여 장애의 박멸을 정의와 결합"하고,
"우리가 숨 쉬고, 선천적 결함이라 여겨지는 상태로
살아가고, 암과 함께 살고, 다양한 방식으로 불의의
증거들을 배우는 경험을 평가절하한다"라고 지적한다.[5]

나는 크게 동의한다. 그리고 1992년 동두천의 기지촌에서
주한미군에 의해 살해당한 윤금이라는 이름의 여성을,
그 여성의 훼손된 시신 사진을 공개하며 거세게 불붙은
반미 운동의 구호를 떠올린다. 토건 자본에 의해 무참하게
파헤쳐진 강과 아름다운 모래톱을 '순결을 잃은 여성',
'겁탈된 여성'으로 비유하는 탄식을 떠올린다.

　　희생의 재현이 반드시 희생당한 집단에 모욕감과
낙인감을 준다고, 그래서 윤리적이지 않다고 생각하지는
않는다. 다만 나는 빼앗긴 조국이나 파헤쳐진 강바닥을
강간당한 여성에 동일시하는 전개와 유사하게, '인간이
자초한 비극'이라는 주제 의식이 질병을 향해 흐르는 이
익숙하고도 일관된 서사에 대해서 되묻고 싶어진다.

　　무슨 뜻인지 알겠어요. 동의도 하고요. 그런데….

지구를, 지구에 사는 생명 공동체를 더 이상 망가뜨리지
않기 위해 애쓰는 사람들에게 오해를 사고 싶지 않아서
자꾸 "물론 나는 여러분의 주장에 동의한다"라고 말하게
된다. 나는 크게 동의한다. 정의롭지 못한 분배와 개발,
무한정한 소비와 생산이 세계를 돌고 돌아와 우리의 몸을
병들게 한다. 그러나 정의와 원칙이 지켜져야 한다는 증거가
꼭 아픈 몸이어야 할까. 정의와 원칙이 꼭 질병으로서,
재앙으로서 그 필요성을 드러내야 할까. 질병의 사회적

원인을 밝히는 것이 매우 중요한 만큼, 입증된 사실에 대한 기술이 암의 재앙적인 성격에 머무르지 않도록 하는 것 또한 중요하다. 그 둘이 양립할 수 있다고 나는 믿는다.

생존자로 살아가는 '눈부시게 불완전한' 삶을 "석탄화력발전소만큼이나 부자연스러운 존재로 공표"하는[6] 세계관에 대해서, 이전의 삶을 속죄하지 않으면 '암과 같은 재앙'이 다시 들이닥칠 수 있다고 경고하는 것만 같은 '치유'라는 세계관에 대해서 나는 계속해서 질문하고 있다. 본질적으로 담뱃갑에 그려진 폐암 경고문과 다르지 않은 방식으로 병자를 등장시키는 숱한 캠페인 속에서 과연 질병을 가진 사람이 자신의 질병을 온전하게 수용하고 살아가는 것이 가능한지에 대해서 말이다.

나는 죄악의 결과로서의 질병, 그 오래된 전통의 연장선상에 있는 이미지들에 대해 다시 생각해 보기를 요청하고 있다. 나는 치유자가 아닌 만큼이나 돌아온 탕아도 아니다. 나는 1년 전 암에 걸린 사람이자 여전히 아픈 사람이다. 동시에 희생양의 자리를 걷어 내고 더 나은 미래를 상상하는 방식을 함께 고민하고 싶은 한 사람의 시민이다.

(2023. 12. 6.)

문을 닫으며, 문을 열며

낙태죄 헌법불합치
3년 차의 기록

           사람들은 암에 걸린 사람에게
처음 진단받기 전에 증상이 있었는지, 어떻게 알고 병원에
가게 되었는지를 궁금해한다. 당연히 할 수 있는 질문이고
알려줄 용의도 있지만, 준비되지 않은 자리에서 쑥 들어오면
당황스럽다. 어쩌다 병을 알게 되었는지에 대한 이야기는
어제저녁 식사 메뉴처럼 금방 말해주기가 어렵다. 병자에게
그건 이런 질문과 같다.

   "당신의 인생에 대해서 말해줄래요?"

   당신이 나에게 어쩌다 병에 걸린 걸 알게 되었냐고 물어
오면, 나는 당신이 나의 인생을 궁금해하는지 고민한다.
비단 암이 큰 사건이라서가 아니다. 진단명을 받기 직전까지
살아온 삶의 내용이 질병의 의미를 이루기 때문이다. 너무나
힘들게 일했던 사람이나, 주변 사람들에게 닦이고 치여온
사람에게 질병은 없던 힘도 쥐어짜서 살아낸 고생의 결과다.

이들은 정신적 고통과 과중한 노동으로 자신을 지키지
못해서 병에 걸렸다는 생각에 자신을 안쓰럽게 보기도 하고
자신의 삶을 돌아보기도 한다.

　나는 뉘우칠 게 없었다. 진단을 받기 전에 나는 일을
그만두고 서너 달 동안 여행을 했다. 그러다 전조라고 할
만한 증상이 전혀 없이 백혈병을 진단받았다. 잘 쉬고
돌아와 다음 일이든, 다음 삶이든 고민하고 있던 시점에 온
질병이어서 특별히 내가 고생하느라 병에 걸렸다는 회한은
들지 않았다.

　그럼에도 하나 중요한 사건이 중간에 있었다. 그 사건은
백혈병을 진단받기 전 대학병원에서 받았던 혈액검사의
혈구 수치 결과를 미약하게 높여놓았다. 그 사건은
눈속임처럼 백혈병 진단에 필요한 골수검사를 한 주 뒤로
미루게 했다. 검사 결과상 어떤 질병이 급격하게 진행되는
것처럼 보이지 않았기 때문에 정밀한, 더 정밀한 혈액검사가
매주 차근차근 이루어졌다. 그 사건이 종결되기 전까지의
모든 혈구 수치는 경증의 혈액질환처럼 보였기 때문이다.

　사건의 이름은 임신.

　생소한 현기증이 눈앞을 덮었던 그즈음이었는지,
아니면 월경을 할 때처럼 가슴이 부풀고 몸이 둥글해질
즈음이었는지는 정확하지 않다. 그것을 임신이라고 부르는
것이 맞는지조차 이제는 알 수 없다. 병을 어떻게 알게
되었냐는 간단한 질문에 내가 답하려면, 긴 이야기를

시작해야 한다.

골절상으로 1년간 발등에 심어놓았던 스크루를 제거하는
수술을 받았다. 기존의 수술 부위를 다시 절개하느라 회복
기간이 조금 필요했다. 실밥을 풀러 간 날, 정형외과의 담당
의사가 혈액검사 수치가 이상하니 정밀검사를 받아보라고
했다. 1년 전보다 백혈구의 숫자가 조금 적었고, 그중에서도
림프구에 비해 많아야 하는 호중구의 비율이 절반 이하로
줄어들어 있었다.

　　이런 검사를 잘한다는 대학병원을 고르고 외래진료를
예약하느라 정신이 없어서, 월경이 늦어지고 있다는 걸
예정일 2주가 지나서야 알았다. 몸의 주인인 나조차도
미세하게 달라진 몸의 곡선, 그리고 노곤한 피로와 구역감
등 임신의 증상이 나타나고 있었음을 미처 알아차리지
못했다.

　　"마이 바디, 마이 초이스(My Body, My Choice)." "내
몸은 나의 것", "내 몸이니 내가 선택할게"라는 주장은
여성을 가부장이나 남성의 소유물 정도로나 인식하는
사회에서 분명 힘이 있다. 그러나 임신과 출산이 아주
온전하게 선택일 수만은 없다. 여성에게 자신의 임신과
출산을 결정할 권리가 없다고 생각하는 사람들 앞에서
그나마 꺼낸 단어가 '선택'이기는 하지만 말이다. 선택은

치즈케이크를 먹을 건지, 호두파이를 먹을 건지 고르는 것이다. 케이크 진열장에 곰팡이가 핀 것을 뻔히 보고서도 내 뒤에 줄 선 사람이 100명쯤 되고 진열장 건너편의 제과점 주인이 인상을 찌푸리고 있어서 겨우 호두파이를 고르는 걸 선택이라고 할 수는 없다.

더 나아가 근본적으로는 물질로서의 내 몸과 생각하고 결정하는 내 정신이 똑떨어져서 나뉘지도 않는다. 그러나 자기 몸에 대한 책임은 무겁다. 내가 핸들링할 수 있는 몸이란 동시에 내가 책임져야 하는 몸이다. 자기 몸을 잘 알지 못하는 것, 자기 몸을 방치하고 망가지게 두는 것은 죄가 된다.

어떻게 여자가,

엄마가 될 수도 있는

사람이

그런 것도 모를 수 있냐고.

급성골수성백혈병은 발병 5년도 더 전에 이미 몸속에서 특정 유전자들의 변이를 일으킨다는 연구 결과가 있다.[7] 하지만 어느 병자가 미리 알아차릴 수 있겠는가.

'굿 뉴스'라는 이름의 임신테스터에 선명한 두 줄이 얹혔다.
처음이자 마지막 임신이었다. 두 줄의 붉은 선을 보고선
눈을 질끈 감고 싶어졌다. 인정하고 싶지 않은 사실을
봉인해 묻으려는 것처럼 임신테스터를 원래 들어 있었던
은색 비닐 포장에 한 번, 종이 포장에 또 한 번 처넣었다. 한
손에 구겨진 '굿 뉴스'를 쥔 채로 문을 박차고 나온 나에게
화장실 밖에서 기다리고 있던 파트너가 어떻게 되었느냐고
조심스럽게 물었다. 그의 가슴팍에 그걸 냅다 밀치듯이
던졌다. 일을 잘 분배할 줄 몰라서 과중한 업무를 홀로
떠안고 폭발하기 직전인 직장 상사처럼. 그 이후의 시간은
누구와 나눌 수도 없는 나만의 시간이었다. 웅크리고 앉아
검색을 시작했다. '위민 온 웹(Women on Web)*'을 검색창에
쳤더니, '미프진'을 제공한다는 다른 유사 사이트 광고가
무수하게 검색 결과에 걸렸다. 나는 위민 온 웹의 친절한,
하지만 어색한 번역 투의 게시물을 읽으면서 이 사이트조차
가짜가 아닐지를 의심하기에 이르렀다.

　　8주 차쯤 되었을까. 산부인과의 초음파 화면에서는
동그란 점이 희미하게 점멸했다. 위민 온 웹이 제공하는
약물은 미프진(미페프리스톨)이지만, 내가 한국의

　　*　모든 여성의 임신중지 권리 보장을 목적으로 활동하는 비영리단체.
임신중지가 어려운 국가에 사는 여성들과 상담하고, 임신중지 약물을
배송하는 지원 활동을 한다. 현재 한국에서는 방송통신심의위원회의 처분에
따라 웹사이트 접속이 차단되어 있다.

산부인과에서 처방받아 쓸 수 있는 약은 '싸이토텍'이라는 이름의 미소프로스톨이었다. 미소프로스톨은 자궁을 수축시켜서 유산을 유도하는 작용을 한다. 인터넷에 싸이토텍을 검색하자 유산을 겪고 슬퍼하는 여성들의 기록들이 있었다. 싸이토텍은 주로 유산을 경험한 여성의 완전한 임신 종결을 위해 처방되고 있었다. 유산 이후 자궁 내 부산물의 배출이 잘 이루어지지 않으면 자궁질환을 초래할 수 있기 때문이다.

그들도 슬펐고 나도 슬펐지만, 나의 슬픔은 아직 공개된 장소에 기록할 수 없었다. 나와 같은 경험을 한 다른 사람들도 그런 것 같았다.

내가 선택할 수 있었던 건 유산유도제의 종류도, 산부인과 병원과 의료진도, 임신중지에 대한 정보와 경험담도 아니었다. 그것들은 무척 제한적인 형태로만, 대부분 열심히 검색하거나 친구의 도움이 있어야만 겨우 접근할 수 있었다. 내가 선택할 수 있는 거라곤 자궁수축이 진행되는 시간을 함께할 사람 정도였다. 과거의 나는 이 불안하고 아픈 시간을 당연히 파트너와 나누어야 한다고 생각했다. 그러나 정작 임신중지를 해야 하는 상황이 되자 나는 파트너와 그 시간을 함께하고 싶지 않았다. 어쩌면 낙인은 나 스스로 가지고 있었다. 그것이 어떤 느낌일지 모를 사람과 굳이 이 과정을 공유하고 싶지 않았다.

파트너 대신 그 시간을 함께해 준 사람은 친구였다. 그는

제 사정이 급한 와중에도 병원에 동행했다. 임신중지는
범죄가 아니었지만, 범죄처럼 조심스럽게 이루어졌다.
간호사는 나를 로비에서 조용히 불렀다. 속삭이는 목소리로
약 처방을 안내해 주었다. 집으로 돌아와 '성적권리와
재생산건강을 위한 센터 셰어'의 유튜브 채널에서 〈약을
이용한 안전한 임신중지〉 영상을 친구와 함께 보았다. 혀
밑에 넣은 서걱거리는 알약이 녹기를 기다리는 동안 이불
속에 들어가 새우처럼 몸을 말았다. 경험해 본 적 없는, 몹시
아프다는 배앓이를 기다렸다. 친구는 그동안 우리 집 거실에
앉아 밀린 일들을 했다.

싸이토텍은 미프진에 비해 임신중지를 단번에 성공할
확률이 떨어진다. 그것이 인권단체들이 목소리를 높여
미프진 도입을 촉구하는 이유다. 내 운은 나쁜 편에 속했다.
복통과 함께 피가 조금 비치는 듯하더니 금방 멎었다.
결국은 수술을 해야 했다.

그즈음 대학병원의 혈액내과에서 확인한 나의 혈구
수치는 정상치의 절반에서 3분의 2 정도로 조금 올라
있었다. 여전히 정상치보다 낮았기 때문에 혹시라도 수술
도중 문제가 생겼을 때 상급병원에 안전하게 옮겨질
수 있을지가 가장 큰 걱정거리였다. 2019년 4월 11일
헌법재판소가 낙태죄에 대해 헌법불합치 결정을 내렸지만,
후속 입법이 전혀 이루어지지 않은 상황에서 '임신·출산
갈등 상담'을 하는 민간 위탁 기관이 안전한 병원을 찾는

데에 도움을 줄 리가 만무했다. 다시 친구를 통해서 신뢰할
수 있는 병원을 여러 곳 알아보았다. 하지만 전화를 받을
간호사에게 나의 상태를 무어라고 설명할 수 있겠는가.
임신중지를 하려고 했지만 잘되고 있지 않은 것 같다고
하겠는가. 진료 예약만 하면 되는데 그 간단한 걸 하지 못해
전전긍긍하는 나를 보고 파트너가 말했다.

　"병원도 찾았는데 왜 그렇게 걱정을 해."

　"나 때문에 의사가 곤란해지면 어떡해!"

　임신중지는 더 이상 '불법'이 아니었지만, 그럼에도
여전히 '불법적'이었다. 나의 인간관계와 그들의 평판이
그물망처럼 엮여 있어서 내가 섣불리 내뱉은 말이 그들을
부당한 곤경에 처박을 수도 도매금으로 넘길 수 있을지도
모른다는 두려움을, 임신중지의 이도 저도 아닌 지위가 주는
불안감을 파트너는 이해하지 못했다. 몸에서 벌어져서 떼어
낼 수도 없는 사건이 낙인으로 새겨지는 경험을 그는 애초에
해본 적이 없었다. 나도 알려준 적 없었고, 어느 누구도
그에게 알려주지 않았을 것이다.

　형법상 낙태죄가 있던 시기에 나는 성폭력상담소에서
일했다. 임신중지 관련 내담자 중에는 좁은 의미의
'성폭력'으로 인해 임신한 상황이 아닌 사람도 있었다.
당시 낙태죄는 더러 연인을 제 소유물로 여기는 남성들이
임신중지를 하면 신고하겠다고 협박하며 휘두르는
무기가 되곤 했다. 아무리 실제로 적용되어 처벌하는

사례는 드물었다고 하더라도 '낙태'는 형법에 위배되는
범죄행위이자 음행이 낳은 더러운 악행으로 여겨졌다.
낙태의 죄를 행한 여성을 단죄하고 싶어 하는 눈들이 늘
사방에서 희번덕거렸다.

협박을 받는 상황이 아닌 내담자들도 폭력과 친밀의
경계에서 서성이고 있었고, 상대방 남성이 도망가거나
뒷짐을 질 뿐이어서 곤경에 처해 있었다. 당사자가 직접
상담을 청해 오기도 했고, 부모가 대신 전화하기도 했다.
이들이 처한 처지는 너무나 부당했다. 혼자 한 일이 아닌데
혼자 무게를 감당하느라 목소리는 잔뜩 기어들어 가기
마련이었다. 하지만 성폭력상담소라는 자리에서 내가 해줄
수 있는 일은 별로 없었다. 경험해 본 적이 없어 잘 몰랐던
그때의 나는 그들에게 조금이라도 차갑게 느껴졌을까.

임신중지가 그 자체로 트라우마적인 사건이 되어서는
안 된다. 같은 사건을 겪었다고 해서 그 모든 사람이 같은
질량과 모양의 고통을 겪는 것은 오히려 부자연스럽다.
임신중지가 여성에게 무조건 극심한 고통을 남긴다는
생각은 '성폭력 피해자는 순결을 잃고 영혼이 파괴되어
인생을 망친다'라는 편견 혹은 강요된 감정과 다르지
않다. 원래 영영 상처인 건 세상에 아무것도 없다. 그러나
임신중지를 범죄화하고 낙인찍는 문화와, 관련 제도의
공백으로 인해 임신중지를 한 여성 대부분은 지나친 고통을
겪는다. 그들이 나와의 전화를 끊고 겪었을 외로움과 공포가

내 잘못 같아서, 임신한 나는 그들의 전화를 받은 순간으로 몇 번이고 돌아갔다. 그들이 경험했을 고통을 조금이라도 아는 채로 그 시점에 돌아간다고 하더라도 내가 할 수 있는 일은 별로 없었을 것이다. 다만 처절하게 후회했다.

임신중지를 한, 루프를 삽입한, 곧 루프를 제거당할 백혈병 환자를 상상할 수 있는가.

"어제부터 피가 좀 비쳤습니다…."

병원에 전화를 건 내 목소리는 상담소에서 전화 너머로 들었던 그 목소리들처럼 기어들어 갔다. 사실이 아닌 말을 해서 떳떳하지 못한 마음이 가시처럼 숨통을 찔렀다. 내 입으로 '나는 (뜻하지 않은) 유산 중'이라고 말한 셈이니까, 아마도 나는 임신 유지를 원하는 임신부처럼 보였을 것이다. 진료 일정 담당 간호사는 빨리 대처해야 하니 다른 의사를 알려주겠다고 했다. 한 번으로 끝날 줄 알았던 거짓말은 거짓말의 일관성을 위해서 이후로도 계속 이어졌다.

그러니까 내가, 그 전에 의사한테 뭐라고 했더라.

결코 하고 싶은 거짓말이 아니었다. 하지만 부른 배와 부은 발로 앉아 있는 임신부들 사이에서 나는 '임신중지를 시도했으나 실패한 것 같다'고 말할 수 없었다. 그들의 축복이 나의 재앙이고 실패라고 차마 말할 수 없었다. 병원에 있는 의료진에게 나를 진료할 다른 의사가 유산 후

처치가 아닌 임신중지를 위한 수술을 할 예정이라고 알리면
안 될 것 같았다.

나는 끝까지 적당한 말을 찾지 못했다. 그 병원의
데스크에서도, 그로부터 얼마 후 입원한 대학병원의
병동에서도 나는 이전에 내가 했던 말을 어렵사리
복기하면서 거짓말을 반복했다. 임신의 경위와 임신을 알게
된 배경, 출혈이 일어난 원인으로 추정되는 것, 그로 인한
나의 감정과 이 병원을 선택한 이유 등 임신과 임신 종결에
이르는 전 과정을 몽땅 다. 모난 거짓말이 닳지도 않게
마음을 계속 찔렀다.

언젠가 어느 지인은 내게 "거짓말을 계속하면 그
거짓말을 점점 믿게 되지 않아?"라고 했다. 다른 거짓말은
그럴 수 있었는데, 이건 전혀 그렇지 않았다. '하고 싶지 않은
거짓말을 하고 있다'는 바로 그 상태는 거짓말을 할 때마다
내 몸에서 벌어진 사건들을 생생하게 돌이키게 했다.

세 번째 초음파 영상은 검기만 했다. 이미 무너지고 있는
태낭을 보았다. 분주하고 다급했던 며칠 사이, 동그랗게
깜빡이던 빛은 이미 사라진 상태였다.

모든 수술실은 이렇게 조금은 선득한가. 의식이 수면
가까이 올라왔다. 석션이 내 몸을 날카롭게 후비던 통증과
깜깜하게 닫은 눈앞에 너무나도 잡힐 듯이 선명한 질감의
외로움. "다 끝났어요." 이 말과 함께 의사는 손등으로
눈가를 닦아주었다. 이어 가만히 내 어깨를 꼭 쥐었다가

놓는다. 눈을 뜨지 못하는 상태로 조그맣게 고개를
끄덕였다.

시린 잿빛 세상이
색동옷을 입을 때

검은 옷을 입고 모여 "낙태가 죄라면 범인은 국가다"라는
구호를 외쳤던 인파가 색색의 꼴로 다시 모여들었다.
시가행진을 하고 돌아온 사람들이 연단 앞에 다시 집결하고,
커다란 스피커에서는 안예은의 〈봄이 온다면〉이 커다랗게
울려 퍼진다. 서로의 모습을 확인하고, 좁아터진 차로를
열어달라고 소리를 질렀다. 앞으로도 우리의 몸을 법으로
옭아맬 거라면 당장에라도 길바닥에 드러누울 준비를
하고 있었던 우리. 더럽거나 하찮으며 경멸받는, 그러나
기세등등한 우리가 끝내 헌법불합치 결정을 받아 안고
목청껏 노래 부르며 춤을 추었던 그 초봄의 밤.

만세를 불러
얼음 위에 금이 갈 때
손을 맞잡고 손을 맞잡고

잔치는 끝났고 겨우 불법을 면했을 뿐인 황무지에서
또다시 그들이 나를 구했다. 그들이 있어서 나는 안심했고

또 안전했다. 임신중지에 필요한 정보를 함께 찾아주고 함께
논의하며 동행해 준 이름들을 하나하나 헤아리며 감사의
마음을 전하고 싶지만 그럴 수 없다. 낙태죄 헌법불합치
결정 이후에도 여전히 '불법적'이며 불안한 임신중지. 그것은
여전히 내 앞에 놓인 현실이다.

나에게 임신은 재고의 여지가 없는 '배드 뉴스'였지만,
누군가는 마음을 바꾸어 임신을 유지하기로 마음먹는다.
인생의 멱살을 단번에 감아쥐고 흔드는 것 같은 사건의
한복판, 시간이 갈수록 돌이키기 어려워지는 선택의 길목을
나는 조금 이해할 수 있게 되었다. 졸음이 막 쏟아지면서
동반된 현기증으로 몸이 휘청일 때, 나는 한 손으로 벽을
짚고 다른 한 손은 아랫배에 가만히 대어보고는 했다.
　"모든 자손은 부모로부터 절반씩을 가져와요."
　처음 만난 혈액내과 교수는 조혈모세포 이식 공여자를
찾는 과정을 설명하면서 과학 시간에 배웠던 멘델의 법칙을
상기시켜 주었다. 그러니까 내 배 속에 들어 있었던 것은
멘델이 키운 콩처럼 두 사람의 유전자를 절반씩 지니고서
나와 내 부모가 자라난 방식으로 분화 중일 세포 덩어리.
나는 내가 그런 걸 만들어 내는 동안 조금씩 변하고 있다고
알아차리지 못했다. 당시의 사진을 보는 지금에서야 눈치챌
수 있다.

임신은 '낳을 거야'와 '낳지 않을 거야' 사이의 선택이나 '비혼'과 '비출산'이라는 결심을 꺾는 웅장한 문제이기 이전에, 내 몸에 있는 것과 함께 꿰어진 무수한 가능성이 빛살처럼 쏟아져 들어오는 사건이었다. 가능성이란 긍정적인 가능성과 부정적인 가능성 둘 다를 공평하게 의미했다. 혹은 내가 서 있는 모든 전제와 내가 했고 할 선택의 결과, 과거와 현재와 미래가 만화경처럼 눈앞에 펼쳐졌다. 그 시점으로 다시 돌아가더라도 나는 똑같이 임신중지를 결심할 터였지만, 그럼에도 나는 내가 다른 선택을 하는 평행우주를 떠올리곤 했다.

포도송이 같은 핏덩이들이 나의 질 바깥으로 빨려 나가는 모습을 상상한다. 생명 혹은 죽음, 그 어떤 것이든 될 수 있었던 무언가에 대해.

그것은 임신이었을까, 종양이었을까.

임신중지를 한 다음, 경증의 혈액질환으로 보였던 수치는 이전의 절반 이하로 떨어졌다. 남은 건 골수검사였다. 결과는 2주쯤은 지나야 알 수 있다는 설명과 달리 골수검사 후 2~3일 만에 병원으로부터 전화가 왔다.

나는 그곳에서도 내가 여태 해왔던 거짓말을 골똘히 떠올리며 계류유산 경험자가 되었다. 혼인 상태가 아닌 몸으로 임신했다는 사실, 그래서 임신중지를 했다는 두

비규범적인 사실이 대학병원에서의 치료와 처우에 영향을 미치지 않을지 염려했기 때문이다. 정당한 의료 서비스를 받기 위해서는 정직해서 떳떳하고 재수 없는 사람이 되기보다 혼란스럽고 슬픈 사람이 되는 게 안전하겠다고 생각했다.

내 임신에는 또 다른 점이 있었다. 임신중지 수술 후 시행했던 조직검사를 통해 나의 임신이 '포상기태', 그중에서도 '부분포상기태'에 해당하는 질병을 동반하고 있었음을 알게 됐다. 나는 대학병원의 문진표에 부분포상기태라고 적어 냈다. 결혼하지 않은 나를 배려한 듯, 대학병원 산부인과 의사와 나는 환하고 밝은 병동 휴게실 통유리창 앞에서 접선하곤 했다.

"임신호르몬 수치가 떨어지는 것 같아도 다시 오를 수 있으니까, 이제 한 달 간격으로 검사 결과를 볼 거예요."

포상기태라는 병명은 태아 대신 포도송이 혹은 방울을 닮은 조직들이 자궁을 채운다는 뜻이다. '기태'라는 말 자체가 '기이하다'와 '아이를 배다'라는 의미의 조합이다. 포상기태는 비정상적인 수정으로 인해 발생하는 종양이다. 포상기태는 정상 수정란과는 다른 염색체 형태를 가지고 있고, 이러한 유전적 이상은 자궁 내 조직이 과다하게 증식하도록 유발한다. 부분포상기태를 동반하며 생긴 태아는 수두증이나 합지증을 가지게 되는 경우가 많고, 대부분이 더 자라지 못하고 자연적으로 유산된다고 알려져

있다. 이 질병의 추적관찰은 과도한 임신호르몬 수치가
사라진 것을 확인함으로써 끝난다.

따라서 내 아랫배에 들어 있었던 건, 애초에 멘델의
법칙으로부터 벗어나 있는 물질로 종양이기도 했고 정상이
아닌 수정란이기도 했다. 잠시나마 느꼈던 구역감과
현기증도 임신 자체로 인한 증상이 아니라 과도한
임신호르몬 수치로 인한 증상일 수 있었다.

포상기태를 검색한 결과에는 "임신이 아니라
암?"이라는 자극적인 문구의 건강 정보 기사들과 징그러운
포도송이처럼 생긴 종양 이미지들이 넘실거렸다. 자궁벽을
침윤하는 특정 유형들은 악성 종양으로 발전해 전이될
가능성이 크다. 개중에는 화학항암치료가 필요하거나,
유사암으로 분류되는 유형도 있었다. 검색 결과에는
포상기태 진단을 받았을 때 암 진단금을 받을 수 있다고
알려주는 손해사정사 블로그 게시물도 숱하게 보였다.

나는 임신 정보 카페의 여성들과 같은 슬픔을 느끼지
못했을 뿐 아니라 보험금 지급 청구도 하지 못했다.
어머니의 동네 이웃을 통해서 가입한 보험이었기 때문에
혹시나 임신중지 사실이 어머니에게 알려질까 싶어 보험
가입자의 권리행사는 언감생심 꿈도 꾸지 않았다. '소중한
아이를 잃은' 여성들의 글을 강박적으로 찾아 읽었다.
동시에 나의 임신이 '비정상 임신'이고 '질병'이었다는
사실을 통해서 나의 임신중지가 공식적인 정당성을

획득했다고 생각했다. 거짓말에 거짓말을 보태느라
늘 긴장했던 내게 포상기태라는 병명은 물론 불안한
일이었지만, 불안하기만 한 일은 아니었다. 하지만 세상에는
드물기는 해도 포상기태 임신을 유지하는 여성들이 더러
있었다. 어떤 여성들은 아이와 종양이 함께 자라는 상황
속에서도 두려움을 견디고 끝까지 출산을 감행했다.

'정상적인 몸'의 세계에서 비혼 여성의 임신은 '정상'이
아니다. 한편 아픈 아이를 임신한 것으로 확인된 사람의
출산이나 비정상으로 분류되는 사람의 출산, 즉 아픈 사람,
장애인, 성소수자의 출산 또한 비정상적이고 그릇되다고
여겨지기는 매한가지다. 정상성과 도덕성, 비정상성과
비도덕성을 가르는 기준이란 불합리한 데다 제멋대로였다.
세상이 피거품처럼 생긴 종양으로 무럭무럭 자라났다.
나를 붉은 포도송이의 늪에서 건져준 건 백혈병이라는 새
진단명이었다.

항암치료가 중반 이상을 달려갈 무렵, 부분포상기태에 대한
추적관찰도 막을 내렸다. 항암을 반복하면서 여성호르몬
또한 많이 사라져 있었다. 조혈모세포 이식을 위한 전처치
항암을 마쳤을 때, 내 난소는 기능을 완전히 멈추었다.
폐경의 시작이었다.

의료진 누구도 갱년기 증상이 어떠할 거라고 말해준

적이 없었다. 병원에서 조기폐경이란 늘 "앞으로 임신을
할 수 없어요"라든가 "불임이 됩니다" 따위의 표현으로
설명될 뿐이었다. 나의 병명에 따른 주의 사항은 항암치료의
직접적인 부작용과 숙주반응에 대한 관찰·감염·예방, 그리고
낙상과 충격 등으로 인한 출혈 예방에 집중되어 있었다. 그
때문에 나는 '불임'과 '난소 기능 상실', '월경이 영영 중단된
상태', 그로 인한 '갱년기 증상'을 바로 연결 짓지 못했다.

　이식실에서 퇴원하고 집에 돌아와서부터 본격적으로
정체 모를 증상에 한참을 헤맸다. 뛰다가 잦아들기를
반복하는 심장박동, 비 오듯 쏟아지는 땀, 목덜미와
등허리와 뺨에 한참을 어리는 열기, 온몸을 바늘로 찔리는
듯한 두드러기를 일으키는 홧홧함의 이름을 한동안
찾지 못했다. 항암치료를 하던 때와는 비교도 할 수 없을
정도로 피로해서이기도 했지만, 섹스가 조금도 하고 싶지
않았다. 아무리 내 몸을 공들여서 만져보아도 몸과 마음이
손톱만큼도 동하지 않았다.

　이것이 갱년기 증상이라고 깨달은 건 다름 아닌
어떤 여성이 생각난 순간이었다. 그는 "완경이 아니라
폐경"이라고 불같이 성을 냈다. 양성 쓰기를 하는,
페미니스트 문화 운동의 한 시절을 뜨겁게 거쳐온 한
사람이면서도 그는 '완경'만큼은 거부했다. 그에게 갱년기
증상은 이루 말할 수 없이 끔찍한 고통이었기에 '완성'
따위의 아름다운 의미를 붙일 수 없었다. 이유는 조금

다르지만, 그의 극렬한 완경 반대를 나는 이제야 수긍한다.
아마 월경이 저 혼자 끝났다면 나 또한 그것의 이름을
완경이라고 이름 붙였을지 모르겠다. 하지만 나의 월경은
예상하지도 의도하지도 않았던 질병과 그 치료 과정에
의해 갑자기 저물었다. 늙어서 완성하는 대신, 말 그대로
'끝장났다'.

　　가끔은 몸에서 무언가 빠져나온 것처럼 미끄럽고 척척한
느낌이 든다. 혹시나 해서 화장실에 가 옷을 내려보지만,
역시나 속옷은 아무 일 없이 깨끗하다. 삶에는 이렇게
갑작스러운 결말도 있는 법이니 특별히 슬프지는 않다.
난소가 더 쓸 수 없게 파괴된 건 그저 내가 살기 위해서
치료를 한 결과일 뿐이므로 목숨과 맞바꾼 내 난소의
폐(閉)를 긍정한다. 두 줄의 붉은 선을 확인하고 문을 박차고
나온 순간부터 문 하나를 닫고 나온 지금 이 순간까지
모든 선택 혹은 불가항력의 사건 들이 등을 떠밀며 다른
문 앞에 나를 세웠다. 입양가족 양육자가 쓴 이야기를 읽고
레즈비언 부부의 출산 소식을 들으며 혼인이나 혈연과는
아무래도 영영 무관할 것 같은 나의 가족을 상상한다.
친구의 딸아이에게는 조금 더 괜찮은 이모가 되어야겠다고
다짐한다. 그렇게 또 다른 세계의 문이 열리는 거라 믿는다.

(2023. 10. 24.)

다 끝난 일이라면 좋겠지만

생존의 무게

몸과 마음이 어렵던 시절을 딛고 일어선 경험을 한 사람들에게 '생존자'라는 단어를 붙인다. 생존자, 즉 끝까지 살아남은 사람이라는 말은 처절한 분위기를 드리우는 것 같고, '내 경험이 그 정도까지는 아닌데…' 싶어서 아귀가 잘 맞지 않는 느낌이 들기도 한다. 성폭력 생존자, 가정폭력 생존자라는 말은 이제 막 '젠더에 기반한 폭력'에 대해 배운 사람 일부에게 불편함을 마주하게 한다. 나도 그랬다.

암 생존자라는 표현을 알게 된 건 어릴 적에 우연히 핑크리본 캠페인 포스터를 보았을 때다. 독한 항암제와 방사선, 살을 잘라 내는 아픔을 겪고 생환한 것이 대단하고 뭉클한 일이기는 하지만, 그렇다고 영웅시하듯 추켜올릴 것까지는 없지 않나 싶어 마음이 뾰족해졌던 기억이 난다. 지금도 경험자라는 표현을 더 선호하지만 생존자라는 말의 의미와 무게를 이제 조금 안다.

어느 암 '생존자'의 부고를 뒤늦게 읽었다. 사인은 자살.
생존과 자살이라는 단어는 별로 어울리지 않는 조합인 것
같다. 어렵사리 생환해서는 끝내 자살로 마감하는 생이라니.
이해가 쉽지 않을 수도 있겠다. 그러나 내가 마음을 잘
다스리지 못해서 병들었다는 자책과 자괴감으로도, 질병
진단 이후 더 맞닥뜨리기 쉬워지는 빈곤, 열악한 노동조건,
사회적 배제와 같은 구조적 문제로도 사람은 죽을 수 있다.
'덤으로 얻은 삶, 뜻깊게 쓰겠다'는 다짐은 현실의 벽 앞에서
꺾여버린다.

결국 암 경험자를 살게 하는 것은 삶에 대한 긍정적인
전망과 낙천성이라는 말일까. 그러나 암 경험자에게는
응원과 낙관주의도 가끔 독이 된다. 질병은 마음을
긍정적으로 바꿔서 고칠 수 있는 것이 아니다. 우울감은
떨쳐 낸다고 순순히 떨어져 나가는 기분이 아니다.
유방암 경험자인 저널리스트 바버라 에런라이크(Barbara
Ehrenreich)는 긍정 이데올로기가 어떻게 시장경제의
모순을 조장하는지 저서 『긍정의 배신』에 정리했다.[8] 여기에
유사과학까지 가세하면 긍정 이데올로기는 병자가 되면서
생긴 분노와 혼란, 좌절 같은 부정적 감정들을 결국 환자
본인에게 겨누게 한다. 따라서 생존자라는 단어는 이 모든
것을 견디고 살아내는 사람에게 부여하는 긍지의 언어다.

모든 치료 과정이 막을 내렸다. 혈액 수치들은 거의 정상치에 도달한 상태였다. 하지만 정작 내 몸은 그 수치를 만드느라 엉망진창으로 비틀어지고 곪아 있었다. 이름 없는 통증으로 밤낮 앓는 속도 모르고 어떤 사람들은 "다 끝났네!" 하며 축하를 건넸다. 해도 너무하네 싶을 무렵에 나와 비슷한 시기에 항암치료를 했던 암 경험자들에게 물어보았다.

"좀 야속하지 않아요?"

바로 대답이 돌아왔다.

"완전 야속하지!"

장기 절제를 한 암 경험자들은 더러 자신의 통증이 '배 속에 있는 장기들이 새로 자리를 찾아가는 것 같다'고 고통을 호소한다. 의학적인 근거가 없다고는 하지만, 절제 수술을 통해 몸의 일부를 덜어 내느라 무게중심이 무너져 근골격계질환이 생겼다고 느낀다. 화학항암치료와 방사선치료를 받으면 후유증으로 2차성 암에 걸릴 확률이 높아진다. 장애 또는 만성질환을 껴안고 살게 되기도 한다. 전보다 위험하고 불편한 몸이 되었다는 점에서도, 그래서 '암환자는 평생 조심해서 살아야 한다'고 단속하는 암 치유 담론과 항암 시장의 자장에 계속 놓이는 몸이 된다는 점에서도 암 경험은 치료 종료와 함께 완전히 종결되지 않는다.

허겁지겁 지나오느라 기억도 잘 나지 않았던 시간이
최종 목적지에 다다라서야 모습을 드러내기도 한다. 아서
프랭크가 "탐구의 서사(quest narrative)"라고 이름 붙인
이 단계에서 비로소 병자는 자신의 고통을 시계열적으로
구성하여 이야기하게 되고, 삶의 본질적인 불확실성을
깨달으면서 고통도 삶을 이루는 일부라는 사실을 깨닫는다.[9]

  결과적으로는 아름답고 영성적인 이야기 같지만 좋았던
경험을 회상하는 것과 달리, 고통스러운 기억은 처음부터
기승전결을 갖추어 드러나지 않는다. 어떤 기억은 굉장히
또렷하고 상세하지만, 사건의 순서나 중요한 세부 사항을
기억하지 못하는 경우도 많다. 계속된 이야기를 통해서 이
조각들이 개연성 있는 서사를 갖추게 되고, 어떨 때는 특정
이미지와 강렬한 감각, 감정이 섬광처럼 떠오른다.[10]

  숨을 헐떡이면서 처치실을 들락이는 옆 침상의 환자.
침대째로 들려 나가서 검고 텅 빈 커튼 아래. 언니를 어떻게
보내요. 입원을 기다리는 휴게실에서 환자의 자매인 듯한
이가 흐느끼는 모습. 내가 동생을 저렇게 울도록 하면
어쩌지. 내 발로 걸어 나올 수 없는 반투명의 유리문.
으으 프흐프흐. 코드블루 사인과 함께 재빠르게 달려가는
의료진. 방사선을 하러 가느라 처음 유리문을 나서며 괜히
한 번 흘긋거린 중환자실의 육중한 문과 기계음. 난처하고
허기졌던 점심. 허기가 느껴지지 않는 통증. 기어코 살아서
집으로 돌아온 나. 이래서야 뭐 해서 먹고살지. 모든 치료가

끝났는데. 숨만 쉬는 송장처럼 누워 바라본 침실의 흰색 천장.

아무리 든든한 지지자가 있어도 혼자 겪어야 하는 일이 반드시 있다. 사건을 회고하는 일 또한 마찬가지다. 보호자는 병자의 고통을 볼 수는 있지만 느낄 수는 없다. 상상된 고통은 죄책감으로 변한다. 병자는 보호자의 마음을 아프게 해서 미안하고, 보호자는 아픈 사람에게 해줄 수 있는 게 없어서 미안하다.

그래서인지 어떤 병자와 보호자에게 이 시간은 입에 올리기 껄끄러운 기억으로 남는다. 평화를 깨뜨린 원인이 질병이고 병자라는 점에서 병자는 자신의 이야기를 사람들과 나누기 어렵다. 긍정의 힘을 확인하고 생존의 기쁨을 나누는 함박웃음의 뒤편에서, 의미 있게 공유되지 못한 시간은 뚜껑 덮인 맨홀처럼 덩그러니 남는다. 그것이 생존 후에 병자를 찾아오는 고통인지도 모른다.

암 경험자는 자신의 생존에 대해 무엇을 말할 수 있으며, 무엇을 말할 수 없는가. 암 경험자의 생존은 무엇으로 여겨지는가. 불순한 생각이 허락되지 않는 암 경험자에게 그렇다면 '생존의 기쁨'이란 무슨 의미인가. 여전히 내게는 치료 과정과 치료 이후라는 두 개의 시간이 완전히 섞이지 않은 채로 병렬되어 있다. 암 경험자를 마치 암에 의해 몸과 마음을 공격당해 쓰러진 무력한 희생자로 표현할 필요는 없지만, 그가 여태 암을 '이겨온' 것처럼 지난 시간을 '잊고'

4부 문을 닫으며, 문을 열며

남은 시련 또한 '무찌를' 거라 믿는 것은 너무 게으른 처사
아닐까.

입원과 퇴원을 반복하는 동안 병원에서는 생활 관리 교육을
해주었다. 정신건강에 대한 내용도 별도의 장으로 정리된 잘
만들어진 자료였다. 입원 환자들은 눈썹칼이나 가위 같은
것을 소지할 수 없었다. 칼날이 달린 물건 중에서 소지할 수
있는 건 보호캡이 붙어 있는 전기면도기뿐이었다. 자료에는
퇴원 후에 자살 사고나 자해 충동이 밀려온다면 정신과적
조력을 받기를 권장한다고 안내되어 있었다.

　하나하나 짚어가며 문장을 읽고 부연 설명을 하던
의료진이 자살과 자해에 대한 대목에서는 '음…'이라는 낮은
소리와 함께 밑줄을 긋고 지나갔다. 닥치는 대로 파괴하고
싶어질 만큼 고양되고 연약해진 감정, 타인을 해치지 못해
자신을 향하는 병자의 욕망은 이미 공공연한 비밀 같은
것이다. 누구나 알고 있지만, 누구도 입 밖에 꺼내지 않는.

　의료진이 깨금발을 뛰듯 그 단어를 생략함으로써,
역설적으로 자살과 자해는 이 병동에 있는 누구나 생각하고
선택해 볼 법한 선명한 현실이 되었다. 자살과 자해는
신체적·사회적 위험으로 '내몰리기' 이전에 스스로를
적극적으로 처분함으로써 모래알처럼 빠져나가는 자아
감각과 통제력을 끝까지 제 손으로 쥐고 싶은 몸부림에

가깝다.

그러니 '나을 일만 생각하면' 정말 살 수 있는 것 맞나.

연구마다 통계상의 차이는 있지만, 암 경험자의 우울증 및 자살에 대한 연구들은 암 경험자가 당면하게 되는 문제들로 인해 정신적 어려움을 겪을 확률이 높음을 시사한다. 일반적으로 암 경험자에게 심한 우울증이 발병할 확률은 일반인의 약 4배에 달한다고 알려져 있다.[11] 미국암협회(American Cancer Society)의 연구에 따르면, 2000년부터 2016년에 이르는 연구 기간 중 2만 800명의 암환자가 자살했다. 이는 일반인의 자살률과 비교해 26퍼센트 높은 수치이며, 그중에서도 유색인종과 소득수준이 낮은 암 경험자의 자살 위험이 높은 것으로 나타난다.[12]

한국의 암 경험자를 대상으로 실시한 설문 결과에서는 19.7퍼센트의 암 경험자가 우울감을, 이 중 59.8퍼센트가 자살 사고를 경험하는 것으로 나타났다. 이 연구에서 암 경험자와 일반인의 우울증 발병률 자체에는 유의미한 차이가 없는 것으로 나타나지만, 연구진은 암 경험자 집단의 경우에는 오랜 치료에 따르는 경제적 부담과 재발에 대한 두려움, 예전 같지 않은 몸에 따르는 신체적·정신적 부담에 주목해야 함을 강조한다.[13] 다시 말해, 암 경험자가 진단과 치료, 사후 회복에서 겪는 어려움의 특성에 중점을 둔 사회적·경제적 접근이 필요하다는 것이다.

암 경험자의 정신건강에 영향을 미치는 요인들 가운데 한국 사회의 살인적인 노동량과 노동환경은 암 경험자를 자꾸 울타리 밖으로 몰아낸다. 한국에서 성인 암 경험자가 일터에 복귀하는 비율은 OECD 회원국 평균의 절반도 되지 않는 30.5퍼센트에 불과하다.[14] 암 경험자도 노동시장에서 자신이 밀려나고 있는 걸 모르지 않기에 겨우 회복된 몸으로 몸과 마음이 아플 만한 일을 해야만 하는 모순 속에서 살아간다. 자신이 동료들에게 민폐로 여겨지는 걸 인지한 채 고강도·장시간의 노동을 남들처럼 해내려 애쓰는 동안, 80퍼센트에 달하는 암 경험자들의 마음에는 다시 아프게 되지는 않을까 하는 근심이 싹튼다.[15] 구직을 하는 암 경험자에게 자신이 암 경험자라는 사실을 언제 어떻게 알릴 것인지는 결코 쉽지 않은 고민거리다. 2021년 국립암센터가 21대 국회 보건복지위원회 허종식 의원실에 제출한 자료에 따르면, 암 경험자의 직장 복귀 등 사회 진출을 바라보는 시선은 2017년에 비해 2020년 오히려 더 냉담해졌다.[16] 연애라고, 결혼이라고 다를 건 없다.

겉으로 보기에 사회 복귀를 성공적으로 해낸 것 같다 한들 재발에 대한 두려움, 후유증 및 만성질환 관리의 어려움, 존중받지 못한 감정의 흔적, 이 잔여물들을 보이는 곳에 꺼내놓지 않을 것을 주문하는 사회적 분위기는 암 경험자에게 회복에 이르기까지의 과정을 여전히 외상적인 경험으로 남긴다. 암에서 벗어나는 것만으로는 부족하기에 누군가는 '덤으로 얻은 삶'을 제 손으로 끊어 낸다.

나의 질병 해석은 성폭력 피해 경험과 다른 이들로부터
회복을 지지받았던 경험, 이후 성폭력 피해 생존자들에게
조력했던 시간과 떼려야 뗄 수 없다. 수년간 반성폭력
활동에 참여하면서 성폭력 피해 생존자의 사건 해석에
동행하고, 이를 사회적으로 의제화해 본 경험이 내 상황을
나름대로 해석하고 길을 찾는 데에 큰 참고가 되고 있다.
부당한 상황을 받아들이지 않을 용기도, 말하는 사람과
듣는 사람 각각이 나눠 가질 책임과 역할에 대해서도 나는
반성폭력 활동을 통해 배웠다.

성폭력 피해 생존자들은 밖으로 꺼내진 말을 듣고
또 스스로 말하면서 성폭력 피해가, 자기 경험과 감정을
부정당해 온 역사가 혼자만의 일이 아니었다는 사실을
알게 된다. 그래서 최근 가장 큰 반성폭력 캠페인의
이름이 '미투(MeToo)'였던 것이다. 무언가 뒤틀려 있던
것을 바로잡는 과정은 사건이 일어났던 당시만큼이나
뼈저리게 아프기도 하지만, 동시에 내 옆에 서 있는 타인을
통해서 나를 바라보게 한다. 나의 문제가 아니었으며,
나만의 문제도 아니었다는 깨달음. 그것이 생존자를 한
뼘 성장시킨다. 멈추어 있던 시곗바늘이 다시 뚜벅뚜벅
달려간다. 현재를 향해서.

4부 문을 닫으며, 문을 열며

암 경험자에게도 회복 과정을 의미 있게 경험할 기회가
있을까.

나는 어머니가 2년 전 들어놓은 암보험이 있어, 납입
요건을 아슬하게 맞추고 1년 정도의 생활이 가능한
진단금을 받았다. 보험설계사는 나의 사례를 들어
'젊은이가 몇 년 붓지도 않고 돈을 탔다'면서 신규 가입자
여럿을 얻었다. '당신뿐만 아니라 당신의 가족까지 지켜줄
것'을 약속하는 민간보험 시장에, '4인 가족 암 진단금은
1억은 되어야 한다'는 주변 이야기를 들으며 예비 보험
가입자들은 마음이 흔들린다. 사영화된 의료시장은
"여러분, 재발이 두려우시죠? 암환자는 무조건 잘 먹고 잘
쉬어야 합니다!"라는 경고와 함께 병자들에게 민간보험이
있는지부터 묻고, 비급여 의료행위에 민간보험을 적극
이용할 수 있다고 독려한다.

면역력을 높이기 위해 어떤 음식을 먹고 어떻게 살아야
한다는 너무나 많은 정보와 아픈 사람에게 희망과 긍정만을
독려하는 사회 분위기 등 가히 '암 위험사회'라고 할 만한
한국 사회에서는 경제적·신체적·심리적 각자도생을
준비하도록 하는 담론이 주를 이룬다. 암 생존자의 불안감을
숙주로 자라나는 대응 전략 외에 다른 상상력은 발붙이지
못한다.

다 거대하고 불쾌한 기만일 뿐이다. 암의 무시무시한
고통을 강조하면서 그걸 처음부터 끝까지 개인이 극복해야

한다고 주장하는 세계관 속에서는 좀처럼 사회의 몫을 찾을 수 없다. 전남편으로부터 양육비를 받지 못한 채 풀빵을 구워 팔며 어린 남매와 함께 시한부 인생을 살아냈던 고 최정미 씨의 모습을 담은 다큐멘터리 〈풀빵엄마〉(2009)는 피 끓는 모정으로 사람들의 눈물을 쏙 빼놓았지만, 사실 이 다큐멘터리가 폭로한 건 암 경험자에게 더 가혹한, 사회안전망이 부끄러운 수준으로 취약한 한국 사회다.

받쳐줄 바닥으로서의 제도가 있어야, 아픈 사람을 이웃으로 받아들일 사회적 준비가 되어 있어야 병자도 잘 아프고 잘 회복할 수 있다. 나는 암 경험자라는 새 정체성으로 이웃들을 만나며 그것을 배우고 있다.

내가 '생존자'라는 말을 싫어했던 이유는, 힘든 시절을 살아낸 사람들을 긍정하기 위한 표현이 오히려 그들의 고통을 헤어 나올 수 없는 극한의 것으로 만들어 버리는 것 같아서였다.

이제 와 문득 돌아보니 삶 자체가 우연으로 가득 차 있다는 생각이 든다. 어떤 사고는 정말 아무런 전조 없이 찾아온다. 질병의 인구학적 특성이라든가, 그것의 사회적인 원인을 제외하면 병자가 되는 것도 사고와 크게 다르지 않다. 통계는 통계일 뿐 치료에 따르는 후유증과 예후 중에서 나의 일로 예측할 수 있는 것은 하나도 없었다.

하나하나 해보아야 알 수 있었다. 같은 치료 과정을 거치는 동안 세상을 떠난 사람들도 있었다. 그럴 때마다 마음 밑바닥에서 진동하는 불안과 상실감은 혼자 붙든다고 달랠 수 있는 게 아니었다. 귀를 쫑긋 세워 나의 이야기를 들어준 사람들이 있었다. 누구에게든 한 번 이상 도래할, 피할 수 없으며 자연스러운 손상에 함께하는 일. 나는 누구나 아플 수 있고, 죽을 수 있다는 '불편한 진실'을 기꺼이 감수하는 이 행위에도 연대와 용기라는 이름을 붙이고 싶다.

그래서 '생존자'라는 말은 기어코 승리한 한 인간을 일컫는 말이 아니라 뜻하지 않게 사라진 곁과 무너진 자리를 떠받치는 새로운 곁들을 보면서 하는 말인 것 같다. 드문드문 끊어진 길, 고해(苦海)를 건너느라 생존자는 자신의 고유한 이야기를 잃어버리기도 한다. 아무래도 좋다. 죽을 자리에서 맞닥뜨린 혼란과 불안, 공포라는 그 두서없음을 주변 사람들이 함께 직면해 줄 때, 그 자리에서 생존자의 다음 삶의 자리가 놓일 수 있는 것 아닐까.

이 와중에 생존자가 흘려놓은 유류품을 찾았다면 차분한 목소리로 불러주시길. 이야기를 막 시작한 이의 손 위에, 당신이 주운 조각을 소중히 올려주시길.

(2023. 8. 20.)

나는 키메라

그만 듣고 싶은 백신 원인론

입원과 퇴원을 몇 차례 반복하는 동안, 내가 없는 사이 집에 도착한 우편물을 열어보며 눈시울이 붉어지곤 했다. 포장 삼아 싸매놓은 달력 종이의 흰 부분에 급하게 휘갈긴 글자가 얹혀 있었다. "근강하세!" 명함 크기의 뭉치를 펼치자 보낸 이의 이름자가 적힌 헌혈증이 쏟아져 나왔다. 피를 얻어 넣어야 하는 처지가 되면서 알게 된 사실인데, 헌혈증을 많이 가지고 있는 사람은 친구나 가족이 크게 아팠던 경험이 있다.

그래서 이렇게 손아귀가 빠듯하게 넘치는 헌혈증에는 이름자에 얽힌 사연도 같이 온다. "근강하세!"의 주인공은 어린 시절 아버지가 혈액암으로 세상을 떠났고, 그래서 헌혈을 할 수 있는 나이와 건강이 되었을 때부터 지금껏 꾸준히 헌혈하고 있다는 이야기를 전했다. 가장 먼저 헌혈증 다발을 건넸던 이는 자기 어머니가 암 치료를 하는 동안

함께 통원했었다. 얼마 후 집에 또 도착한 헌혈증은 나보다
좀 전에 암에 걸렸던 활동가가 자신이 일하는 단체에서 모아
온 것이었다. 수혈을 받을 때는 아무리 덧입어도 추웠지만,
끝나고 수납 창구에 가서 헌혈증을 모아둔 동전 지갑을
열 때마다 마음이 뜨끈해지고는 했다. 그 덕분에 혈소판과
적혈구가 모자란 시기를 무사히 났다.

　　여러모로 경계에 몰려 있었다. 조혈모세포 이식을 앞둔
환자의 보호자들은 교수의 설명을 듣기 위해 한날한시에
모여서 이식으로 심각한 질환을 얻을 가능성 또는 사망할
가능성을 환자 대신 전해 들었다. 그사이 몸은 냄새마저
투과되는 것처럼 희미해졌다. 코 밑에서, 하품에서 약
냄새가 났다. 항생제에서는 고릿하고 톡 쏘는 홍어 냄새
같은 게 났고, 스테로이드제는 주입되자마자 회음부의 연한
살갗을 바늘에 찔린 것처럼 따갑게 만들어서 나를 놀라게
했다. 어떤 주사약에서는 와사비 콩과자 같은 맛이 났다.
모든 면역계의 전원을 내리는 절차가 끝물을 향해 갔다.

　　조혈모세포 이식을 이틀 앞둔 시점, 아침마다 처음 보는
약물의 이름이 적힌 설명서를 받아 들었다. 이번에 주입될
약물은 토끼의 혈액에서 나온 물질이었다. 실험동물이라고
하면 인위적으로 병을 일으켜 배가 불룩해지거나 독성
실험으로 눈이 시뻘게진 실험실의 작은 동물이 떠오르지만,
인간에게 자신의 호르몬이나 혈청을 제공하는 동물도
실험동물의 범주에 들어간다.

치모글로불린

새로 주입된 공여자의 조혈모세포를 거부하지 않도록
면역 기능을 억제시키기 위해 투여합니다.

- 작용: 면역기능 억제
- 부작용

  ① 열, 오한, 발진, 관절 통증, 근육통

  ② 혈소판 감소증

  ③ 쇼크

  ※ 위와 같은 증상이 생기면 '즉시' 간호사에게 알려주십시오.

- 투여 중 주의 사항

  ① 혈소판 수치를 5만 이상으로 유지해야 하므로 새벽에
  채혈하여 수치 확인 후 필요 시 혈소판을 수혈합니다.

  ② 이종 혈청으로 인한 과민반응 관찰을 위해 투여 시작
  후 15분마다 활력징후를 측정하며 서서히 투여량을
  증량합니다.

  ③ 주입 도중 발열, 피부 발진 등이 생길 수 있습니다.

내 몸은 온통 멸균의 의지로 가득 차 있는 두 평 남짓한
반투명 비닐 커튼 안에 가만히 있을 뿐인데, 여태 본 적도
만난 적도 없는 세계를 먹고 먹으며 실험동물을 이용한
의학기술과 맞닿고 있었다.

'토끼 혈청'이라고도 불리는 치모글로불린은 실제 토끼에게서 나온다. 인간의 몸에 주입된 토끼 혈청은 흉선(가슴샘)이라는 기관에서 만들어지는 면역세포(T림프구)의 면역 활동을 억제한다. 따라서 신장·심장 이식을 받은 사람이 토끼 혈청을 주입받으면 자신의 면역세포가 이식된 장기를 공격하는 것을 막을 수 있다. 조혈모세포 이식의 경우에도 마찬가지다.

토끼 혈청은 환자들 사이에서 악명이 높았다. 오한과 발열이 극심해서 핫팩을 댔다가 아이스팩을 대기를 반복한다는 이야기, 손발과 온몸에 열꽃처럼 발진이 핀 모습을 여러 환자의 투병기에서 쉽게 찾을 수 있었다. 예측할 수 없는 미래를 기다린다는 점에서, 이 병원에서 앞서 1만 번은 시행되었을 면역억제 절차가 거대한 실험처럼 느껴졌다. 기운이 없어도 아침마다 안부를 묻고 어기적대며 복도를 함께 걸었던 언니들이 돌림노래를 하듯 차례로 섬망에 빠졌다. 정신을 잃고 고함을 지르거나 가족의 이름을 부르는 소리가 커튼을 찢으며 들어왔다.

솜도 들어 있지 않은 빳빳한 홑겹 천을 턱밑까지 끌어 올렸다. 나도 곧 어느 환자의 블로그에서 보았던 것처럼 손바닥이 빨갛게 될까. 간호사에게 혹시 토끼 혈청을 맞고도 아무렇지 않은 사람이 있냐고 물었다.

"아주 간혹 있어요. 열 분 중에서 한두 분 정도? 제가 여태까지 보았을 때는 보통 좀 많이 힘들어하시는 편이고…

괜찮은 분들도 미열이라도 나는 편이에요.”

토끼 혈청은 기계장치의 도움을 받아 7시간 동안 미량으로 일정하게 나뉘어서 내 몸에 들어왔다. 손바닥과 발바닥이 잠시 화했지만, 그 느낌은 곧 씻은 듯이 사라져 버렸고 다시 나타나지 않았다. 어안이 벙벙했다. 이제 내 몸의 면역세포들은 새 조혈모세포를 위해 자리를 비운다.

백혈구 수치를 가리키는 칸에는 한동안 0.01이라는 굵은 글씨가 적혀 있었다. 호중구 수치는 일찍이 소수점도 없는 0을 가리켰다. 빨간색 낙상 주의 팻말이 침대 머리맡에 붙었다. 조심해야 했고, 이제 조심은 몸에 익을 만큼 익숙해졌다. 이식병동에 들어오기까지 감염과 출혈을 미연에 차단하느라고 꽉 찬 일상을 보내왔다.

코로나19는 중대한 위협이었다. 암환자들이 코로나에 걸려서 적기에 해야 하는 항암치료를 놓치곤 했다. ‘사회적 거리두기’로 외출과 모임이 줄어든 데다 헌혈을 통해 코로나19에 걸릴 수 있다는 오해가 덧붙으면서, 2017년부터 꾸준히 줄어들던 헌혈 인구가 급감했다. 환자와 보호자는 이웃과 친척에게, SNS 공간에 어렵고 급박한 사정을 읍소하며 직접 혈액을 구해야 하는 상황으로 내몰렸다.

코로나19 팬데믹이 한창이던 2021년 “환자와 보호자가 직접 헌혈자를 구해야 하는 지정헌혈 건수는 전년 대비 2배

가까이 증가했다".[17] 2022년 국회 보건복지위원회 최혜영
의원실에서 제공한 자료에 따르면, 혈소판 헌혈의 경우
2022년 상반기 기준 전체 건수의 약 10퍼센트가 지정헌혈을
통해 이루어졌다. 나는 다행히 그 시기를 조금 비켜나
수혈에 어려움을 겪지는 않았지만, 팬데믹이 한창이던
시기에 치료를 마쳤다가 재발이 되어 돌아온 병동의 몇몇
언니는 당시를 떠올리며 진저리를 쳤다.

"제일 혈소판이 적은 분만 겨우 혈소판 한 팩 맞고
그랬다니까."

의사는 조혈모세포 이식일을 앞두고 코로나에
걸리지 않도록 다시 단단히 주의를 주었다. 아마 공여자
또한 신신당부를 들었을 거였다. 죽을 수 있는 사람을
살린다는 사명감으로 기증에 임하는 공여자들 대부분이
기증을 약속하고부터 건강을 유지하기 위해 각별히 애를
쓴다. 하지만 이 신종 감염병은 아무리 주의하더라도
부지불식간을 파고들었다. 공여자나 이식 대기자가
코로나19에 걸려 이식을 진행하지 못하는 일이 발생했다.
다행스럽게도 공여자와 나는 지난 몇 달을 무사히 지나왔다.
치료 일정이 변동 없이 진행될 수 있었던 데에는 백신을
접종받은 사람들의 역할도 있었을 것이다.

급성백혈병에 걸렸다는 사실을 알린 후, 나는 한참 동안
"코로나19 백신을 맞아서 백혈병에 걸린 것 아니냐"라는
질문을 맞닥뜨렸다. 코로나19 백신을 맞고 급성백혈병에

걸렸다는 글이 당시 청와대 국민청원 게시판에도 올라와 있었다. 유가족들은 "누구보다 건강했던 사람이 백신을 맞고 병에 걸렸다"라며 원통한 마음을 호소했다. 관련 내용을 다룬 신문 기사가 쏟아졌다. 멀쩡하던 사람이 갑작스럽게 위중해지는 병의 특성은 '백신이 방역에 도움되지 않을뿐더러 오히려 건강에 악영향을 미친다'는 주장의 근거가 되었다.

그러나 코로나19 백신으로 급성백혈병이 발병했다는 주장은 인과관계가 잘못된 추론이다. 급성백혈병의 원인으로는 일부 유전적인 소인, 방사능 노출, 벤젠과 같은 발암물질, 항암제와 같은 독성물질들이 거론된다. 전체 암종으로 넓혀보면, 암을 일으키는 소인으로 지목되는 것은 음주, 흡연, 과로 등이 있다. 그 밖의 원인은 잘 알려져 있지 않다. 중앙암등록본부에서 제공하는 암종별 발생 통계를 살펴보면, 코로나19 유행 및 백신 접종 시기 백혈병 발생 건수와 전년 대비 증감률은 같은 시기 폐암과 유방암 등 대표적인 암종과 크게 다르지 않고, 전체 암종과 비슷한 수준으로 상승했다. 지난 20년간의 전년 대비 증감률을 따져보아도, 약 마이너스 4퍼센트대에서 플러스 12퍼센트대의 증감은 종종 있었다.[18]

단지 한국에서는 국민 대부분이 코로나19 예방접종을 받았을 뿐이다. 까마귀가 날았고, 배가 떨어졌다. 그러나 백신을 의심하는 사람들은 완강했다. '암환자, 특히 젊은 암환자가 많아졌다'라는 일반적인 사실에 '제약회사들의 돈벌이 수작일 뿐'이라는 주장이 덧붙어 '자연면역을 통해 나을 수 있다'는 본격적인 백신 부정론에 가닿곤 했다.

나는 급성백혈병으로 갑작스럽게 자녀를 잃은 부모의 마음을 다 헤아릴 수 없다. 사랑하는 사람이 아프게 된 원인을 찾으려 애쓰다 현실을 부정하게 되는 것은, 그만큼 절박해서 그럴 수도 있다. "코로나19 백신을 맞아서 백혈병에 걸린 것 아니냐"라는 예의 질문 역시 나를 염려해서 하는 말일지도 모른다. 하지만 병자를 향한 염려를 좋게 해석하려 노력하는 사람은 결국 병자 자신이다. 백신을 접종받아서 병에 걸린 건 아니냐며 한마디씩 보태는 말들을 선의로 해석하기도 지칠 무렵 의문이 들었다. 그들이 나를 염려한 것이 맞기는 할까. 내가 만약 그 말을 믿고 질병관리청을 상대로 싸움을 시작했다면, 그 사람들이 적극적으로 지지해 주었을까. 그들은 나처럼 백신을 맞았고, 툭툭 내뱉듯 던지는 의혹은 한없이 가벼웠다. 백신 부작용 신고를 해서 보상금을 받으라는 말도 들었지만, 그 말 속에는 정당한 피해자로 인정받고 구제받자는 간곡함보다는 아니면 말고 식의 심리가 읽혔다.

하지만 의혹의 무게는 무겁다. 백혈병 환자들이 모인 온라인 카페에는 백신을 의심하는 보호자들이 종종 나타났다. '카더라'를 던질 뿐 정작 책임지지 않는 사람들, 명확한 데이터에도 불구하고 고개를 젓고 돌아서는 이들은 결국 자신의 질병을 받아들일 수 없는 사람을 '이상한 사람'으로 만들어 놓고 떠났다. '이상한 사람'들은 같은 환자와 보호자에게도 공감받지 못하는 채로 남겨졌다. 의심만 지피고 떠난 회의론자들은, 남겨진 이들이 무엇으로 절망과 슬픔에 맞서 싸울 수 있을 거라 기대한 걸까. 개똥쑥차로? 산야초 효소로?

극우 세력만의 주장이 아니었다. 코로나19 백신에 대한 의혹을 정치적 의제로 미는 그들의 맞은편에서는 진보 성향의 일부 그룹이 '감염병 유행과 백신 개발 모두 초국적 거대 제약 자본의 음모'라는 기존의 백신 거부 문법을 강화했다.

후자에 해당하는 사람들에게 백신 거부는 단순히 의료기술의 선택에 국한된 문제가 아니라 '인류 문명 대 자연'이라는 이분법 속에서 더 정의로운 '자연'을 향해 가는 문제였다. 그들은 이 신종 감염병이 인간의 잘못에 기인한 것이므로 생태적인 삶을 추구해야 한다는 주장에서 더 나아가, 인간의 면역이 백신 없이도 더 강해질 수 있다고 믿었다. 인간소외적인 양의학의 대안으로 내미는 것이 결국 '스스로 치유하라'라는 자기계발적 히피의 모양새를 띠고 있다는 점에서, 그들은 백신 접종을 반대하는 극우 인사들과 일종의 좌우합작을 하고 있었다. 같은 생협을 이용하는

조합원이, 같은 시민단체를 후원하는 지인이 내가 무어라
하든 간에 아주 고집스럽게 하고 싶은 말을 이어갔다.

"아니, 내 말 좀 들어보라니까?"

"백신을 맞고 암에 걸린 사람들이 많다는 거야."

"내가 아는 사람이 보험사에 다니는데 말이야…"

그들은 선량한 사람들이라서 나의 고통을 배가시켰다.
저들끼리 촌락을 이루고 바깥세상으로 나오지 않는다면야
나와 상관이 없을 수도 있었다. 하지만 그들은 '백신 없이도
건강을 유지하고 있다'라면서 본디 우연한 건강을 백신
거부와 자연면역의 근거로 제시했다. 정상성을 획득하고자
한다. 자본과 결탁한 의학의 진실을 밝히는 등불, 주류를
거슬러 탄압받는 투사를 자처했다. 그들은 자신들의
생태지향적이며 합리적인 회의주의자라는 정체성을
위협받고 싶지 않은 것 같았다. 아픈 사람들의 약해진
마음을 흔들고, 자책하며 골몰하게 했다.

온전하다

1. 형용사 | 본바탕대로 고스란하다.
2. 형용사 | 잘못된 것이 없이 바르거나 옳다.

320

나는 온전하지 않다. 내 몸은 이제 어머니에게서 받아 나온 대로 온전하지 않다. 면역 저하자이자 기저질환자가 된 나에게 건강한 백신 거부자들이란 상상 속의 아름답고 순수하며 그 자체로 온전한 자연, 자연면역을 신줏단지 모시듯 하는 낭만주의자로 보일 뿐이었다. 과연 철통처럼 지킬 '온전하고' '자연스러운' 나, 세균과 바이러스라는 외적을 물리칠 나의 순수한 면역력이란 어디에 있단 말인가?

신장을 이식받고 면역억제제를 먹는 사람은 자연스럽지 않은가? 인공 췌장과 혈당 측정기를 몸에 부착하고 인슐린을 투여받는 당뇨 환자는? 카테터가 달려 있어서 필요하면 언제든 혈액 혹은 주사약이 든 팩과 기계장치에 연결될 수 있는 나는? 반대로 주변 사람들이 홍역에 걸리지 않은 덕분에 홍역을 면한 백신 비접종자는 어떤가? 백신 접종자와 연결된 비접종자의 생물적이고 사회적인 신체는, 온전히 자연적이며 순수한가?

이식 당일 아침, 간호사가 여태껏 적혈구 수혈 때 본 것과 크게 다르지 않은 팩을 바트에 담아서 다시 들어왔다. 심장이 귓전에서 쿵쿵 뛰었다. 나머지 한 개의 카테터에 조혈모세포가 들어 있는 새빨간 링거줄이 연결되었다. 기독교 신자가 아니었던 간호사는, 그러나 아주 정성스럽게 몸을 낮추어 기도하고 자리를 떠났다. 코에서 김부각 같은 냄새가 났다. 수없이 많은 사람의 피와 토끼 혈청이 지나간 혈관에, 자작나무 숲처럼 하얗게 복닥대는 뼈의 구멍들 속에 나와 성별도 혈액형도 다른 사람의 몸에서 온 조혈모세포가 흘러들어 간다.

키메라.

사자의 머리와 염소의 몸, 뱀 대가리가 달린 꼬리를 지닌 신화 속의 괴물.

동시에 키메라는 하나의 생물에 서로 다른 유전자를 가진 세포가 섞여 있는 현상을 일컫는다. 자연발생적인 키메라는 모체가 태아의 세포를, 거꾸로 태아가 모체의 세포를 흡수할 때 일어난다. 또는 태내에 있는 쌍둥이 중 한 명이 사망했을 때, 생존한 태아가 사망한 태아의 세포를 흡수하면서 둘의 유전자가 공존한 채 성장한다.

인위적인 키메라의 대표적인 경우가 조혈모세포 이식을 받은 수혜자다. 공여자의 조혈모세포가 나의 것을 완전히 대체하기 전, 나와 공여자의 것이 공존하는 상태를 '복합 키메리즘'이라고 한다. 시간이 지나 나의 것이 거의 다 없어지고 공여자의 조혈모세포만이 혈액을 만들어 내는 상태, 그래서 나의 혈액에서 공여자의 유전자 비율이 95퍼센트 이상에 도달한 상태를 '완전 키메리즘'이라고 부른다. 병든 혈액을 만들어 내던 내 조혈모세포 대신 공여자의 조혈모세포가 내 몸 곳곳을 순환할 정상 혈액을 만든다.

　이식 후 일주일쯤 지났던 날, 굳건히 0.01을 유지하고
있던 백혈구 수치가 조금씩 늘어나기 시작했다. 새
조혈모세포가 일을 시작했다는 의미였다. 전처치 항암의
후유증이 나타나면서 병동 산책보다는 누워 있는 시간이
길어졌지만, 어쨌든 나는 이식병동을 비교적 일찍 걸어
나왔다.

　적혈구가 제대로 만들어지기 시작한 것은 다른
사람들보다 몇 달 늦은 8개월 후 무렵부터였다. O형이었던
혈액형은 공여자의 혈액형으로 바뀌었다. 혈액으로 파악할
수 있는 나의 성염색체 또한 공여자 남성의 성염색체로
바뀌어 있을 것이다. 34년 동안 백신을 맞고 감기에
걸려가며 획득한 면역들도 햇병아리가 되었다. 나는 BCG,
폐렴알균, 디프테리아 등과 같이 육아일기에서나 보았던
글자들이 깨알같이 적힌 종이를 받았다. 지인의 아기와
비슷한 시기에 나도 차근차근 백신을 맞기 시작했다.

　그렇게 다시 겨울이 된 이식 1년 차, 독감으로 앓아눕는
지인들이 생겼다. 예전과 달리 여러 종류의 독감이 동시에
돌고 있다는 의료 전문가의 우려 섞인 코멘트가 전해졌다.
여기에 더해서 백일해까지 갑자기 유행하기 시작했다. 뉴스
화면에는 지치고 긴장한 기색의 양육자들이 아이를 안은
채로 진료 대기실을 가득 메우고 있었다.

　나는 병원 대기실의 TV 화면에서 "성인도 백일해에

감염될 수 있다"라는 뉴스 자막을 보다가 가만히 마스크의
콧잔등을 누른다. 그래도 코로나19나 독감과는 달리
백일해는 다들 아기일 적에 예방접종을 하지 않았을까. 나는
그래서 조금은 안심한다. 토끼를 비롯한 온갖 실험동물과
조혈모세포 공여자에게 빚진 나의 건강은, 이제 백신을 맞은
사람들이 세워놓은 울타리에 빚지고 있다.

그런 의미에서 나는 온갖 것의 합작품이다. 백일해는
약 1만 년 전 돼지를 가축화하는 과정에서 변이를 일으켜
인류를 감염시켰고, 지금으로부터 약 100년 전인 1926년
백신이 개발되었다. 나는 생애 두 번째로 백일해 백신을
맞았다. 이 백신은 내 몸에서 뻑적지근한 미열과 함께
다시 항체를 만들어 내고 있다. 카테터를 통해 남의 피를
수혈받아서 빈혈과 출혈을 모면하고, 이제 유전자 또한
공여자의 것으로 바뀌는 지금, 내가 부지하고 있는 몸과
삶은 인간과 비인간, 자연과 인공을 넘나드는 교잡종의
무언가와 같다.

키메라는 괴물로만 머무르지 않는다. 특이한 유전적
현상에 머무르지도 않는다. 키메라는 존재 양식이다.
온전하고 순수하며 그래서 아름답고 이롭다는 유구한
편견과 달리, 자연은 오히려 아무리 순수에 집착하더라도
막을 수 없는 온갖 인공적이며 잡종적이고 불순한 접촉과
꺼칠한 경계면을 상기시킨다. 선의와 착취, 희생, 혹은
그것들의 중간 어디쯤 있는 것들을, 그것들의 전 세계적인

흐름을. 그 흐름이 나의 생존에 개입하는 순간을 직면하게
만든다. 살아 있는 한, 이 진동과 혼란을 견뎌야 한다. 나도
당신도, 사실 원래 그렇게 생겨먹었다.

(2023. 12. 20.)

예쁜 병

건강왕국 잔류자를 위한
출발! 드라마 여행

       2000년을 전후로 나온 드라마
속 여성들은 백혈병으로 죽었다. 드라마 〈안녕 내 사랑〉
(1999)의 연주도 죽었고, 〈가을동화〉(2000)의 은서도
죽었다. 준서의 등에 업힌 은서는 손을 툭 떨구며 눈을
감았고, 어린이 김도미는 한 많은 은서의 생을 이렇게도
일찍 마감시킨 드라마 작가를 원망하며 오열했다. 기사도
나왔다. "TV 드라마가 또 여주인공을 백혈병으로 죽이고
있다." 첫 문장부터 짜증 섞인 이 기사에서 〈아름다운
날들〉(2001)의 PD는 여주인공의 불치병으로 자꾸 백혈병이
발탁되는 이유를 이렇게 설명했다. "백혈병은 발병 후에도
비교적 활동이 자유로워 드라마 소재로 쉽게 택해지는
경향이 있다."[19]
  그로부터 20년이 넘게 지났다. 병을 얻은 지금 와서
생각해 보면, 당대 드라마의 여주인공이 줄줄이 백혈병에

걸렸던 까닭을 그저 활동이 자유로워서라고 할 수는
없었다. 만성골수성백혈병 치료제인 글리벡이 한국에
들어오기 이전이니까, 은서의 병이 만성백혈병이었든
급성백혈병이었든 한국인의 밥상에 올라오는 음식을 치료
중인 백혈병 환자가 막 집어먹을 수는 없는 노릇이다. 굳이
은서와 준서가 겸상을 하고 싶다면 김치는 볶고 쌈장은
끓여야 한다. 무침에 들어가는 생마늘은 따로 익혀서 넣어야
한다. 집은 매일 락스로 살균 소독을 해야 한다. 요즘처럼
간단하게 쓰고 버릴 청소용품도 없었던 시절, 은서와 준서는
손에 늘 고무장갑을 들고 있거나 습진이 생겨 고생할
것이다. 은서에게 치질 방석은 필요 없었을까.

　제일 중요한 것을 말하지 않았다. 백혈병 환자가
마스크를 왜 안 해.

결핵은 가난한 식민지 조선의 현실이기도 했지만, 창백한
얼굴로 피를 토하는 폐병이자 공기 좋은 곳에서 휴양해야
하는 병이기도 했다. 문학쟁이들의 병이자 정신적 고뇌를
상징하는 병으로 낭만화되었던 결핵은 조국 근대화의
이상을 이루어 가는 과정에서 가난하지만 씩씩한
여주인공의 병이 되었고, 이후 점차 나을 수 있는 질병이자
'빈곤병'으로서의 이미지가 굳어지자 낭만적 은유로서의
가치를 상실했다. 결핵의 자리는 백혈병이 계승했다.

그럭저럭 겉모습을 유지하면서 사망에 이르는 병이라면 심혈관계질환 같은 것들도 있다. 하지만 이야기가 전개되려면 청천벽력 같되 주인공이 정말로 벼락같이 죽어버리면 곤란하다. 수전 손택(Susan Sontag)은 결핵과 암의 "속도"를 다음과 같이 비교한다. "결핵은 시간의 질병이다. 결핵은 삶이 빠른 속도로 진행되도록 만들며, 삶을 돋보이게 만들고, 삶을 정화한다. 영어나 프랑스어로 소모는 '질주'를 의미하기도 한다. 암은 질주한다기보다는 단계적으로 진행된다. 암은 (궁극적으로) '종말'이다."[20]

백혈병은 암종들 가운데 하나일 뿐이지만, 혈액암이라는 특성이 구체적인 병소를 떠올리기 어렵게 한다. '백혈'구(정확히는 백혈구를 만들어 내는 조혈계통)에 문제가 생긴 병이라 '백혈'병이기는 하지만, 희다는 뜻의 글자(白)를 쓰니 한자문화권인 한국에서는 하얗고 깨끗해 보이는 효과도 있지 않았을까. 신체 부위를 기계로 촬영하거나 수술적으로 떼어 내는 고형암의 조직검사에 비해, 엉덩이뼈에 구멍을 내서 골수와 조직을 채취하는 골수검사는 주인공이 감당해야 하는 고통을 드러내기에도, 백혈병이라는 병에 걸렸음을 드러내는 데에도 탁월한 장치다. 특히 거의 유일한 완치 기회로서의 조혈모세포 이식은 2만 분의 1 확률로 조혈모세포 이식이 가능한 공여자를 찾을 수 있다는 기적적인 측면도 있다.

이야기를 전개할 약간의 시간을 벌 수 있을 병, 원인을 쉽게 예단하기 어려운 병, 하늘이 도와야 완치의 기회를 얻을 수 있는 병. 여러모로 백혈병은 로맨스에 맞춤한 암종이었던 것 같다. 사랑 이야기에 적합하도록 더 꾸며질 필요는 있었다. 백혈병을 앓는 주인공이 예뻤고, 주인공들의 사랑도 예뻤고, 죽음은 흉하지 않게 그려졌다. 엎드리거나 모로 옹송그리고 누운 자세의 무방비함, 뼈를 뚫는 고통을 맨정신으로 버텨내야 하는 여주인공의 얼굴이 드라마마다 애처롭게 반복되었다. 게다가 그런 주인공들은 1960~1970년대 드라마에서 결핵에 걸린 여공들이나 〈아들과 딸〉(1992)의 후남이가 그랬듯 꼬일 대로 꼬인 곤궁한 삶 속에서도 강인한 마음을 지키고 있었다. 아름다운 신체에 깃든 아름다운 정신. 백혈병은 기구하고 처연한 삶의 절정을 장식하는 사건으로 전시되었다.

유방암 경험자였던 수전 손택은 암에 덧붙는 의미에 진저리를 치며 『은유로서의 질병』을 썼고, 말년에는 급성골수성백혈병으로 세상을 떠났다. 그가 2000년대 한국에 있었다면 무슨 말을 했을지 궁금해진다. 벌나무 달인 물을 권유하는 사람이 한 명쯤은 있었을 테고, 유명인이니까 전국 각지에 있는 그의 팬들에게 온갖 약용 버섯을 택배로 받았을 것이다. 펜대를 굴리던 문인들은 또 무어라고 그에 대한 사랑을 표했을까.

병에 걸렸다는 사실 자체를 꺼내놓는 것은 어렵지 않았다. 성격 탓도 있었겠지만, 사실 나는 그리 배짱 좋은 사람이 못 된다. 그런데 그간 드라마에서 펼쳐놓은 백혈병의 이미지는 다른 암종보다 깨끗했다. 그 덕분이라고 해야 할까. 다른 고형암종의 병자가 되었다면 암에 대해서 다른 방식으로 말하거나, 발병 사실 자체를 말하지 않았을지도 모른다. 백혈병은 술을 너무 많이 마셔서 그런 것 아니냐는 의심이라든가, 흡연을 해서, 성적으로 방종해서 병을 얻었을 거라는 넘겨짚기처럼 '나쁜 생활 습관에 대한 벌'이라는 낙인으로부터 비교적 자유로웠다. 나는 2000년대 드라마의 기억을 공유하는 사람들에게 "드라마 여주인공도 아닌데 백혈병이라니"라며 웃기지도 않은 농담을 꺼낼 수 있었다. "아, 못 살겠네…"라고 하면 "살아야지 왜 못 살아!"라고 짐짓 꾸짖는 체하는 절친한 친구와 와하하 웃어버릴 수도 있었다.

그 대신 애매한 관계의 타인들이 청승에 젖었다. 병자를 추억하는 나, 병자를 상실할 수도 있는 나, 이런저런 병자를 아는 나, 그래서 처연한 나. 가까운 이에게 백혈병은 그저 위험한 중증질환이었지만, 멀리서 아픈 사람을 지켜보는 이들에게는 더러 '비련의 여주인공 병'이라는 망령으로 떠돌고 있었다. 병자의 안위에 대한 관심인지, 친구를 곧 잃을 수도 있는 불쌍한 스스로에 대한 관심인지, 병자를 관조하며 감상에 빠진 건 아닌지 헷갈리는 문장들이 가끔

문자메시지 함에 도착했다. 일단 그들은 술을 마신 것
같았다.

"작은 아이가 얼마나 황망하고 무서웠을까."

내가 작은 건 맞는데 아이는 아니다.

건강왕국에 사는 그들과 나 사이에는 커다란 성벽이
놓여 있었다. 물론 수전 손택의 말처럼 건강왕국에 사는
사람들도 질병왕국의 여권을 가지고 있지만, 그들에게 그건
배낭 가장 아래에 깔려 있는 껌 종이 같은 것에 불과하다.
자신이 국경을 넘을 수 있다는 사실을 곧잘 잊어버리기
때문일지도 모른다. 그래서 질병왕국의 여권을 꺼내야 할
때가 되면 여태까지 입던 옷, 먹던 식량, 침낭, 세면용품
보따리를 모두 까뒤집을 수밖에 없다. 지나온 여정을
반추하면서 자신의 질병에 의미를 붙이기 시작하는 때가
오기 전까지 건강왕국 사람들에게 질병은 먼 사건이다.

재수 나쁘게 질병왕국에 도착한 친구들을 위해
무어라 말을 건네주고 싶어 참고 자료를 찾아서 건강왕국
도서관에 가본들 그곳에 있는 장서들은 빈약하기 그지없다.
건강왕국의 도서관에는 인생을 관통하는 시련과 사랑
속에서 암 치유를 하기 위한 마음 수련법이라든가,
차가버섯과 아가리쿠스버섯 같은 것들이 나뒹굴고 있을
뿐이다. 우리는 다른 언어를 쓰고 다른 시간을 지난다.
건강왕국 사람들의 본의는 그게 아니었겠지만, 병자는
반복적으로 이야기를 도둑맞는다.

타인의 비극은 처연한 아름다움으로 다가와 사람을
홀리게도 하고, 지켜보는 사람으로 하여금 청승맞은
비애감에 젖게도 하지만, 그런 병은 현실에 없다. 나는 늘
당황하고 쩔쩔맸다. 첫 탈모의 날도 그랬다. 항암을 하면
머리털이나 빠지는 줄 알았다. 물론 머리뿐만 아니라 사지에
털이 있고 겨드랑이와 성기에도 털이 있지만, 암환자의
대명사가 대머리에 쓴 모자이기에 모자를 사다 놓고
주야장천 기다렸다.

하지만 입원과 동시에 시원하게 밀어버린 머리는 잔디
인형처럼 쑥쑥 자라고 있었다. 솜털만 남은 대머리들
사이에 지나치게 건강한 나의 삭발 머리가 민망했다. 괜히
일찍 밀었나? 설마 항암이 제대로 안 되는 거 아니야?
불안감과 초조함에 다른 환자들의 블로그를 찾아다녔다.
항암을 시작하고 2주쯤 뒤에는 탈모가 시작된다는데,
병동을 산책하는 환자들 가운데 혼자서만 빳빳한 머리털을
매일같이 꼬집어 보았다. 새벽마다 있는 소변검사를
위해 화장실에 간 아침, 팬티에 수북한 털을 보고 경악을
금치 못했다. 손에 쥐고 뜯어내니 뭉텅뭉텅 털려 나왔다.
겨드랑이에 있는 털도 뭉텅뭉텅. 비애감은 무슨 비애감.
배신감이 들었다.

삭발과 탈모라는 상징은 강력했다. 같은 병을 앓으며
머리가 다 빠진 젊은 남성은 잠시 슬픔에 젖었다가, "나도

이렇게 마음이 힘든데 여성분들은 얼마나 더 힘들까"라며 안타까워했다. '나는 두상이 잘생겼는걸' 싶어서 속으로 히죽 웃기도 했지만 대체로 맞는 말임을 안다. 그가 여성 암환자를 안쓰러워하는 마음은 "아무리 암환자라도 여자는 여자잖아"라면서 정성껏 고른 모자를 쓰는 앞 침상 언니의 쓸쓸한 말끝과 이어져 있었다. 십수 년 만에 연락이 닿은 큰고모는 내게 "도미야, 예쁜 모자 사줄게"라며 울먹였다.

머리털은 겨드랑이와 성기가 민둥해진 지 일주일이 지난 뒤에나 빠지기 시작했다. 드디어 병동에 있는 '보통 암환자'의 대머리가 되어갔다. 주류에 편입한다는 것은 얼마나 안락하고 마음 편한 일인가. 두피 탈출이 임박한 머리카락을 꼬집어 뜯기 시작했다.

항암을 하면 당연히 장기를 비롯한 온몸의 점막들이 헐지만, 그 가운데에 항문이 포함되어 있다는 사실을 몰랐다. 병원에 도착한 나에게 제일 먼저 주어진 것은 가글용 생리식염수와 포비돈 용액이었다. 매일 좌욕 변기에 포비돈 용액을 희석해서 좌욕을 하라는 간호사의 신신당부를 처음에는 웃으며 넘겼다. 그 전까지 암 경험자를 돌본 경험이 있었던 사람들은 비위가 약해지니 식사를 어떻게 해야 한다고 말을 보탰지, 항문이 어떻게 된다고는 안 했다. 그 중요한 이야기를 아무도 하지 않았다니. 나는 또 세상에 배신당한 기분이 되었다.

신체 모든 부위에 의미가 있고, 항문은 그중 가장
우습고 하찮은 비밀이다. 아무리 유치해도 똥과 섹스에
대한 이야기가 제일 재미있는 까닭은 가장 원초적인
행위인 동시에 은폐된 이야깃거리이기 때문일 터. 드라마
〈정신병동에도 아침이 와요〉(2023)에 나오는 항문외과 의사
이름이 '동고윤'인 이유 역시 항문이라는 배설기관이 웃기기
때문일 것이다. 어린이는 '똥꼬'라는 말을 하면서 까르르
넘어가고, 어른들은 치질에 걸려 쩔쩔매는 인물이 등장하는
드라마를 보면서 웃는다. 내 앞 침상을 쓰던 언니는 항문
농양으로 처치를 받을 때 차마 항문이라는 말을 차마 입에
담지 못했다. 똥꼬라고 했다.

다 큰 어른이 똥꼬라니. 하지만 항문을 업신여기는
세간의 인식에 비해 항문이라는 단어는 지나치게
의학적이고 거창했다. 나는 항암제 부작용으로 전에 없던
변비를 경험하며 치열이 생겼고, 이후 반복적으로 항문
통증에 시달리게 되었다. 다른 사람들은 손톱이 빠지고
발진이 나고 혈뇨를 누면서 생전 처음 경험해 보는 증세를
종합선물 세트처럼 받아보고 있었지만, 두 번째 항암부터
나의 모든 부작용은 항문을 향해 있었다. "뭐가 제일
힘들어?"라는 질문에 대답하려면 항문 이야기를 하지 않을
수 없었다.

나는 항문을 '돈고'라고, 항문 통증을 '돈고통'이라고

명명하면서 항문 부르기의 난처함을 우회하면서도, 유머 있고 우아한 성인의 체통을 지켰다. 항암을 한 회차 도는 중간 무렵 면역력이 약해지고, 돈고가 아프기 시작하면 간호스테이션에 치질 방석을 요청했다. 구내염과 치통은 가글 진통제를, 비위가 약해지는 것은 구토를 억제하는 약물을 써서 그럭저럭 숭늉이라도 넘길 수 있었지만, 화장실에 갈 일이 고역이라 음식을 먹기 두려웠다. 그래도 면역력이 다시 오르는 단계가 되면 동토에 눈이 녹듯이 돈고통이 잦아들었다. 그때까지 진통제를 처방받으며 엎드려 온찜질을 하거나 천천히 치질 방석에 앉으면 됐다. 세상의 모든 치질 환자들이 내 마음속의 친구가 되었다.

　항암을 거듭하며 돈고통이 극에 달하는 시기를 어떻게 나야 하는지 나름의 노하우도 생겼다. 하지만 능숙한 병자라는 건 없다. 여태 하던 항암의 몇 배 강도라는 이식 전처치 항암은 점막을 몇 배 이상으로 망가뜨려 놓았다. 일반적인 진통제로 조절이 안 될 무렵부터 주사로 맞던 마약성 진통제를 아예 링거로 달았지만, 방귀를 뀌거나 화장실에 다녀올 때마다 통증은 제자리로 돌아갔다. 화장실에 다녀와 간호사를 호출해 진통제를 부탁하고 서서 침대 헤드를 붙들고 이를 악물며 떨었던 그때, 비닐 커튼 너머로 옆 침상 언니가 말했다.

　"아프면 좀 울어도 돼요."

　왼쪽 창가 침상 언니는 가족이 보고 싶어서 울고, 앞

침상 언니는 병원이 갑갑하다고 우는데, 항문이 아프다고 울지 않을 건 또 무어란 말인가. 엉거주춤하게 침대에 한쪽 무릎을 대고 비로소 뜨거운 눈물을 쏟았다. 아, 이놈의 *빵꾸똥꾸야.*

여태까지 죽였으니 살려보자는 심산이었을까. 백혈병의 유력한 완치 방법인 조혈모세포 이식의 운명적인 측면은 많은 드라마 제작자를 매료시켰다. 〈아름다운 날들〉(2001)의 주인공 연수는 조혈모세포 이식을 받고 깨끗하게 나아서 사랑하는 사람과 행복하게 살아간다. 한편 〈너는 내 운명〉(2008)은 조혈모세포 이식에 대한 잘못된 설정으로 뭇매를 맞았다. 주인공 새벽의 친모와 시모에게 연달아 백혈병이 발병한 것도 모자라, 새벽의 골수가 두 사람 모두와 일치해 누구에게 조혈모세포를 이식할지 갈등하는 상황을 그린 것이다. 백혈병 환자와 보호자, 의료인 들은 드라마가 환자들의 희망을 꺾는다고 경고했다.

조직 적합 항원이 일치할 확률은 골수 제공자가 형제자매일 경우에는 25퍼센트 정도지만 부모와 일치할 확률은 약 5퍼센트에 불과하다. 더군다나 혈연관계가 전혀 없는 사람과 일치할 확률은 약 2만 5000분의 1이라고 한다. 따라서 이 드라마의 주인공처럼 친어머니뿐 아니라

시어머니와도 조직 적합성이 일치할 확률은 50만분의 1
정도라는 얘기다.[21]

백혈병환우회 안기종 사무국장은 5일 공식 홈페이지
자유게시판에 '〈너는 내 운명〉의 백혈병 설정을
환자입장에서 보면서…'라는 제목으로 "드라마 속에
등장하는 백혈병이 현실과 달라도 너무 다르다. 소설인 것은
그렇다 쳐도 시청자들에게 골수기증에 대한 많은 오해를
불러일으킬 수 있어 걱정된다"라는 내용의 장문의 글을
올렸다.[22]

조혈모세포 이식을 앞둔 사람들이 당면하는 어려움은
'골수를 생모와 시모 중 누구에게 줄 거냐' 하는 콩가루
집안의 내분이 아니라 이식 이후의 삶이다. 조혈모세포
이식이 마치 도깨비방망이처럼 회자되는 탓인지 사람들은
고형암의 전이와 재발은 쉽게 떠올리지만, 조혈모세포
이식의 실패와 후유증, 혈액암의 재발은 잘 떠올리지 못하는
것 같다. 백혈병 또한 다른 암종과 마찬가지로 치료의
종결과 생존이 곧 건강의 원상 복귀를 의미하지는 않는다.
나는 그간 겪은 돈고통 탓인지, 아니면 다른 이유에서인지
사회성을 잃은 괄약근 덕분에 가끔 자리에 맞지 않게
방귀를 뀐다. 더는 월경을 하지 않고, 기능을 잃은 난소로
인해 골다공증과 같은 부작용이 생기지 않도록 호르몬제를

복용한다. 아토피 비슷한 증상이 계속되면서 얼굴에는 없던 주름이 많이 생겼다. 어머니는 빗금이 늘어가는 내 눈가를 보면서 "폐경되면 피부가 거무칙칙해지는데…"라면서 못생겨질 딸을 염려한다. '아파도 예쁠 수 있다'는 희망과 긍지의 언어는 '예뻐야 한다'는 여성에 대한 세간의 요구와 잘 구별되지 않는다.

그렇지만 이식편대숙주반응으로 고생하는 사례들을 떠올리면 나의 미미한 부작용을 꺼내놓기 민망해진다. 조혈모세포 이식에 수반되는 부작용은 더러 '장기 하나를 내어놓는 일'이라고 할 만큼 삶의 질을 저해한다. 이식한 뒤 면역계와 관련된 만성질환자로서의 삶을 살아가게 되는 건 운이 나쁜 몇몇이 겪는 부작용이 아니라 중증도에 따라서 적게는 30퍼센트, 많게는 70퍼센트가 경험하는 흔한 부작용이다.

질병과 완치는 깔끔하게 나뉘지 않고, 제각각의 낯선 상태를 스펙트럼으로 가지고 있다. 암환자가 완치를 위한 의료적 방법을 실행하는 것은 어디가 얼마나 아플지 모를 '새 만성질환자 되기'에 베팅하는 것에 조금 더 가깝다. 이 병은 그저 깨끗하게 살아야 해서 병자의 주변 사람들을 바쁘고 괴롭게 만드는 병이고, 실패하면 실패할수록 죽어간다는 점에서도 다른 중증질환들과 다르지 않다. 2021년 기준 백혈병은 전체 암 발생의 1.4퍼센트를 차지한다.[23] 위암, 간암과 같은 대표 암은 아니어도 놀라

자빠질 만큼 희귀병은 아니라는 이야기다.

드라마 속에서 장장 10여 년간 위세를 떨치던 백혈병은 이야깃거리로서의 단물이 빠질 대로 빠지면서 비극적이고 애처로운 질병으로서의 명맥을 다한다. 사람들이 양질의 의학 정보를 쉽게 얻을 수 있고, 고증에 충실한 의학 드라마가 나오는 지금, 백혈병에 덧붙었던 상징은 2000년대 드라마를 기억하는 이들에게나 희미하게 자취를 남긴 것 같다. 아마 내 소식을 듣고 촉촉한 문자메시지를 보냈던 사람들의 머릿속에도 드라마 〈가을동화〉의 추억 한 자락이 남아 있었던 것 아닐까.

비닐봉투 봉인이 톱니바퀴 모양으로 잘린 공장 빵.
크림이나 잼이 들어 있지 않아야 함.

동네 빵집에서 헐렁하게 스티커로 붙여놓은 빵 봉투를 뜯으면서 시간이 잘도 흘렀구나 싶어진다. 먹을 수 있는 것이 늘어났고, 청소하는 주기도 예전보다 띄엄띄엄해졌다. 그럼에도 일상은 늘 추접하고 새롭게 사사로워서, 나 스스로에게조차 질병의 의미는 일관되지 않는다. 나에게 백혈병은 죽음에 대한 공포였다가, 스스로가 통증 부위로만 느껴지는 연속적인 사건이었다가, 온통 끓여 낸 음식이라든가 친구들이 소독제로 닦아놓은 집 안이기도 했다. 알 수 없었던 미래는 이제 무심하게 우물거리는 입안의 빵조각으로, 허락받은 김치와 냉장고의 반찬으로, 일할 수 있을 것 같지만 조심은 해야 하는 애매한 혈액 수치로 도래해 있을 뿐이다.

　수전 손택의 그 유명한 왕국의 비유 바로 앞 문장은 다음과 같다. "질병은 삶을 따라다니는 그늘, 삶이 건네준 성가신 선물이다." 그럭저럭 살고 있는 지금, 나에게만큼은 맞는 문장이다. 그러나 질병이란 자녀를 낳고 싶었지만 항암치료를 하면서 생식능력을 잃은 누군가에게는 좌절일 테고, 산업재해로 병을 얻은 피해자에게는 억울함과 분노일 거라서 나는 질병에 의미를 붙일 자격을 생각하며 다시 멈칫거린다. 질병에 덧붙은 의미는 삶을 따라다니는 그늘이라거나, 삶이 건네준 성가신 선물이라는 표현조차 거치적거려 보이게 한다. 질병은 그저 이야기가 만들어지는 사건으로서의 의미가 있을 뿐이다. 항문을 똥꼬라고 부르지 않되, 돈고라고 부르는 정도의 타협안을 찾는 것. 나는 딱 그 정도로만 삶에 능숙하거나 서투르고, 질병에는 딱 그만큼의 의미를 붙일 따름이다.

(2024. 1. 8.)

광장 생활자

노는 땅의 쓸모

내가 사는 동네는 바위가 명물이다. 많이 흐리거나 미세먼지가 심하지 않은 날, 동네에 접어들면 정면에서 희게 빛나는 바위 봉우리들의 모습을 볼 수 있다. 버스 종점이자 경전철 종점일 만큼 외진 동네이지만, 등산객들에게 우리 동네는 원점회귀로 가장 단시간에 북한산 정상인 백운대에 다녀올 수 있는 곳으로 자주 선택된다. 또 북한산 인수봉은 한국 클라이머들에게 자신의 등반 역사가 시작되고 흐르는 공간으로 특별한 의미를 지닌다.

오랫동안 닭백숙과 두부를 팔아온 1층짜리 상가들과 1차선 도로가 끝나고 흙길이 시작되는 곳. 거기서부터 걷든 매달리든 해야 닿을 수 있는 바위 봉우리들이 우리 동네에서는 그렇게 가깝게 보인다. 석 달 전에 이사 온 새집의 창밖으로도, 집 앞 골목길에서도 이 멋진 풍경은 비교적 평등하게 제공되고 있는 것 같다.

　요즘 들어 자주 가는 광장에서도 너르게 펼쳐진 봉우리들과 산 능선이 잘 보인다. 산을 배경으로 사진이 잘 나올 만한 곳에는 바닥에 포토존 표시도 되어 있다. 집에서부터 천천히 걸어 5분 정도 거리에 있는 광장은 그 흔하고 고루한 '만남의 광장'이라는 이름을 가지고 있다. 여느 곳의 만남의 광장이 그렇듯 무엇을 하러 가는 장소는 아니다. 철새들에게 만과 습지나 들판이 그런 것처럼 그저 텅 비어 있고, 다른 사람과 만나서 다른 곳으로 가기 위한 중간 기착지일 뿐이다.

　같이 등산을 하기 위해, 혹은 하산을 하고 모여서 밥을 먹으러 가기 위해 이곳 만남의 광장에서는 뿔뿔이 흩어졌던 사람들이 모이고 또 흩어진다. 전철역과 버스 종점 앞, 절 앞에 있는 본격적인 등산로 들머리, 계곡 가운데에 있는 공터 등 같은 역할을 하는 장소가 몇 군데 더 있기는 하지만, 크기로는 만남의 광장이 가장 크다. 나는 여기에서 종종 혼자 논다.

백수가 된 지 이제 1년 하고도 석 달째를 지나버렸다. 기약 없이 아무것도 하지 않고 놀고 있는 신세가 불안할 때가 있다. 그렇다고 본격적으로 노동을 하기에는 상황이 여의치 않다. 언제 새롭게 나타나거나 심해질지 모르는 이식편대숙주반응이나 호흡기 혹은 위장관의 감염 등을 조심해야 하는 시기. 그 때문에 한국의 평균 노동시간과 비교해 보면 꽤 인정머리 있는 '나인 투 식스'의 노동시간조차 나에게는 아직 버겁다. 숙주반응이 심해졌을 때 언제든 편하게 쉴 수 있는 회사에 다니더라도, 몇 시간에 한 번씩 사무실을 환기하고 청소를 하더라도 동료가 언제 경미한 감염병을 옮아올지, 점심을 먹고 무슨 탈이 날지 알수 없다.

더 좋아지고 안정될 가능성만큼이나 더 나빠지고 망가질 가능성이 남았다는 걸 안다. 새 조혈모세포가 자리를 잡아서 남들처럼 피를 만들고 몸을 방어할 수 있게 될 때까지 잘 쉬면서 기다려야 한다는 것도 안다. 피곤하면 쉬고, 근육이 빠지지 않게 산책을 하고, 밥을 제때 잘 먹고, 위생 관리에 집중하는 일상이 조금 익숙해지기도 했다. 하지만 역시 '쓸모주의자'로서 쓸모없는 사람이 된 듯한 기분은 여전히 싫다.

친구들이 열심히 일하고 성취를 거두면서 기뻐하는 소식을 듣는 날은 더 그렇다. 스스로가 밥벌레 같아서 몸도 마음도 축축 늘어진다. 그렇다고 집에서 유튜브 쇼츠나 인스타그램 릴스를 보기 시작하면 끝이 없다. 개개의 영상은 몇 초짜리 짧은 영상일 뿐인데, 직관적인 단맛으로 화면에 눈을 붙박아 둔다. 그렇게 한나절이 지나고 해가 기울면, 덩달아 기울어진 기분이 팔다리의 남은 힘을 쭉 빼놓는다.

'무쓸모'로 인한 자괴감이 더 커다란 무쓸모와 더 심각한
자괴감으로 부메랑이 되어 날아온다.

그래서 날이 추울 때는 일주일에 두 번 정도 카페를
찾아다녔다. 커피를 마시는 동안 메모를 하거나 작은
그림을 그렸다. 수입이 없는데 커피 값을 지출하는 것이
부담스럽기는 했지만 어쩔 수 없었다. 공공시설 중에서 거의
유일하게 실내 공간을 이용할 수 있는 도서관 열람실은
딱 십수 년 전 수능 준비를 하던 그 시절의 독서실 칸막이
구조였다. 그 어떤 생활 소음이라도 나면 역적이 되기 딱
좋을 긴장감이 여전히 서려 있었다.

카페는 일에 집중하거나 수다를 떨 수 있는 공간을 몇천
원에 임대해 준다. 익명의 타인들이 만들어 내는 백색소음과
특유의 분위기가 진짜 상품이고, 커피는 부차적인 것일 때가
많아졌다. 우리 동네의 카페들도 점점 변신을 거듭하더니
개인이 하는 소형 카페와 프랜차이즈 카페에 이어, 크다는
이유 하나만으로 사람을 불러 모으는 대형 베이커리 카페가
생겨났다.

하지만 소위 '카공족'이라는 사람들이 카페 사장들의
골칫거리가 되어버렸듯, 카페는 지불한 금액에 비해 너무
오래 앉아 있으면 민폐가 된다. 요즘 같은 불경기에는 더
그렇다. 그에 비하면 사장님의 눈치를 볼 필요도 없고,
집중한 사람들을 성가시게 하지 않고도 얼마든지 자리를
지켜도 되는데, 경치까지 좋은 광장이 있다는 건 엄청난

호사다. 민폐를 끼치지 않으려 하루에 커피나 차를 몇 잔씩
마시지 않아도 된다. 엉덩이에 대고 앉을 발포 방석 하나와
물병, 소일거리만 챙기면 준비물은 끝이다.

주말을 맞아 동네에 들른 등산객들이 모일 수 있도록 자리를
내주었던 만남의 광장은 사람들이 일터로 떠난 주중에는
제법 한산해진다. 빈 광장을 메우는 건 특별한 일이 없이
와서 시간을 때우는 나, 그리고 어떤 이유로든 해가 떠 있는
시간에 출근하지 않는 사람들이다. 중년의 여성들도 오고,
일터에 나가기는 좀 버겁게 된 할머니, 할아버지 들도 많이
오시는 것 같다. 노년층이 많은 동네라 광장의 연령층도
높기는 하지만, 가끔은 유아차를 끄는 젊은 양육자들이 근처
카페에서 테이크아웃 커피를 사 들고 온다. 세상에서 세금을
축낸다고, 생계 부양자가 벌어온 월급이나 빨아먹고 산다고
눈꼴시게 보는 사람들이 주로 모이는 건 분명하다.

어린이들은 미끄럼틀에서 논다. 할아버지, 할머니 들은
벤치에 혼자 앉아서 해바라기를 하기도 하고, 귀가 잘
들리지 않으시는지 친구에게 전화해 기차 화통 삶아 먹은
목청으로 안부를 묻기도 한다. 어떤 사람들은 독서를 하거나
종교 모임을 가진다. 어떤 할머니들은 평상 자리에 삼삼오오
모여 앉아 신발도 벗고 앉아서 이야기를 나눈다. 나도
나무 그늘 하나를 차지하고 앉아서 책을 읽거나 그때그때

생각나는 것들을 메모한다.

특히 할머니들이 좋아하는 평상 자리는, 더 늙은
할머니가 서러운 신세 한탄과 은근한 자기 자랑에 교훈을
섞어서 '노년기 생활 정보'를 자기보다 덜 늙은 할머니에게
전수하는 장이기도 하다. 이를테면 '죽기 전에는 절대로
자식들에게 재산을 나눠주지 말아야 한다' 같은 팁. 이유는
재산을 미리 받은 자식들이 부모를 팽하기 때문이란다.
버릇없는 요즘 것(나)도 들으라는 듯한 그 대화를 어느 결에
귀 세워서 듣고 있다가, 이 할머니들이 만남의 광장에서
오늘 처음 만났다는 사실에 조금 놀랐다. 전철 노약자석에
앉은 초면의 할머니, 할아버지 들이 대화를 나누는 게
놀라운 보통의 젊은이들처럼 말이다. 광장에서 나는 여태
알던 것과 조금 다른 만남의 방식을 배운다.

하지만 너무 큰 이질성은 요즘 같은 세상에서 두려움을
주기도 한다. 처음으로 만남의 광장에서 시간을 보내겠노라
했을 때, 친구는 광장에 이상한 노숙인이 하나 있다며
염려했다. 사고가 났을 때, 사장이나 관리인처럼 책임을 질
사람이나 중재를 요구할 주체가 없는 노상에서 어린이나
여성, 노인 같은 사람들을 위협하는 사람이 있으면 어떻게
해야 할지 나라고 걱정이 안 되는 건 아니었다. 혹시라도
느닷없이 폭행을 당하는 일이 생긴다면 내출혈이 발생할
가능성도 있다.

행색이 추레한 사람은 있었지만, 나를 위협하거나

위협할 걸로 보이지는 않았다. 사실 사회적 약자를 위협하는 사람들 중에는 남루한 사람보다 행색 멀끔한 사람이 더 많을 것이다. 그의 추레한 행색이 홈리스이기 때문인 건지, 그저 생활 관리가 되지 않은 건지도 알 수 없었다. 다행스럽게도 아직까지 나에게 만남의 광장은 나름의 질서와 자유가 평형추처럼 움직이면서 안전을 담보하는 공간이다.

이곳에 케이블카를 놓자고 주장하는 정치인들이 있었다. 만남의 광장에서 출발하여 영봉에 도착하는 노선이었다. 영봉은 백운대만큼 유명하지는 않지만 정상에 올라서면 만경대와 백운대, 인수봉이 한꺼번에 펼쳐진 장관을 볼 수 있다. 케이블카를 놓으면 언제든 이러한 풍경을 코앞에서 볼 수 있게 된다는 이점이 있고, 만남의 광장은 매표소로 쓸 수 있으니 돈도 안 되는 노는 땅을 계속 놀려두기가 못마땅했던 모양이다. 지역 주민들에게 간을 볼 요량으로 아무렇게나 집어 든 카드였을 가능성이 크지만, 완전히 마음을 놓기는 어렵다. 과거 주택 재개발 사업을 신청하고 싶어 하는 주민들의 요구에 따라 고도제한 해제를 위한 공청회가 열렸던 바 있기 때문이다. 탁월한 경관을 가만히 놀리고 있으면 안 된다거나, 자연보호도 중요하지만 땅 주인도 재산권을 잘 써먹을 수 있게 해줘야 한다며 눈에 불을 켜고 있는 건 여든 야든 정치 성향과 관계없이 이 사회가 가지고

있는 공통된 감각이다. 그 땅이 비록 산의 턱밑에 있더라도
말이다.

하지만 아이러니하게도 지금 이 동네에서 가장
쓸모없는 건 공실로 남은 신축 건물들이다. 전철역에서
빠져나와 산으로 향하는 도로변에서 '마운틴뷰'를 자랑하는
넓은 평수의 다세대 주택들은 시꺼멓게 방치되어 있다.
가정집이 있어야 할 위층 창문에도, 1층 상가의 통유리에도
불빛이 켜지지 않는 날이 몇 달째 계속되고 있다. 동네에
어울리지 않는 핑크색, 노란색의 분양 현수막이 주요 도로의
길섶에도 이면도로에도 빛에 바래가며 걸려 있다. 유치권
행사 중이라는 공사 현장의 천막 앞에는 급기야 한없이
따분한 표정을 한 덩치 큰 남성이 자리를 지키고 앉아 콜라
깡통을 비우며 모바일 게임만 하고 있다.

그럼에도 케이블카 같은 관광 시설이나 아파트를 짓는
일은 또 다를 거라고 꿈을 꾸는 걸까.

비어 있는 신축 건물 하나의 터에는 원래 이 동네의
유일한 목욕탕이 있었다고 전해 들었다. 만약 목욕탕이
남아 있었다면 걸어서 몇 분 만에 갈 수 있었을 테지만,
이제 탕 목욕을 하려면 최소한 2킬로미터 이상을 이동해야
한다. 집 안에 있는 샤워시설이 시원치 않은 주민들이나
겨울철 따뜻한 목욕이 절실한 노인들에게 차가 없으면 30분
이상을 걸어서 이동해야 하는 목욕탕은 이미 일상의 영역을
벗어났다.

커피 한 잔 값을 내고 임대한 카페 좌석이라든가 평생 벌어 대출까지 끼고 산 아파트에서, 전철 노약자석이나 만남의 광장에서와 같은 변칙적인 대화가 시작되기란 사실상 불가능하다. 명함이 없어도 쓸모가 없어도 아무나 만날 수 있고 아무나 존재할 수 있는 자리가 자꾸 사라지는 것이 나는 두렵다. 아마 내가 쓸모없는 사람이기 때문일 것이다. 만약에 만남의 광장이 사라진다면 어디로 가야 할지 알지 못해서 불안하다.

새로운 공터를 만든다고 이 문제가 해결될까. 이미 이 동네 안에 그에 대한 답이 있다. 동네에 바짝 붙어 있는 호텔은 주민들에게 산책 장소를 제한적으로나마 마련해 주었다. 호텔 부지 가장자리에 울타리로 호텔 이용자용 산책로와 주민용 산책로를 나누어 놓은 소나무길은 그나마 낫지만, 집채만 한 기계설비가 왱왱대고 벽에 둘러싸여 버려지다시피 한 공간은 벤치만 몇 개 갖다 놓고 주민 시설로 분류되어 있다. 나는 이 어수선한 공터를 지날 때마다 모욕감을 느낀다. 정말로 무언가를 지어서 쓸모 있게 만들고 싶기는 한 걸까. 쓸모가 있다면 그건 누구의 쓸모일까.

광장이 더 이상 무언가가 되려고 노력하지 않았으면 좋겠다. 할머니가 다른 할머니에게 '자식새끼에게 등쳐 먹히지 않는 법'을 계속 전수할 수 있는 곳으로 남기를 바란다. 행색 좀 추레한 사람이라도 아무렇게나 드러누워도 되고, 어린이도 여성도 누군가 괜히 시비 걸 거라는 염려를 하지 않을 수 있었으면 좋겠다. 쓸모없음을 못 견디는 사람은 건강하지 않은 사람들을 괄시하고, 어린이의 성장을 기다리지 않는다. '평범한' 사람들의 생산성이 곧 일상생활인 양 여론을 만들면서, 느러터지고 도움 안 되는 작자들이 이 흐름을 방해하지 않는지 감시할 뿐이다.

　광장에 있을 때 나는 내게 부여된 생로병사를 내 꼴대로 살아도 좋다고 허락받은 것 같다. 주중 광장의 멤버가 될 자격이 충분하다는, 사회적 결격사유에 대해 조금은 마음을 내려놓을 수 있다. 당분간은 좀 더 어엿한 광장 생활자로 살아도 괜찮다고 안심하고 싶다. 아무것도 아니라서 아무거나 될 수도 있는 거라고, 익명의 타인들과 한낮의 봄볕을 나눠 받으면서.

（2023. 4. 14.）

나가며

발끝을 좀 더 믿으며,
다시 모험

조혈모세포 이식을 하고 1년
반이 지났다. 현재형으로 쓴 글들이, 결국은 생존자로서
내는 책이 되었다. 재발 가능성은 여전히 존재하지만,
글을 쓰던 당시와 지금 여기 사이에는 길다면 길고 짧다면
짧은 시차와 간극이 있다. 부채감이 생겼다. '암 생존율이
높아졌다'라는 사실만큼 암환자가 듣기 싫어하는 말도 없다.
예후가 좋지 않고 치료 효과가 잘 보이지 않는 암환자라면
더욱 그럴 것이다. 장기생존율의 기준인 5년에 아직
다다르지 않기는 했지만, 여태 큰 부작용 없이 그럭저럭
살고 있는 내가 '이제 암은 큰 재앙이 아니다'라는 증거가
되기를 원치 않는다. 반대로 '암 경험자는 평생 관리하며
살아야 한다'라는 통제의 대상이 되기도 원치 않는다.

머리털이 보송보송하게 다시 자랄 무렵부터 동네에 있는
클라이밍 센터에 다니기 시작했다. 초크가루가 날릴뿐더러

남들이 손으로 잡고 발로 디디는 홀드를 만져야 하는 실내 환경이 이식을 갓 마친 암 경험자에게 좋을 리 없었다. 치료 부작용으로 관절이 약간 아프기도 했다. 그래도 배려심과 연민을 가진 클라이밍 센터 관리자분들, 함께 운동하는 친구들 덕분에 쉬엄쉬엄 즐겁게 다녔다. 지금은 우연히 만난 사람들과 함께 이제 막 '바위에 다니는 사람'이 되었다. 산을 향해 열린 창문으로 매일 아침 바라만 보았던 인수봉을 처음 기어 올라갔을 때의 감정은 기쁨이라고만 할 수 없었다. 발아래에 놓인 바위와 푸른 능선들, 아파트 숲 같은 서울의 도시 풍경이 한데 엉겨서 휘몰아치는 소용돌이 속에 빠져 있는 것 같았다.

이 마음의 정체가 무엇이었던가를 종종 생각한다. 어떤 사람들은 내게 "죽을 뻔하고 또?"라고 했다. 안전을 확보하는 장비와 시스템이 전제되면 암벽 등반은 아주 위험한 활동은 아니지만, 사고를 100퍼센트 완벽하게 통제할 수 있는 활동도 아니다. 혼자서 할 수 없고, 나의 안전과 타인의 안전이 연결되어 있으며, 자주 겁이 나고 때로는 위험하다. 등반을 하려면 갈 곳과 돌아갈 곳을 숙지해야 한다. 초심자는 경력자의 뒤를 따르고, 또 다른 경력자는 초심자의 뒤를 지켜본다. 이 활동은 무사한 귀가로 끝난다.

모든 모험의 종착지는 집이다. 질병 또한 모험이라고 부르고 싶었던, 첫 무균실에서의 어느 날을 떠올린다. 간호사들의 분주한 움직임조차 초점 맞지 않는 안경을 쓴 것처럼 흐리게 보였던 사나흘간의 시간을 나의 데이 담당 간호사는 사투라고 명명해 주었다. 몇 차례의 이벤트 끝에 집으로 돌아온 나는, 이제 다시 등반을 마치고 집으로 돌아가는 사람이 되었다. 집으로 돌아가지 못한 사람들과 그들을 사랑하는 사람들을 떠올린다. 죽음 또한 삶의 조건이라지만, 그조차 듣기 좋은 말일 뿐 죽음을 온전히 받아들이는 것은 쉽지 않은 일이다. 고된 시간을 보낸 그들이 안식할 수 있기를 진심으로 기도한다.

모험기보다 표류기에 가깝게 된 원고를 정성 들여 매만져 준 오시경 편집자께 감사드린다. 원고를 찬찬히 읽고 맞춤옷 같은 디자인을 입혀준 김동신 디자이너께도 감사드린다. 두 분은 불만과 희망, 그리고 절망으로 성기게 짠 원고가 여물 수 있게 해주었다. 이웃들은 수년을 함께 부대껴 오면서 나의 돌봄자를 넘어 참고 문헌이 되어주었다. 그들은 내가 살아가는 모양을 유심히 살펴보고 채워주는 것은 물론, 아픈 사람에게 필요한 공감이 무엇일지를 숙고했다. 특히 간병을 위해 따로 채팅방을 마련해 서로 근황을 나누고 도움을 주었던 공혜원, 김세영, 이상희, 그리고 동생 김주아는 나의 가장 두껍고 무거운 참고 문헌이다. '암 선배'로서 치료 후 생계에 대한 고민을 적극적으로 공감하고 염려했던 이희진은 '지인들이 모아주는 후원금 대신 직접 후원 굿즈를 팔아보겠다'라는 나의 생각을 현실이 되도록 밀어붙였다.

일면식도 없는 나의 뉴스레터를 읽어주고 꼼꼼한 후기를 전해준 분들이 있어 이웃의 범위가 훨씬 더 확장되는 경험을 할 수 있었다. 마음처럼 따라주지 않아 늘 위태로워 보였을 나를 인내심 있게 기다려 준 부모님께도 감사드린다.

아픈 몸으로도 '내 쪼대로' 살 수 있도록 나를 지켜보고 있는 이들에게, 나 또한 보답할 기회가 생기기를 바란다. 이들 덕분에 돌보는 마음은 결국 '돌아보는' 일이고, 또한 다른 누군가에게로 번져나가는 마음이라는 걸 조금이나마 알게 되었다.

2024년 10월
우이동에서, 김도미 드림

주

1부 지 쪼대로 아플 자유

1 아서 프랭크 지음, 메이 옮김, 『아픈 몸을 살다』, 봄날의책, 2017.

2 김원영, 『실격당한 자들을 위한 변론』, 사계절, 2018.

3 사라 네틀턴 지음, 조효제 옮김, 『건강과 질병의 사회학』, 한울, 2018.

4 보건복지부, '24개 암종/암발생 시기/성별 5년 상대생존율', 「암등록통계」, 2021, https://kosis.kr/statHtml/statHtml.do?orgId=117&tblId=DT_117N_A00022&conn_path=I2 (열람: 2024. 8. 22.)

5 고정민, 「재택의료 받다 병원 돌아오는 중증환자들, 왜?」, 《청년의사》, 2022. 8. 31.

6 신성식, 「암환자 '굳이 안 가도 되는데'…이 제도 없어서, 요양병원 찾는다」, 《중앙일보》, 2022. 11. 8.

7 노르베르트 엘리아스 지음, 박미애 옮김, 『문명화과정 1』, 박미애 옮김, 한길사, 1996.

8 송효정·박희정·유해정·홍세미·홍은전, 『나를 보라, 있는 그대로: 화상경험자는 무엇으로 사는가』, 온다프레스, 2018.

9 앞의 책.

10 강주성, 『대한민국 병원 사용 설명서: 의료의 중심은 환자! 환자의 눈으로 보고 말하는』, 프레시안북, 2007.

11 정경희·김경래·서제희·유재언·이선희·김현정, 「죽음의 질 제고를 통한

노년기 존엄성 확보 방안」, 한국보건사회연구원, 2018.

12 JW Lee, JW Kim, TS Kim, CM Kim, "Communication about Death and Confidence Levels concerning Death-Related Issues among Koreans", *Korean Journal of Family Practice,* 9(3), 2019, pp. 303-310.

13 조민정, 「사전돌봄계획」, 《호스피스》, 72, 2021.

14 한국보건사회연구원, 「2021년 인공임신중절 실태조사」, 2021.

15 성과재생산포럼 기획, 백영경·이유림·윤정원·최현정·나영·류민희·김선혜·조미경·황지성·박종주·타리(나영정)·최예훈 지음, 『배틀그라운드: 낙태죄를 둘러싼 성과 재생산의 정치』, 후마니타스, 2018.

16 섹스 위드 캔서 인스타그램: www.instagram.com/sexwithcancer (열람: 2023. 11. 22.)

17 김원영, 『희망 대신 욕망: 욕망은 왜 평등해야 하는가』, 푸른숲, 2019.

18 아마도이자람밴드, 〈신이 나타나서 물었다〉 가사 부분, 《FACE》, 2019.

2부 암 치유 문화 표류기

1 마빈 해리스 지음, 서진영 옮김, 『음식문화의 수수께끼』, 한길사, 2018.

2 한예원, 「근세 중국의 '割股' 행위에 대한 사회적 수용의 변화에 대하여」, 《한문고전연구》, 38, 2019.

3 사라 네틀턴 지음, 조효제 옮김, 『건강과 질병의 사회학』, 한울, 2018.

4 하비 리벤스테인 지음, 김지향 옮김, 『음식 그 두려움의 역사』, 지식트리, 2012.

5 앞의 책.

6 「암치료에 심부체온상승 중요, 온열치료로 면역력 높여줘야」, 《세계일보》, 2014. 11. 6.

7 「암환자 온열치료 인기 속 '가짜 바이오매트' 주의 필요」, 《조선비즈》, 2014. 11. 13.

8 곽노필, 「내 체온, 어쩐지 36.5도보다 낮더라…'정상 체온'이 변한 이유」, 《한겨레》, 2020. 11. 2.

9 마빈 해리스 지음, 서진영 옮김, 『음식문화의 수수께끼』, 한길사, 2018.

10 김선영, 『3분 진료 공장의 세계』, 두리반, 2023.

11 태영숙·권수혜·이영숙·배주영, 「유방암 환자의 보완대체요법 추구 과정: 치유를 향한 끝없는 심신 다스리기」, 《한국성인간호학회지》, 27(6), 2015.

12 조한진희·다른몸들 기획, 김창엽·김현미·박목우·백영경·안숙영·염윤선·오승은·전근배·정희진·조한진희·채효정 지음, 『돌봄이 돌보는 세계: 취약함을 가능성으로, 공존을 향한 새로운 질서』, 동아시아, 2022.

13 도준상, 『면역항암제를 이해하려면 알아야 할 최소한의 것들』, 바이오스펙테이터, 2019.

14 면역력 강화에 대한 상상은 『면역: 당신의 생명을 지켜 주는 경이로운 작은 우주』(필리프 데트머 지음, 강병철 옮김, 사이언스북스, 2022)의 관련 내용을 참고했다.

15 김용성, 「인간의 장(腸) 내에는 얼마나 많은 세균이 있을까?」, 《메디게이트》, 2021. 3. 1.

16 필리프 데트머 지음, 강병철 옮김, 『면역: 당신의 생명을 지켜 주는 경이로운 작은 우주』, 사이언스북스, 2022.

17 남주곤, 「코로나19로 주목받는 바이오의약품, '안전성' 평가기술 개발 시급하다」, 《동아사이언스》, 2020. 5. 15.

18 율라 비스 지음, 김명남 옮김, 『면역에 관하여』, 열린책들, 2016.

19 필리프 데트머 지음, 강병철 옮김, 『면역: 당신의 생명을 지켜 주는 경이로운 작은 우주』, 사이언스북스, 2022.

20 질병관리청, 「제4차 희귀질환자 통계 연보」, 2023.

3부 돌봄의 조건

1 김수련, 『밑바닥에서: 간호사가 들여다본 것들』, 글항아리, 2023.

2 건강권 실현을 위한 행동하는 간호사회가 2023년 11월 19일 온라인 화상회의 서비스 줌(Zoom)을 통해 진행한 「돌봄노동과 간호」 세미나에서 김형숙 순천향대교 간호학과 교수가 발제한 내용을 참고했다.

3 김은하, 「"간호조무사, '조무사' 대신 '간무사'…비하 표현으로 활용돼"」, 《이시아경제》, 2023. 5. 7.

4 보건의료노조, 「2023 보건의료노조 정기 실태조사: 대한민국 간호 현장 실태와 주요 요구」, 2023.

5   강주성,『미래의 당신을 위한 보건의료 입문서』, 행복한책읽기, 2022.

6   더 케어 컬렉티브 지음, 정소영 옮김,『돌봄 선언: 상호의존의 정치학』,
    니케북스, 2021.

7   보건의료노조,「간병에 대한 국민인식조사」, 2023.

8   김유담·정아은·장수연·이수현·황다은·김다은·김연화·김은화·김잔디·
    소복이·임효영 지음,『돌봄과 작업 2: 나만의 방식으로 엄마가 되기를
    선택한 여자들』중「돌보며 작업하는 여자들의 두 번째 이야기: 우리가
    선택한 것과 선택하지 않은 것」(김희진), 돌고래, 2023.

9   이인정,「암생존자의 건강관련 삶의 질에 대한 영향 요인: 성차를
    중심으로」,《한국산학기술학회논문지》, 19(2), 2018.

10 보건의료노조,「간병에 대한 국민인식조사」, 2023.

11 이진희,「쉼 없는 그러나 보이지 않는 장애여성들의 노동」,《참세상》, 2018.
    10. 12.

12 이영경,「돌봄은 지구를 구할 것인가」,《경향신문》, 2022. 10. 4.

13 테레사 뷔커 지음, 김현정 옮김,『시간을 잃어버린 사람들: 시간 빈곤 시대,
    빼앗긴 삶의 주도권을 되찾는 법』, 원더박스, 2023.

14 한지한,「法, 본인부담금 상한제 인한 보험금 분쟁에 "취약계층에 대한
    역차별"」,《파이낸셜투데이》, 2022. 1. 18.

15 김종명,「건강보험 후퇴안 제시한 尹정부, 이런 보수 정부가 있었던가?」,
    《프레시안》, 2023. 3. 10.

16 안희제,『난치의 상상력: 질병과 장애, 그 경계를 살아가는 청년의 한국
    사회 관찰기』, 동녘, 2020.

17 조한진희,「암과 빈곤 사이, 아픈 몸 노동권」,《매일노동뉴스》, 2024. 3. 13.

18 베티 프리단 지음, 김현우 옮김,『여성성의 신화』, 갈라파고스, 2018.

19 그린피스,「2023년 플라스틱 대한민국 2.0: 코로나19 시대, 플라스틱
    소비의 늪에 빠지다」, 2023.

20 더 케어 컬렉티브 지음, 정소영 옮김,『돌봄 선언: 상호의존의 정치학』,
    니케북스, 2021.

4부 문을 닫으며, 문을 열며

1 나홍식, 「육식동물이 암에 더 잘 걸리는 이유」, 《NICE》, 40(2), 2022.

2 오철우, 「후쿠시마 원전 오염수 논란 : 약속하는 안전보다 투명한 안전이 필요하다」, 《에피》, 16, 2021.

3 신다은, 「"발암 수증기 마시며 일한 뒤 백혈병 걸렸다"」, 《한겨레21》, 2023. 12. 1.

4 수전 웬델 지음, 강진영·김은정·황지성 옮김, 『거부당한 몸: 장애와 질병에 대한 여성주의 철학』, 그린비, 2013.

5 일라이 클레어 지음, 하은빈 옮김, 『눈부시게 불완전한: 극복과 치유 너머의 장애 정치』, 동아시아, 2022.

6 앞의 책.

7 김병희, 「백혈병 발병 수년 전 예측」, 《사이언스타임즈》, 2018. 7. 10.

8 바버라 에런라이크 지음, 전미영 옮김, 『긍정의 배신: 긍정적 사고는 어떻게 우리의 발등을 찍는가』, 부키, 2011.

9 아서 프랭크 지음, 최은경 옮김, 『몸의 증언: 상처 입은 스토리텔러를 통해 생각하는 질병의 윤리학』, 갈무리, 2013.

10 베셀 반 데어 콜크 지음, 제효영 옮김, 『몸은 기억한다: 트라우마가 남긴 흔적들』, 을유문화사, 2016.

11 서홍관·박종혁 엮음, 『근거중심의 암생존자 관리』, 국립암센터, 2013.

12 Hu X, Ma J, Jermal A, Zhao J, Nogueira L, Ji X, Yabroff KR, Han X, "Suicide Risk Among Individuals Diagnosed With Cancer in the US, 2000-2016", *JAMA Network Open*, 6(1), 2023, e2251863, doi:10.1001/jamanetworkopen.2022.51863.

13 SJ Lee, JH Park, BY Park, SY Kim, IH Lee, JH Kim, DH Koh, CH Kim, JH Park, MS Sohn, "Depression and Suicide Ideas of Cancer Patients and Influencing Factors in South Korea", *Asian Pacific Journal of Cancer Prevention*, 15(7), 2014, pp. 2945-2950.

14 조주희, '암환자 사회복귀 국내·외 현황', 「제3회 국립암센터 공공보건의료 심포지엄 자료집: 암환자 사회복귀 지원을 위한 생태계 조성」, 국립암센터, 2021.

15 대한암협회,「암생존자의 사회 복귀 지원을 위한 실태조사」, 2019.

16 이현주,「암 생존자 늘지만, 사회진출 문턱 더 높아」,《히트뉴스》, 2021. 10. 5.

17 박민수,「같이 보기: 지정헌혈 관행 개선 국회 토론회」,《산업보건》, 414, 2020.

18 보건복지부, '24개 암종/성별 암발생자수, 상대빈도, 조발생률, 연령표준화발생률',「암등록통계」, 2021, https://kosis.kr/statHtml/ statHtml.do?orgId=117&tblId=DT_117N_A00022&conn_path=I2 (열람: 2024. 08. 22.)

19 한현우,「TV 여주인공 '백혈병' 수난」,《조선일보》, 2001. 5. 20.

20 수전 손택 지음, 이재원 옮김,『은유로서의 질병』, 이후, 2002.

21 원장원,「드라마 속 백혈병 묘사, 너무합니다」,《중앙선데이》, 2009. 1. 23.

22 「백혈병환우회 '"너는 내 운명', 허무맹랑"」,《매일경제》, 2009. 1. 5.

23 보건복지부, '24개 암종/성별 암발생자수, 상대빈도, 조발생률, 연령표준화발생률',「암등록통계」, 2021, https://kosis.kr/statHtml/ statHtml.do?orgId=117&tblId=DT_117N_A00022&conn_path=I2 (열람: 2024. 08. 22.)